:: 中華文化促進會主持編纂

:: 國家"十一五"~"十四五"重點圖書出版規劃項目

:: 中國社會科學院哲學社會科學創新工程學術出版資助項目

出品人　王石　段先念

今注本二十四史

舊五代史

宋 薛居正等 撰

陳智超 紀雪娟 主持校注

中國社會科學出版社

二〇　外國列傳【二】志【一】

舊五代史　卷一三八

外國列傳第二

吐蕃[1]

[1]傳末有《輯本舊史》之原輯者案語："此傳多與《歐陽史》同，疑《永樂大典》傳寫之誤也。今無可復考，姑仍其舊。"《新五代史》卷七四《四夷附録三》有《吐蕃傳》，與此傳互有差異。與其説《大典》傳寫時誤録《新五代史·吐蕃傳》作《舊五代史·吐蕃傳》，不如説《新五代史·吐蕃傳》在《舊史》基礎上有增删改動。諸書"吐蕃"或作"吐番"，今照録原文。

　　吐蕃，本漢西羌之地，[1]或云南涼禿髮利鹿孤之後，[2]其子孫以禿髮爲國號，語訛爲吐蕃。國人號其主爲贊普，[3]置大論、小論以理國事。[4]其俗隨畜牧，無常居，然亦有城郭，都城號邏些城。[5]不知節候，以麥熟爲歲首。

　　[1]西羌之地：泛指今西藏及甘、青、川、滇各藏族聚居地區。
　　本漢西羌之地：《會要》卷三〇吐番條："在長安西八千里，本漢西羌之地。"明本《册府》卷九五八《外臣部·國邑門二》吐番條："在長安之西八千里，本漢西羌地也。後魏神瑞初，南涼禿髮樊尼率衆西奔，濟黃河，逾積石，於羌中建國，開地千里，以禿髮爲國號，語訛謂之吐蕃。其後子孫繁昌，又侵伐不息，土宇漸廣。唐高宗時，吐蕃盡收羊同、党項及諸羌之地，東與涼、松、茂、巂等州相接，南至婆羅門西，又攻陷龜兹、疏勒四鎮，北抵突厥，地方萬餘里。自漢魏以來，西戎之盛未之有也。"

[2]南涼：十六國之一。東晉隆安元年（397）河西鮮卑族禿髮烏孤自稱西平王，建都西平（今青海西寧市），史稱南涼。義熙十年（414）爲西秦所滅。　禿髮利鹿孤：人名。十六國時南涼國君。禿髮烏孤之弟。399年至402年在位。謚號"康王"。

[3]國人號其主爲贊普：《會要》卷三〇作"國人號其王爲普贊"。

[4]置大論、小論以理國事：《會要》卷三〇："置大論、小論以統理國事。無文紀，刻木爲約。其國王與臣下一年一小盟，三年一大盟。"

[5]邏些城：都城名。又作邏娑。故址在今西藏拉薩市。　然亦有城郭，都城號邏些城：《會要》卷三〇："然亦有城郭，都城號邏些城。屋皆平頭，貴人處於大氈帳，謂之拂盧。"

　　唐時屢爲邊患。[1]初，唐分天下爲十道，[2]河西、隴右三十三州，[3]涼州最爲大鎮。[4]天寶置八監，[5]牧馬三十萬，又置都護以控制之。[6]安禄山之亂，[7]肅宗在靈武，[8]悉召河西戍卒收復兩京，[9]吐蕃乘虚取河西、隴右，華人百萬皆陷于吐蕃。開成時，[10]朝廷嘗遣使至西域，見甘、涼、瓜、沙等州城邑如故，[11]陷吐蕃之人見唐使者旌節，夾道迎呼，涕泣曰："皇帝猶念陷蕃生靈否？"其人皆天寶中陷吐蕃者子孫，其語言小訛，而衣服未改。[12]

[1]唐時屢爲邊患:《會要》卷三〇吐番條:"唐貞觀中常來朝
貢,自後吞併諸番,兵力日盛,屢爲邊患,河西、隴右之地,悉爲
所取。至大中初,其國亂,朝廷復得六關之地。至唐室末,又爲
侵據。"

[2]唐分天下爲十道:貞觀元年(627)二月,唐太宗併全國
州縣,分爲十道,即關內道、河南道、河東道、河北道、山南道、
隴右道、淮南道、江南道、劍南道、嶺南道。廢郡爲州,每道轄若
干州。

[3]河西:唐睿宗景雲二年(711),從隴右道分置河西道,置
節度、支度、營田等使。治所在涼州(今甘肅武威市)。統涼、甘、
肅、伊、西、瓜、沙七州。位於今甘肅武威市以西和新疆東北部等
地。後入吐蕃,被廢。 隴右:因在隴山之右(西),故名。位於
今甘肅隴山、六盤山以西,青海省青海湖以東及新疆東部地區。開
元元年(713)置隴右節度使,治所在鄯州(今青海樂都縣)。領
臨洮、河源、莫門、寧塞、積石五軍及秦、河、渭、鄯、蘭、武、
洮、岷、廓、疊、宕等州。乾元元年(758)被廢。

[4]涼州:州名。治所在今甘肅武威市。

[5]天寶:唐玄宗李隆基年號(742—756)。 八監:唐初爲
防禦,在西北地方發展養馬事業,由太僕張萬歲掌管,自貞觀至麟
德年間,馬有七十萬六千匹,分爲八坊、四十八監,各置使以管領
之。八坊爲保樂、甘露、南普閏、北普閏、岐陽、太平、宜祿、安
定。募民耕種坊內之田,以供芻秣。八坊之馬分爲四十八監,每監
的馬數不等,凡馬五千匹爲上監,三千匹以上爲中監,一千匹以上
爲下監。

[6]都護:官名。唐朝自唐太宗至武則天,先後置安西、安北、
單于、北庭等六個大都護府。每府大都護1人,從二品;副大都護

2人，從三品；都護，正三品；副都護，從四品。都護掌統諸蕃撫慰、征討、敘功、罰過，總判府事。《會要》卷三〇注：“唐分天下爲十道，河西、隴右三十三州，涼州最爲大鎮……其西復置安西都護府，距長安八千里，羈縻西番三十國，軍鎮監務大小三百餘，戍守之兵，皆取涼州節度。”

[7]安禄山：人名。原名軋犖山。唐營州柳城（今遼寧朝陽市）雜胡。幽州節度使張守珪以其驍勇善戰，養爲義子，因功任平盧兵馬使、營州都督等職。後取得玄宗、楊貴妃重視，身兼平盧、范陽、河東三節度使。天寶十四載（755），以討楊國忠爲名，發動叛亂。南下攻陷洛陽，次年正月稱帝，國號燕，改元聖武。至德二載（757）春，爲其子慶緒殺死。傳見《舊唐書》卷二〇〇上、《新唐書》卷二二五上。

[8]肅宗：即唐肅宗李亨。唐玄宗之子。756年至761年在位。天寶十四載爆發安史之亂，次年叛軍攻占潼關，唐玄宗逃往四川，肅宗在靈武即皇帝位，遥尊唐玄宗爲太上皇。爲收復長安、洛陽，平定藩鎮的叛亂，肅宗借兵回紇。至德二載收復長安、洛陽，三載迎玄宗歸長安。寶應元年（762），李輔國、程元振發動事變，殺死張皇后和越王係等，擁立太子李豫，肅宗憂驚而死。紀見《舊唐書》卷一〇、《新唐書》卷六。　靈武：郡名。治所在今寧夏吳忠市。

[9]收復兩京：指代收復長安、洛陽。

[10]開成：唐文宗李昂年號（836—840）。

[11]甘：州名。治所在今甘肅張掖市。　瓜：州名。治所在今甘肅瓜州縣。　沙：州名。治所在今甘肅敦煌市。

[12]“開成時”至“而衣服未改”：《會要》卷三〇注與本傳多同，並云：“當時已經再世，雖語言小訛，而衣服未改。至今涼州漢户，猶稱上代是鄆州戍卒，每帥守闕，則請命于朝廷。”

　　至五代時，吐蕃已微弱，回鶻、党項諸羌夷分侵其地，[1]而不有其人民。值中國衰亂，不能撫有，惟甘、涼、瓜、沙四州常自通於中國。甘州爲回鶻牙，[2]而涼、瓜、沙三州將吏猶稱唐官，數來請命。自梁太祖時，[3]常以靈武節度使兼領河西節度，而觀察甘、肅、威等州，[4]然雖有其名，而涼州自立守將。唐長興四年，[5]涼州留後孫超遣大將拓拔承謙及僧、道士、耆老楊通信等至京師，[6]明宗拜孫超節度使。[7]清泰元年，[8]留後李文謙來請命。[9]後數年，涼州人逐出文謙，靈武馮暉遣牙將吳繼興代文謙爲留後，[10]是時天福七年。[11]明年，晉高祖遣涇州押牙陳延暉齎詔書安撫涼州，[12]涼州人共劫留延暉，立以爲刺史。[13]至漢隱帝時，[14]涼州留後折逋嘉施來請命，[15]漢即以爲節度使。嘉施，土豪也。周廣順二年，[16]嘉施遣人市馬京師。是時，樞密使王峻用事，[17]峻故人申師厚者，[18]少起盜賊，爲兗州牙將，[19]與峻相友善，後峻貴，師厚弊衣蓬首，日候峻出，拜馬前，[20]訴以飢寒，峻未有以發。而嘉施等來請帥，峻即建言：“涼州深入夷狄，中國未嘗命吏，請帥，募率府供奉官能往者。”[21]月餘，無應募者，乃奏起師厚爲左衛將軍，[22]已而拜河西節度使。師厚至涼州，奏薦押蕃副使崔虎心、[23]陽妃谷首領沈念般等及中國留人子孫王廷翰、溫崇樂、劉少英爲將吏，[24]又自安國鎮至涼州，[25]立三州以控扼諸羌，用其酋豪爲刺史。然涼州夷夏雜處，師厚小人，不能撫有。至世宗時，師厚留其子而逃歸，涼州遂絕於中國。獨瓜、沙二州，終五代常來。

[1]回鶻：又稱回紇。古部族名。原係突厥鐵勒部的一支。唐天寶三載（744）建立回鶻汗國，9世紀中葉，回鶻汗國瓦解。其中一支爲甘州回鶻。11世紀初，甘州回鶻爲西夏所滅。參見楊蕤《回鶻時代：10—13世紀陸上絲綢之路貿易研究》，中國社會科學出版社2015年版。　党項：部族名。源出羌族，時活躍於今甘肅東部、寧夏、陝西北部一帶。參見湯開建《党項西夏史探微》，商務印書館2013年版。

[2]甘州爲回鶻牙：《輯本舊史》“牙”後有“帳”字。《舊五代史考異》：“原本脱‘帳’字，今據《歐陽史》增入。”查《新五代史》卷七四《吐蕃傳》《于闐傳》，均云“甘州，回鶻牙也”，無“帳”字。本卷《回鶻傳》亦云：“本牙在天德西北娑陵水上。”據删“帳”字。

[3]梁太祖：人名。即朱溫。宋州碭山（今安徽碭山縣）人。後梁太祖。紀見本書卷一至卷七、《新五代史》卷一至卷二。

[4]節度使：官名。唐時在重要地區所設掌握一州或數州軍政、民政、財政的長官。　肅：州名。治所在今甘肅酒泉市。　威：州名。治所在今甘肅環縣。

[5]長興：後唐明宗李嗣源年號（930—933）。

[6]留後：官名。唐、五代節度使多以子弟或親信爲留後，以代行節度使職務，亦有軍士、叛將自立爲留後者。掌一州或數州軍政。　孫超：人名。涼州留後。事見本書本卷。　拓拔承謙：人名。籍貫不詳。孫超部將。事見本書本卷。　楊通信：人名。籍貫、事迹不詳。事見本書本卷。

[7]明宗：即李嗣源。沙陀部人。原名邈佶烈，李克用養子。五代後唐明宗，926年至933年在位。紀見本書卷三五至卷四四、《新五代史》卷六。　“唐長興四年”至“明宗拜孫超節度使”：

《新五代史》卷七四："唐長興四年，涼州留後孫超遣大將拓拔承謙及僧、道士、耆老楊通信等至京師求旌節。明宗問孫超世家，承謙曰：'吐蕃陷涼州，張掖人張義朝募兵擊走吐蕃，唐因以義朝爲節度使，發鄆州兵二千五百人戍之。唐亡，天下亂，涼州以東爲突厥、党項所隔，鄆兵遂留不得返。今涼州漢人皆其戍人子孫也。'明宗乃拜孫超節度使。"

[8]清泰：五代後唐廢帝李從珂年號（934—936）。

[9]李文謙：人名。籍貫不詳。西涼府留後。天福六年（941）自焚而亡。事見本書卷八〇。

[10]馮暉：人名。魏州（今河北大名縣）人。五代後唐至後周將領。傳見本書卷一二五、《新五代史》卷四九。　牙將：官名。古代軍隊中的中低級軍官。　吳繼興：人名。籍貫不詳。本書僅此一見。中華書局本有校勘記："《新五代史》卷七四《四夷附錄》作'吳繼勳'。"

[11]天福：五代後晉高祖石敬瑭年號（936—942）。出帝石重貴沿用至九年（944）。後漢高祖劉知遠繼位後沿用一年，稱天福十二年（947）。

[12]晋高祖：即後晉高祖石敬瑭。沙陀部人。五代後唐將領、後晉開國皇帝。紀見本書卷七五至卷八〇、《新五代史》卷八。涇州：州名。治所在今甘肅涇川縣。　押牙：官名。即"押衙"。唐、五代時期節度使辟署的屬官。掌領方鎮儀仗侍衛。參見劉安志《唐五代押牙（衙）考略》，武漢大學歷史系魏晉南北朝隋唐史研究室編《魏晉南北朝隋唐史資料》第16輯，武漢大學出版社1998年版。　陳延暉：人名。籍貫不詳。後晉時曾任涇州押牙、西涼府節度使。事見本書卷八〇。

[13]刺史：官名。漢武帝時始置。州一級行政長官。總掌考核官吏、勸課農桑、地方教化等事。唐中期以後，節度使、觀察使轄州而設，刺史爲其屬官，職任漸輕。從三品至正四品下。　"是時天福七年"至"立以爲刺史"：中華書局本有校勘記："本書卷八〇

《晉高祖紀六》、《册府》卷九八〇、《通鑑》卷二八二皆繫李文謙自焚事於天福六年二月。又據本書卷八〇《晉高祖紀六》,晉高祖崩於天福七年六月。"文謙自焚之時,見《輯本舊史》卷八〇天福六年七月壬戌條涇州奏、《宋本册府》卷九八〇《外臣部·通好門》天福六年七月壬戌條涇州奏、《通鑑》卷二八二天福六年二月條。此段《輯本舊史》及《新五代史》記載多誤。李文謙既已自焚於天福六年二月,晉高祖又已崩於天福七年六月,何能於天福七年之明年遣陳延暉。陳爲一押牙,何需由帝親自派遣?《輯本舊史》卷八〇天福七年二月己亥條載:"涇州奏,差押牙陳延暉齎敕書往西涼府,本府都指揮使等請以陳延暉爲節度使。"爲得其實。

〔14〕漢隱帝:即後漢隱帝劉承祐。後漢高祖劉知遠次子。948年至950年在位。紀見本書卷一〇一至一〇三、《新五代史》卷一〇。

〔15〕折逋嘉施:人名。涼州留後。事見本書卷一〇二。

〔16〕廣順:五代後周太祖郭威年號(951—953)。

〔17〕樞密使:官名。樞密院長官。五代時以士人爲之,備顧問,參謀議,出納詔奏,權侔宰相。參見李全德《唐宋變革期樞密院研究》,國家圖書館出版社2009年版。 王峻:人名。相州安陽(今河南安陽市)人。五代後漢、後周將領。傳見本書卷一三〇、《新五代史》卷五〇。

〔18〕申師厚:人名。籍貫不詳。曾任左衛將軍、河西軍節度使、檢校太保。傳見本書附錄。

〔19〕兗州:州名。治所在今山東濟寧市兗州區。

〔20〕拜馬前:中華書局本有校勘記:"'拜'字原闕,據《新五代史》卷七四《四夷附録》補。按本書卷一一二《周太祖紀三》敘其事云:'師厚羈旅無依,日于峻馬前望塵而拜。'"見本書卷一一二《周太祖紀三》廣順元年(951)十月丁巳條。

〔21〕請帥,募率府供奉官能往者:《輯本舊史》"率府"原作"府率"。中華書局本有校勘記:"劉本、《新五代史》卷七四《四

夷附録》作‘請募率府率供奉官能往者’。按《通鑑》卷二九〇敍
其事云：‘帝以絶域非人所欲，募率府供奉官願行者。’”見《通
鑑》卷二九〇廣順元年十月丁巳條，據乙正。

[22]左衛將軍：官名。爲左衛副長官，佐左衛大將軍統領宮廷
禁衛法令，以督其屬隊仗，而總諸曹之事。從三品。

[23]押蕃副使：官名。押蕃使副長官。唐開元二十年（732）
以朔方節度使增領押諸蕃部落使。五代後唐、後晉沿置。監管轄區
内少數民族政權事宜。中華書局本有校勘記：“‘押蕃副使’，原作
‘押衙副使’，據《新五代史》卷七四《四夷附録》改。《五代會
要》卷三〇作‘押番副使’。”見《會要》卷三〇吐番條。 崔虎
心：人名。籍貫不詳。事見《新五代史》卷七四。

[24]陽妃谷：地名。又作陽暉谷。即今甘肅武威市青嘴喇嘛
灣。唐屬涼州。 沈念般：人名。籍貫不詳。事見《新五代史》卷
七四。 王廷翰、温崇樂、劉少英：中國留人子孫。中華書局本有
校勘記：“‘王廷翰’、‘温崇樂’，《册府》卷一七〇作‘王庭瀚’、
‘温崇業’。”見明本《册府》卷一七〇《帝王部·來遠門》周廣順
二年九月丁丑條，但作“王庭瀚”而非“王庭瀚”。

[25]安國鎮：地名。位於今甘肅平涼市西北安國鄉。

　　沙州，梁開平中有節度使張奉，[1]自號“金山白衣
天子”。至唐莊宗時，[2]回鶻來朝，沙州留後曹義金亦遣
使附回鶻以來，[3]莊宗拜義金爲歸義軍節度使、瓜沙等
州觀察處置等使。[4]晉天福五年，義金卒，子元德立。[5]
至七年，沙州曹元忠、瓜州曹元深皆遣使來。[6]周世宗
時，[7]又以元忠爲歸義軍節度使，元恭爲瓜州團練使。[8]
其所貢碙砂、羚羊角、波斯錦、安西白氎、金星礬、胡
同律、大鵬砂、毦褐、玉團，[9]皆因其來者以名見，而

其卒立、世次，史皆失其紀。^[10]

[1]開平：後梁太祖朱温年號（907—911）。　　張奉：人名。又作張承奉。沙州（今甘肅敦煌市西）人。唐昭宗光化三年（900），被唐封爲歸義軍節度使。天祐年間建西漢金山國，自號西漢金山國白帝、聖文神武白帝、聖文神武天子、白衣王、白衣天子、拓西金山王。後降格改制，由天子之國降爲侯郡國，建敦煌國。自號聖文神武王、敦煌國天王。約於後梁乾化四年（914）卒。事見《舊唐書》卷二〇上。

[2]唐莊宗：人名。即李存勗。代北沙陀部人，後唐開國皇帝。紀見本書卷二七至卷三四、《新五代史》卷四至卷五。

[3]曹義金：人名。又作曹議金。沙州（今甘肅敦煌市西）人。後梁乾化四年後掌政瓜、沙，自稱節度兵馬留後。後唐莊宗授爲沙州刺史、歸義軍節度使、瓜沙等州觀察處置使、檢校司空。在位時，於莫高窟西千佛洞、安西榆林窟多有增修。事見《敦煌文書》P. 4638、S. 4276、P. 3805、P. 2047、P. 4291、P. 3556、P. 2074、P. 2838。

[4]歸義軍：唐晚期至北宋前期以沙州爲中心的漢人地方政權。唐廷封張議潮爲歸義軍節度使。子孫相繼傳至張承奉，自稱“白衣天子”，建號“西漢金山國”。至五代後梁乾化三年，張承奉死，歸義軍政權轉入長史曹議金之手。曹氏子孫相承，傳至曹賢順，至宋仁宗景祐三年（1036），爲西夏元昊所滅。河西遂被西夏占領，直至蒙古滅夏（1227），元朝統一。　　觀察處置等使：官名。即觀察使之全稱。唐代後期初設的地方軍政長官。唐玄宗開元二十一年（733）置十五道採訪使，唐肅宗乾元元年（758）改爲觀察使。無旌節，地位低於節度使。掌一道州縣官的考績及民政。

[5]元德：人名。即曹元德。沙州（今甘肅敦煌市西）人。歸義軍節度使曹議金長子。五代時期歸義軍節度使。改變歸義軍政權

對甘州回鶻政權的依附地位，由"父子之國"而爲"兄弟之邦"。事見《敦煌文書》P. 3556、P. 4291、P. 2992、P. 2033。

[6]曹元忠：人名。沙州（今甘肅敦煌市西）人。曹議金第三子，元德、元深之弟。五代時期歸義軍節度使。事見《敦煌文書》P. 3388、S. 4398、S. 2687、P. 3879。參見榮新江《歸義軍史研究——唐宋時代敦煌歷史考索》，上海古籍出版社 2015 年版。　曹元深：人名。沙州（今甘肅敦煌市西）人。曹議金次子，元德之弟。五代時期歸義軍節度使。事見《敦煌文書》P. 4046。參見榮新江《歸義軍史研究——唐宋時代敦煌歷史考索》。

[7]周世宗：即柴榮。邢州龍岡（今河北邢臺市）人。後周太祖郭威養子，顯德元年（954）繼郭威爲帝，廟號世宗。紀見本書卷一一四、《新五代史》卷一二。

[8]元恭：人名。即曹延恭。事見《續資治通鑑長編》卷三、《宋史》卷四九〇。中華書局本有校勘記："'元恭'，《新五代史》卷七四《四夷附録》、《册府》卷一七〇同。《續資治通鑑長編》卷三：'（建隆三年正月丙子）加……元忠子延敬爲瓜州防禦使，賜名延恭。'按敦煌榆林窟第七窟供養人題記、莫高窟第四百四十四窟供養人題記、第四百五十四窟供養人題記及 P. 3827 和 P. 3660 背面《太平興國四年四月歸義軍曹延禄牒》作'延恭'。延恭有弟名延禄，兄弟名皆有'延'字。"宋太祖祖父名敬，賜延敬名延恭，乃避諱改名。　團練使：官名。唐代中期以後，於不設節度使的地區設團練使，掌本區各州軍事。

[9]"其所貢碙砂"至"玉團"：中華書局本有校勘記："'胡同律'三字原闕，據孔本校補。《新五代史》卷七四《四夷附録》作'胡桐律'。"又："'毦褐'，原作'眊褐'，據《新五代史》卷七四《四夷附録》改。"

[10]"沙州"至"史皆失其紀"：關於五代時沙州史事，《册府》中有相關記載。明本《册府》卷一六九《帝王部·納貢獻門》後唐莊宗同光四年（926）正月條："沙州節度使曹義全進謝賜旌節

官誥玉鞍馬二、玉團碙砂、散玉鞍轡、鉸具、安西白氈、胡錦、雄黄、波斯國紅地松樹、眊褐胡桐、淚金星舉大駕沙。”同年二月條：“沙州曹義全進和市馬百匹、羚羊角、碙砂、氂牛尾，又進皇后白玉符、金青符、白玉獅子指環、金剛杵。”此卷《册府》誤“曹義金”爲“曹義全”，以下所引各卷不誤。卷一七〇《帝王部·來遠門》唐莊宗同光二年五月條：“以權知歸義軍節度兵馬留後、金紫光禄大夫、檢校尚書左僕射、守沙州長史兼御史大夫、上柱國曹義金爲檢校司空、守沙州刺史、充歸義軍節度、瓜沙等觀察處置管内營田押蕃落等使。瓜、沙與吐蕃雜居，自帝行郊禮，義金間道貢方物，乞受西邊都護，故有是命。”同卷周世宗顯德二年正月條：“沙州留後曹元忠、知瓜州軍州事曹元恭各遣使進方物。以元忠爲歸義軍節度使、檢校太保、同平章。以元恭爲瓜州團練使。仍各鑄印以賜之，皆旌其來王之意也。”《宋本册府》卷九七二《外臣部·朝貢門五》唐莊宗同光二年四月條：“沙州曹義（闕‘金’字）進玉三團、碙砂、羚羊角、波斯錦、茸褐、白氈、牛黄、金星礬等。”同卷唐明宗長興元年（930）十二月條：“沙州曹義金進馬四百疋、玉一團。”長興三年正月條：“沙州進馬七十五疋、玉三十六團。”同卷唐閔帝應順元年（934）正月條：“沙州、瓜州遣牙將各以方物朝貢。”同卷唐廢帝清泰二年七月條：“沙州刺史曹義金、涼州留後李文謙各獻馬三疋。”《宋本册府》卷九七六《外臣部·褒異門三》唐閔帝應順元年閏正月條：“瓜州入貢牙將唐進、沙州入貢梁行通、回鶻朝貢安摩訶等辭，各賜錦袍銀帶物有差。”

而吐蕃不見於梁世。[1]唐天成三年，[2]回鶻王仁喻來朝，[3]吐蕃亦遣使附以來，自此數至中國。明宗嘗御端明殿見其使者，[4]問其牙帳所居，曰：“西去涇州二千里。”明宗賜以虎皮，人一張，皆披以拜，委身宛轉，落其氈帽，髮亂如蓬，明宗及左右皆大笑。[5]至漢隱帝時猶來朝，後遂不復至，史亦失其君世云。[6]《永樂大典》卷四千二百五十七。[7]

[1]而吐蕃不見於梁世：此説有誤。《會要》卷三〇吐番條："梁開平二年正月，遣使朝貢。二月，以吐番入朝使喔末首領杜論悉伽、杜論心爲左領軍衞將軍同正。喔末蘇、論乞禄爲右領軍衞將軍同正。乾化元年十一月，又遣使來朝，召對於朝元殿，賜金帛等遣之。"《宋本册府》卷九七二《外臣部·朝貢門五》梁太祖開平二年（908）正月條："吐蕃遣使喔來朝貢。"乾化元年（911）十二月條："帝御朝元殿，以迴鶻、吐蕃二大國首領入覲故也。扇開，所司道二首領與儔從等·百二十二人，伏拜庭下，即各以其君長所上表及方物等陳而獻焉。"卷九七六《外臣部·褒異門三》梁太祖乾化元年十一月丙午條："吐蕃温末首領杜論没悉伽、杜論心並左領軍衞將軍同正，温末蘇、論乞禄論右領軍衞將軍同正。"

[2]天成：後唐明宗李嗣源年號（926—930）。

[3]仁喻：人名。又作仁裕。五代甘州回鶻可汗。本名阿咄欲。後唐同光二年（924），兄仁美卒後，權知國事，稱權知可汗。天成三年（928）被後唐明宗册封爲順化可汗。後晉天福四年（939），被後晉高祖册封爲奉化可汗。事見本書卷三九。

[4]端明殿：宫殿名。位於五代後唐都城洛陽（今河南洛陽市）。

[5]"唐天成三年"至"明宗及左右皆大笑"：《會要》卷三〇吐蕃條："後唐天成二年十一月，遣使野利延孫等入貢，并番僧四人，持番書二封，人莫識其字。三年正月，以入朝使野利延孫等六人並爲歸德將軍。其年九月，又遣使朝貢，以入朝使閤、薛、羅等三人並爲歸德司戈。十二月，又以入朝使薛竭、薛王子撥遭爲歸德郎將，首領十人並爲歸化司戈。四年九月，西涼府番官撥心等來朝。十月，首領掇里忙、布藺遭等來朝，並授歸德司戈。長興三年

二月，又遣使朝貢。三月，以朝貢使、左厢首領野利閤心爲歸德大將軍，右厢首領篯心爲歸化郎將軍，中厢首領李讀等並爲歸德司候，重云都督、對兒六、突兒雞等並爲歸德司階。其年七月，復遣使入朝，引對於端明殿。問本番牙帳去京師遠近。對曰：'在涇州西二千里。'四年十一月，遣使來貢，召對於內殿，賜以金帛，仍各賜虎皮一張。"又："晋天福四年十月，罷延族大首領聶褒郎、彝磨標、昌訶、尤羅祇褒等率其屬朝貢。"明本《册府》卷九七二《外臣部·朝貢門五》唐明宗天成二年十二月條："迴鶻西界吐蕃發使野利延孫等入貢蕃僧四人，持蕃書兩封，文字未詳。"天成三年閏八月："吐蕃、迴紇等使各貢舉。"同年九月："吐蕃遣使朝貢。"同年十一月："党項、吐蕃相次朝貢。"天成四年九月："吐蕃首領撥里忙、布蘭甋等並來朝。"長興元年（930）四月："吐蕃首領干撥葛進犛牛二頭。"同年九月："河西蕃官姚東山、吐蕃首領王滿儒等進駝馬。"長興三年正月："渤海、迴鶻順化可汗等吐蕃各遣使朝貢。"同年二月："吐蕃遣首領野利閤心等朝貢。"同年八月："吐蕃遣使朝貢，見於端明殿。帝問本蕃牙帳去京師遠近，對曰：'涇州西二千里。比年阻大水，朝貢後時。'"長興四年十一月："吐蕃遣使來貢。"晋高祖天福四年十月條："罷延族吐蕃大首聶褒郎、彝磨摽、昌訶、兀羅只褒等率屬朝貢。"卷九七六《外臣部·褒異門三》唐明宗天成三年正月戊辰條："敕以吐蕃野利延孫等六人並可懷遠將軍。"同年九月甲申："吐蕃、回紇入貢使放還蕃，賜錦衣繒帛有差。"同月壬辰："吐蕃使閤薩羅等三人並可歸化司義。"同年十二月壬戌："吐蕃孽王子撥甋可歸德郎將，首領十人，並授懷化司戈。"

　　[6]"至漢隱帝時猶來朝"至"史亦失其君世云"：《會要》卷三〇吐蕃條："周廣順二年九月，河西節度使申師厚奏：'吐番首領折逋支等請加恩命。'其月敕：'以吐番左厢押番副使折逋支、右厢崔虎心並授銀青光禄大夫、檢校工部尚書。陽妃谷大首領沈念般授懷化大將軍。左厢大首領篯千悶篤爲歸德大將軍。没林葛、于凝

盧、伴遹、折逋窮羅並爲懷化大將軍。右廂大首領鹿悉迦、阿羅岳騷奴並爲歸德大將軍。沈念般、枇與龍、文温光積並爲懷化大將軍。中廂首領岳阿、西安九十並爲懷化大將軍。'又奏：'自涇州安國鎮至西涼府沿路，三處控扼，各立州名，欲補大首領爲刺史。又管州界部落大首領三十餘人，各賜空名告身。'並從之。"明本《册府》卷一七〇《帝王部·來遠門》繫此事於周太祖廣順二年九月丁丑日。

〔7〕《大典》卷四二五七"蕃"字韻"吐蕃（四）"事目。

吐谷渾[1]

〔1〕《通鑑》卷二五九乾寧元年（894）六月條《考異》引《薛史·吐谷渾傳》，可證《輯本舊史》原有《吐谷渾傳》，今據增。

吐渾，本號吐谷渾，或曰乞伏乾歸之苗裔。[1]自後魏以來，名見中國，居於青海之上。[2]當唐至德中，[3]爲吐蕃所攻，部族分散，其内附者，唐處之河西。其大姓有慕容、拓拔、赫連等族。[4]

〔1〕乞伏乾歸：人名。鮮卑族。十六國時西秦國君。388年至412年在位。傳見《晉書》卷一二五。

〔2〕後魏：即北魏。統治時期爲386年至534年，鮮卑人拓跋珪建立，後分裂爲東魏和西魏。

〔3〕至德：唐肅宗李亨年號（756—758）。

〔4〕"吐渾"至"赫連等族"：《新五代史》卷七四《吐谷渾傳》。

唐咸通中，[1]酋長有赫連鐸者，[2]從太原節度使康承訓平徐方有功，[3]朝廷授振武節度使，[4]復盜據雲中。[5]後唐太祖逐之，[6]乃歸幽州李匡儔。[7]乾寧元年十月，[8]討李匡儔，師次新城，[9]邊兵願從者衆。[10]鐸等來歸，命笞而釋之。[11]其部族散居蔚州界，[12]互爲君長，其氏不常。有白承福者，[13]自同光初代爲都督，[14]依中山北石門爲柵，[15]莊宗賜其額爲寧朔、奉化兩府，[16]以都督爲節度使，仍賜承福姓李，名紹魯。其畜牧就善水草，丁壯常數千人，羊馬生息，入市中土，朝廷常存恤之。[17]

[1]咸通：唐懿宗李漼年號（860—874）。

[2]赫連鐸：人名。唐末代北吐谷渾首領。咸通九年（868）隨唐軍鎮壓龐勛起義，勢力漸强。乾符五年（878），襲占沙陀李國昌父子所據之振武（治所在今内蒙古和林格爾縣西北）、雲州（今山西大同市）。與李國昌父子爭奪代北，官至雲州刺史、大同軍防禦使，守雲州十餘年。後爲李克用擒殺。事見《舊唐書》卷一九下、本書卷二五、《新五代史》卷四。

[3]太原：府名。治所在今山西太原市。　康承訓：人名。靈州（今寧夏靈武市）人。唐朝將領。事見《舊唐書》卷一九上。

徐方：地名。代指徐州（今江蘇徐州市）。康承訓於咸通九年任徐泗行營都招討使，率沙陀兵擊敗龐勛起義軍，大破徐州。

[4]振武：方鎮名。治所在金河縣（今内蒙古和林格爾縣）。

[5]雲中：縣名。治所在今山西大同市。　“唐咸通中”至“復盜據雲中”：《會要》卷二八吐渾條。《新五代史》卷七四《吐谷渾傳》：“懿宗時，首領赫連鐸爲陰山府都督，與討龐勛，以功拜大同軍節度使。”大同爲雲州節度使軍號，振武爲朔州節度使軍號，

雲中爲雲州舊稱,《新五代史》所記與《會要》異。

　　[6]後唐太祖:人名。即李克用。沙陀部人,生於神武川新城(一說是今山西朔州市朔城區之梵王寺村,一說是今山西應縣縣城,一說在今山西懷仁縣之日中城)。唐末軍閥,受封晉王。五代後唐太祖。紀見本書卷二五、卷二六,《新五代史》卷四。

　　[7]幽州:州名。治所在今北京市。　李匡儔:人名。范陽(今北京市)人。幽州節度使李全忠之子、李匡威之弟。唐末軍閥。傳見《舊唐書》卷一八〇、《新唐書》卷二一二。"李匡儔"原作"李匡籌",檢新、舊《唐書》作"李匡籌",《輯本舊史》《新五代史》皆作"李匡儔",《通鑑》作"李匡籌",今從《輯本舊史》《新五代史》統改。　後唐太祖逐之,乃歸幽州李匡儔:《會要》卷二八。《輯本舊史》卷二五《唐武皇紀上》大順二年(890)七月條:"武皇進軍柳會,赫連鐸力屈食盡,奔於吐渾部,遂歸幽州,雲州平。"

　　[8]乾寧:唐昭宗李曄年號(894—898)。

　　[9]新城:地名。位於今河北無極縣。

　　[10]"乾寧元年十月"至"邊兵願從者衆":《通鑑》卷二五九乾寧元年(894)六月條《考異》引《唐太祖紀年錄》。

　　[11]鐸等來歸,命笞而釋之:《通鑑》卷二五九乾寧元年六月條《考異》引《薛史·吐谷渾傳》。《通鑑》卷二五九乾寧元年六月條:"李克用大破吐谷渾,殺赫連鐸,擒白義誠。"與《輯本舊史》異。

　　[12]蔚州:州名。治所在今河北蔚縣。

　　[13]白承福:人名。吐谷渾族。五代時北吐谷渾首領。後唐同光元年(923),被莊宗任爲寧朔、奉化兩府都督,賜姓名爲李紹魯。事見《新五代史》卷七四。

　　[14]同光:後唐莊宗李存勗年號(923—926)。

　　[15]中山北石門:地名。位於今河北蔚縣南。

　　[16]寧朔:又稱吐渾寧朔府。原爲羈縻州府。寧朔、奉化二府

以中山北石門（在今太行山北段）爲栅，遊牧於今河北西北、山西北部一帶。　奉化：羈縻州府名。

[17]"其部族散居蔚州界"至"朝廷常存恤之"：《會要》卷二八。

天成三年二月，其都督李紹魯等遣使進馬一百二十疋，[1]明宗嘉之，賜紹魯竭忠建策興復功臣、金紫光禄大夫、檢校太保。[2]十一月壬午，吐渾使念九來。[3]至四年八月，其首領念公山來朝貢。[4]其年十月，別部首領薛冀堆進狀，[5]乞授嵐州刺史。[6]明宗在藩時，常與冀堆有舊，欲許之。樞密使安重誨力諫乃止。[7]至長興元年三月，竟以冀堆爲嵐州刺史，仍賜名萬通。清泰三年二月，以寧朔、奉化兩府留後白可久超授檢校司徒[8]，副使赫連海龍檢校尚書左僕射，[9]兩府大夫李鐵匱檢校尚書右僕射。[10]

[1]李紹魯：即白承福。

[2]金紫光禄大夫：官名。本兩漢光禄大夫。魏晋以後，光禄大夫之位重者加金章紫綬，因稱金紫光禄大夫。北周、隋爲散官。唐貞觀後列入文散官。正三品。　檢校太保：官名。爲散官或加官，以示恩寵，無實際執掌。太保，與太師、太傅合稱三師。"天成三年二月"至"檢校太保"：《會要》卷二八吐渾條。《新五代史》卷六《唐明宗紀》作"二月辛巳，吐渾都督李紹虜來"。

[3]念九：人名。吐渾使者。事見《新五代史》卷六。　十一月壬午，吐渾使念九來：《新五代史》卷六《唐本紀》。

[4]念公山：人名。吐渾首領。事見本書卷四〇。

[5]薛冀堆：人名。吐渾首領。事見明本《册府》卷九六七

《外臣部·繼襲門二》。

[6]嵐州：州名。治所在今山西嵐縣。

[7]安重誨：人名。應州（今山西應縣）人。五代後唐大臣。傳見本書卷六六、《新五代史》卷二四。

[8]白可久：人名。白承福部下將領。事見《新五代史》卷七四。　檢校司徒：官名。爲散官或加官，以示恩寵，無實際執掌。司徒，與太尉、司空並爲三公。

[9]赫連海龍：人名。白承福部下將領。事見《新五代史》卷七四。　檢校尚書左僕射：官名。爲散官或加官，以示恩寵，無實際執掌。

[10]李鐵匱：人名。白承福部下將領。《新五代史》卷七四作"白鐵匱"，本書疑誤。　檢校尚書右僕射：官名。爲散官或加官，以示恩寵加此官，無實際執掌。　"至四年八月"至"兩府大夫李鐵匱檢校尚書右僕射"：《會要》卷二八。"四年八月"，《新五代史》卷六記其日在丁未。"清泰三年二月"至"超授檢校司徒"，《輯本舊史》卷四八《唐末帝紀下》作"二月戊辰，吐渾寧朔、奉化兩府留後李可久加檢校司徒。可久本姓白氏，前朝賜姓"。《宋本册府》卷九七六《外臣部·褒異門三》天成四年（929）二月戊辰條："可久、海龍、鐵匱，皆吐渾白姓赫連部落，前朝賜姓。"

晋天福元年，高祖以契丹有助立之功，[1]割雁門已北及幽州之地以賂之，[2]由是吐渾部族皆隸於契丹。其後苦契丹之虐政，部族皆怨之，復爲鎮州節度使安重榮所誘，[3]乃背契丹，率車帳、羊馬，取五臺路歸國。[4]契丹大怒，以朝廷招納叛亡，遣使責讓。至六年正月，晋高祖命供奉官張澄等率兵二千搜索并、鎮、忻、代四州山谷吐渾，[5]還其舊地，然亦以契丹誅求無厭，心不平之，命漢高祖出鎮太原，[6]潛加慰撫。其年五月，其大首領白承福及麾下念虎里、赫連功德等來朝。[7]九月，又遣首領白可久來朝。[8]

[1]契丹：古部族、政權名。公元4世紀中葉宇文部爲前燕攻破，始分離而成單獨的部落，自號契丹。唐貞觀中，置松漠都督府，以其首領爲都督。唐末强盛，916年迭剌部耶律阿保機建立契丹國（遼）。先後與五代、北宋並立，保大五年（1125）爲金所滅。參見張正明《契丹史略》，中華書局1979年版。

[2]雁門：地名。位於今山西代縣西北。

[3]鎮州：州名。治所在今河北正定縣。　安重榮：人名。朔州（今山西朔州市朔城區）人。五代後唐、後晉將領。傳見本書卷九八、《新五代史》卷五一。

[4]五臺：山名。位於今山西五臺縣。

[5]張澄：人名。籍貫不詳。五代後晉官員。事見《通鑑》卷二八二。　并：州名。治所在今山西太原市。　忻：州名。治所在今山西忻州市。　代：州名。治所在今山西代縣。

[6]漢高祖：人名。即劉知遠。沙陀部人，後世居於太原。五代後唐、後晉將領，後漢高祖。917年至948年在位。紀見《舊五代史》卷九九至卷一〇〇、《新五代史》卷一〇。

[7]念虎里、赫連功德：人名。白承福部下將領。

[8]“晋天福元年”至“又遣首領白可久來朝”：《會要》卷二八吐渾條。《輯本舊史》卷七九《晋高祖紀五》天福六年（941）五月甲戌條：“北京遣牙將劉從以吐渾大首領白承福、念龐里、赫連功德來朝。”《新五代史》卷八《晋本紀》：天福六年九月，“丁丑，吐渾使白可久來”；七年，“六月丙辰，吐渾使念醜漢來”。《通鑑》卷二八二天福六年九月條：“劉知遠遣親將郭威以詔指説吐谷渾酋長白承福，令去安重榮歸朝廷，許以節鉞。威還，謂知遠

曰：‘虜惟利是嗜，安鐵胡止以袍袴賂之；今欲其來，莫若重賂乃可致耳。’知遠從之，且使謂承福曰：‘朝廷已割爾曹隸契丹，爾曹當自安部落；今乃南來助安重榮爲逆，重榮已爲天下所棄，朝夕敗亡，爾曹宜早從化，勿俟臨之以兵，南北無歸，悔無及矣。’承福懼，冬，十月，帥其衆歸于知遠。知遠處之太原東山及嵐、石之間，表承福領大同節度使，收其精騎以隸麾下。”

　　少主嗣位，絕契丹之好，數召其酋長入朝，厚加宴賜，每大讌會，皆命列坐於勛臣之次。至開運中，[1] 捍虜於澶州，[2] 召承福等率其部衆從行，屬歲多暑熱，部下多死，復遣歸太原，移帳於嵐、石州界。[3] 然承福馭下無法，多干軍令。其族白可久，名在承福之亞，因牧馬率本帳北遁，契丹授以官爵，復遣潛誘承福。承福亦思叛去，事未果，漢高祖知之，乃以兵環其部族，擒承福與其族白鐵匱、赫連海龍等五家，[4] 凡四百有餘人，伏誅。籍其牛馬，命別部長王義宗統其餘屬。[5] 吐渾遂微，不復見。[6]

[1] 開運：後晉出帝石重貴年號（944—946）。

[2] 澶州：州名。唐、五代初，治所在河南清豐縣。後晉天福四年（939），移治於今河南濮陽縣。

[3] 石：州名。治所在今山西呂梁市離石區。

[4] 白鐵匱：即李鐵匱。

[5] 王義宗：人名。五代吐谷渾別部首領。後晉開運三年（946），官吐谷渾節度使。後漢天福十二年（947），加封檢校太尉、沁州刺史。事見本書卷九九、卷一〇〇。 “少主嗣位”至“命別部長王義宗統其餘屬”：《會要》卷二八吐渾條。《新五代史》卷七四

本傳："劉知遠稍侵辱之，承福謀復亡出塞，知遠以兵圍其族，殺承福及其大姓赫連海龍、白可久、白鐵匱等。"《通鑑》卷二八五開運三年八月條："部落多犯法，劉知遠無所縱捨；部落知朝廷微弱，且畏知遠之嚴，謀相與遁歸故地。有白可久者，位亞承福，帥所部先亡歸契丹，契丹用爲雲州觀察使，以誘承福。知遠與郭威謀曰：'今天下多事，置此屬於太原，乃腹心之疾也，不如去之。'承福家甚富，飼馬用銀槽。威勸知遠誅之，收其貨以贍軍。知遠密表：'吐谷渾反覆難保，請遷於內地。'帝遣使發其部落千九百人，分置河陽及諸州。知遠遣威誘承福等入居太原城中，因誣承福等五族謀叛，以兵圍而殺之，合四百口，籍没其家貲。"所記皆與《會要》異。《輯本舊史》卷九九《漢高祖紀上》記誅吐渾白承福等五族在開運三年五月。

[6]吐渾遂微，不復見：《新五代史》卷七四《吐谷渾傳》。

初，唐以承福之族爲熟吐渾。長興中，又有生吐渾杜每兒來朝貢。[1]每兒，不知其國地、部族。至漢乾祐二年，[2]又有吐渾何戛剌來朝貢，[3]不知爲生、熟吐渾。蓋皆微，不足考録。[4]

[1]杜每兒：人名。籍貫不詳。五代生吐谷渾朝貢使者。

[2]乾祐：後漢高祖劉知遠、隱帝劉承祐年號（948—950）。北漢亦用此年號。

[3]何戛剌：人名。籍貫不詳。五代吐谷渾朝貢使者。

[4]"初"至"不足考録"：《新五代史》卷七四《吐谷渾傳》。

回鶻

回鶻，其先匈奴之種也。[1]後魏時，號爲鐵勒，亦

名回紇。[2]唐元和四年,[3]本國可汗遣使上言,改爲回
鶻,義取迴旋搏擊,如鶻之迅捷也。[4]本牙在天德西北
娑陵水上,[5]距京師八千餘里。[6]唐天寶中,安禄山犯
闕,有助國討賊之功,累朝尚主,自號"天驕",大爲
唐朝之患。會昌初,[7]其國爲黠戛斯所侵,[8]部族擾亂,
乃移帳至天德、振武間。時爲石雄、劉沔所襲,[9]破之,
復爲幽州節度使張仲武所攻,[10]餘衆西奔,歸于吐蕃,
吐蕃處之甘州,由是族帳微弱。其後時通中國,世以中
國爲舅,朝廷每賜書詔,亦常以甥呼之。[11]

　　[1]匈奴:部族名、政權名。西周、春秋時稱獫狁、戎狄。戰
國時游牧於燕、趙、秦以北地區。秦漢之際,匈奴冒頓單于統一各
部,擊敗東胡、月氏,勢力强盛,建立起匈奴政權。漢和帝時,遣
大將軍竇憲率軍擊敗北匈奴,迫使其部分西遷,越過中亞後到達歐
洲,留居漠北的餘部匯入鮮卑部落。南匈奴屯居朔方、五原、雲中
(今内蒙古境内)等郡,東漢末分爲五部。兩晋十六國時匈奴族先
後在黄河流域建立漢(前趙)、夏、北涼等國,經過南北朝時代北
方的民族大融合,逐漸在歷史上消失。參見陳序經《匈奴史稿》,
中國人民大學出版社 2007 年版。
　　[2]鐵勒:部族名。又作敕勒、高車、丁零。北周至隋唐的史
書中指廣義的突厥各部。參見段連勤《丁零、高車與鐵勒》,廣西
師範大學出版社 2006 年版。　　"回鶻"至"亦名回紇":"回鶻"
之"回",諸書用字不一,《册府》《會要》多用"迴"或"逥"
字,《輯本舊史》《新五代史》多用"回"字。今將"逥"統一爲
"迴",與"回"字并據文録之。《宋本册府》卷九五六《外臣部·
種族門》:"迴紇,其先匈奴之裔也。在後魏時,號爲鐵勒部落,後
謂之特勒。特勒始有僕骨、同羅、韋紇、拔也古、覆羅,並號俟

斤。後稱迴紇。有時健俟斤死，其子曰菩薩，部落以爲賢而立之。迴紇之盛，繇菩薩之興焉。"明本《册府》卷九五八《外臣部·國邑門二》："迴紇之先，匈奴之裔也。後魏時號爲鐵勒部落。其衆微小，依託高車，臣屬突厥，隋時謂之特勒。在薛延陀北境，居婆陵水側，去長安六千九百里。隨逐水草，勝兵五萬人，口十萬。"

[3]元和：唐憲宗李純年號（806—820）。

[4]"唐元和四年"至"如鶻之迅捷也"：明本《册府》卷九五八："唐貞觀中，以迴紇部爲瀚海府，開元中漸盛。保烏德健山南西城一千七百里，西城即漢之高闕塞也。西城北去磧石三百里，有十一都督。元和中，可汗遣使改爲迴鶻，義取迴旋捷如鶻也。"《宋本册府》卷九六七《外臣部·繼襲門》迴紇貞元五年（789）："改'紇'爲'鶻'，從其請也。"

[5]天德：方鎮名。治所在永濟柵（今内蒙古烏拉特前旗）。

婆陵水：水名。又作仙俄河、仙萼河。突厥文碑作 Salanga。即今蒙古國境之色楞格河。"婆陵水"，中華書局本有校勘記："原作'婆陵水'，據孔本、《新五代史》卷七四《四夷附録》、《五代會要》卷二八改。按磨延啜碑北面第二行、東面第三行、東面第四行、西面第五行皆有此地名，拉丁文轉寫爲 Sälänä。"明本《册府》卷九五八"婆"亦誤作"婆"。

[6]本牙在天德西北婆陵水上，距京師八千餘里：《會要》卷二八迴鶻條云："距長安六千九百里。"

[7]會昌：唐武宗李炎年號（841—846）。

[8]黠戛斯：古族名。又作紇扢斯。鐵勒諸部之一。貞觀二十二年（648），黠戛斯首領失缽屈阿棧入唐，唐以其部爲堅昆都督府。9世紀30年代末，乘回鶻汗國遭受自然災害、發生内亂之際，一舉滅之。回鶻西遷，黠戛斯代之統有漠北。大順元年（890），派兵助唐廷討李克用。契丹稱之爲轄戛斯，設轄戛斯大王府於其地。

[9]石雄：人名。徐州（今江蘇徐州市）人。唐代將領。傳見《舊唐書》卷一六一、《新唐書》卷一七一。　劉沔：人名。徐州

彭城（今江蘇徐州市）人。唐代將領。傳見《舊唐書》卷一六一、
《新唐書》卷一七一。

　　[10]張仲武：人名。范陽（今北京市西南）人。唐代將領。
傳見《舊唐書》卷一八〇、《新唐書》卷二一二。

　　[11]“時爲石雄、劉沔所襲”至“亦常以甥呼之”：《新五代
史》卷七四《回鶻傳》：“吐蕃已陷河西、隴右，乃以回鶻散處之。
當五代之際，有居甘州、西州者嘗見中國，而甘州回鶻數至，猶呼
中國爲舅，中國答以詔書亦呼爲甥。”

　　梁乾化元年十一月，[1]遣都督周易言等入朝進貢，[2]
太祖御朝元殿引對，[3]以易言爲右監門衛大將軍同正，[4]
以石壽兒、石論思並爲右千牛衛將軍同正，[5]仍以左監
門衛上將軍楊沼充押領回鶻還蕃使，[6]通事舍人仇玄通
爲判官，[7]厚賜繒帛，放令歸國，又賜其入朝僧凝盧、
宜李思、宜延籛等紫衣。[8]

　　[1]乾化：五代後梁太祖朱溫年號（911—912）。後梁末帝朱
友貞沿用（913—915）。

　　[2]都督：回鶻部落首領和軍官的稱號。鄂爾渾突厥文碑銘寫
作 Tutuq 或 Totoq，爲漢語辭彙“都督”的借詞。　周易言：人名。
籍貫不詳。甘州回鶻都督。事見本書本卷。

　　[3]朝元殿：後梁都城開封府（今河南開封市）宮殿名。

　　[4]右監門衛大將軍：官名。唐置，掌宮禁宿衛。唐代置十六
衛，即左右衛、左右驍衛、左右武衛、左右威衛、左右領軍衛、左
右金吾衛、左右監門衛、左右千牛衛，各置上將軍，從二品；大將
軍，正三品；將軍，從三品。　同正：同正員省稱。係屬編外官，
待遇同正員。

　　[5]石壽兒、石論思：人名。皆周易言下屬。本書僅此一見。

右千牛衛將軍：官名。唐置十六衛之一。掌宮禁宿衛。從三品。

[6]左監門衛上將軍：官名。唐置十六衛之一。掌宮禁宿衛。從二品。中華書局本有校勘記："'上'字原闕，據《新五代史》卷七四《四夷附錄》、《册府》卷九八〇、《五代會要》卷二八補。"《輯本舊史》之原輯者案語："《五代會要》：以易言爲右監門衛大將軍同正，弟略麥之、石論思並爲左千牛衛將軍同正，李屋珠、安鹽山並爲右千牛衛將軍同正，仍以左監門衛上將軍楊沼爲左驍衛上將軍，充押領迴鶻還番使。"見《會要》卷二八迴鶻條，"安鹽山"作"安鹽上"。 楊沼：人名。籍貫不詳。事見本書本卷。

[7]通事舍人：官名。東晋始置。唐代爲中書省屬官，全稱中書通事舍人。掌殿前承宣通奏。從六品上。 仇玄通：人名。籍貫、事跡不詳。本書僅此一見。

[8]凝盧、宜李思、宜延籛：人名。回鶻僧人。本書僅此一見。

"梁乾化元年十一月"至"宜延籛等紫衣"：《新五代史》卷七四《回鶻傳》："梁乾化元年，遣都督周易言等來，而史不見其君長名號。"《宋本册府》卷九七二《外臣部·朝貢門五》梁太祖開平三年（909）五月條："賜迴紇朝貢使阿福引分物。"乾化元年（911）十二月條："帝御朝元殿，以迴鶻、吐蕃二大國首領入覲故也。扇開，所司道二首領與傔從等一百二十二人伏拜庭下，即各以其君長所上表及方物等陳而獻焉。"乾化二年十一月條："迴鶻遣都督周易言等入朝進貢。"卷九七六《外臣部·褒異門三》梁太祖乾化元年十一月丙午條："以迴鶻都督周易言爲右監門大將軍同正，地略李麥之、石壽兒、石論斯並左千牛衛將軍同正，李屋、列殊、安鹽山並右千牛將軍同正。"同月癸未條："迴鶻入朝僧凝盧、宜李思、宜延錢等並賜紫衣還蕃。"卷九八〇《外臣部·通好門》梁太祖乾化元年條："鄜州以迴紇可汗所與書來上，制以左監門衛上將軍楊沼爲右驍衛上將軍，押領迴紇等還蕃。又河中奏迴紇宣諭使楊沼押領二蕃酋長一百二十人歸本國事。"

　　後唐同光二年四月,[1]其本國權知可汗仁美遣都督李引釋迦、副使田鐵林、都監楊福安等共六十六人來貢方物,并獻善馬九匹。[2]莊宗召對於文明殿,[3]乃命司農卿鄭續、將作少監何延嗣持節册仁美爲英義可汗。[4]至其年十一月,仁美卒,其弟狄銀嗣立,[5]遣都督安千等來朝貢。[6]狄銀卒,阿咄欲立,[7]亦遣使來貢名馬。[8]天成三年二月,其權知可汗仁裕遣都督李阿山等一百二十人入貢,[9]明宗召對於崇元殿,[10]賜物有差。其年三月,命使册仁裕爲順化可汗。[11]四年,又遣都督掣撥等五人來朝,[12]授掣撥等懷化司戈,遣命還蕃。[13]長興元年十二月,遣使翟未思三十餘人,[14]進馬八十匹、玉一團。[15]四年七月,復遣都督李未等三十人來朝,[16]進白鶻一聯,明宗召對於廣壽殿,[17]厚加錫賚,仍命解放其鶻。清泰二年七月,遣都督陳福海已下七十八人,[18]進馬三百六十四、玉二十團。八月,敕回鶻朝貢使、密録都督陳福海可懷化郎將,[19]副使達奚相温可懷化司階,[20]監使屈密録阿撥可歸德司戈,[21]判官安均可懷化司戈。[22]

　　[1]同光:後唐莊宗李存勖年號(923—926)。

　　[2]仁美:人名。即藥羅葛仁美。爲甘州回鶻首任可汗,尊號烏母主可汗(Ormuzd),後唐封賜英義可汗。事見《新五代史》卷七四《四夷附録三》。　李引釋迦、田鐵林、楊福安:人名。仁美屬下,回鶻使者。本書僅此一見。"田鐵林",中華書局本有校勘記:"原作'鐵林',據《五代會要》卷二八、《册府》卷九七二改。"見《會要》卷二八迴鶻條。

[3]文明殿：宮殿名。位於今河南洛陽市。爲五代洛陽宮城的正殿，大朝會、大册拜等禮儀活動在此舉行。

[4]司農卿：官名。唐司農寺長官。掌國家之農耕、倉儲以及宮廷百官供應。從三品。　鄭續：人名。籍貫不詳。後唐官員。曾任司農卿、太僕卿、鴻臚卿。事見本書卷三九、卷四三。　將作少監：官名。秦代設將作少府，唐代改將作監，其長官即爲將作監。掌宮廷器物置辦及宮室修建事宜。從四品下。　何延嗣：人名。籍貫不詳。後唐官員。本書僅此一見。

[5]狄銀：人名。甘州回鶻人。仁美之弟。約920年前後，天睦可汗死，仁美可汗繼位。但狄銀勢力强盛，甘州内亂争權，狄銀終在後唐同光二年（924）十一月繼仁美爲回鶻可汗。事見《新五代史》卷七四。

[6]安千：人名。回鶻都督、使者。事見《新五代史》卷五。中華書局本有校勘記："'安千'，《五代會要》卷二八同，《新五代史》卷五《唐本紀》、卷七四《四夷附録》、《五代會要》（四庫本）卷二八作'安千想'。"

[7]阿咄欲：人名。即下文所説的仁裕。

[8]"後唐同光二年四月"至"亦遣使來貢名馬"："并獻善馬九匹"，《輯本舊史》之原輯者案語："《歐陽史》作貢玉、馬。"《新五代史》卷七四《四夷附録三》："貢玉、馬，自稱'權知可汗'。""狄銀卒"，《輯本舊史》之原輯者案語："《歐陽史》：同光四年，狄銀卒。"《新五代史》卷七四《四夷附録三》："阿咄欲，不知其爲狄銀親疏，亦不知其立卒；而仁裕訖五代常來朝貢，史亦失其紀。其地出玉、氆、緑野馬、獨峯駝、白貂鼠、羚羊角、硇砂、膃肭臍、金剛鑽、紅鹽、虧氈、駒騠之革。其地宜白麥、青稞麥、黄麻、葱韭、胡荽，以橐駝耕而種。其可汗常樓居，妻號天公主，其國相號媚禄都督。見可汗，則去帽被髮而入以爲禮。婦人總髮爲髻，高五六寸，以紅絹囊之；既嫁，則加氈帽。又有别族號龍家，其俗與回紇小異。"《宋本册府》卷九七二《外臣部·朝貢門

五》唐莊宗同光二年四月條："迴鶻都督李引釋迦、副使田鐵林、都監楊福安等六十六人陳方物，稱本國權知可汗仁美在甘州差貢善馬九匹，白玉一團。"同光四年正月條："迴鶻可汗阿咄欲遣都督程郡明貢馬。"

[9]仁裕：人名。一作仁喻，本名阿咄欲。甘州回鶻英義可汗仁美之弟。繼位爲甘州回鶻可汗。事見《新五代史》卷七四。 李阿山：人名。回鶻使者。事見本書本卷，《新五代史》卷六、卷七四。

[10]崇元殿：宮殿名。五代後梁開平元年（907）改汴京正殿爲崇元殿。位於今河南開封市。

[11]"天成三年二月"至"命使册仁裕爲順化可汗"：《新五代史》卷七四繫此事於天成二年（927），但卷六《唐本紀》繫於天成三年二月戊戌，《會要》卷二八及《册府》亦繫於天成三年。疑《新五代史》誤。《宋本册府》卷九七二《外臣部・朝貢門五》唐明宗天成三年二月條："迴鶻權知可汗仁裕遣都督李阿山等十八人入貢。"同年十二月條："迴鶻差使朝貢。"卷九七六《外臣部・褒異門三》唐明宗天成三年五月辛未條："回鶻使辭於便殿，賜賚有差。"九月甲申條："回紇入貢使放還蕃，賜錦衣繒帛有差。"同月壬辰條："回紇使羅婆都督可歸化司階。"天成四年正月壬辰條："回鶻入朝使掣撥都督等五人，並可懷化司戈。"

[12]掣撥：人名。回鶻使者。事見本書本卷。

[13]懷化司戈：蕃酋官名。司戈有懷化、順化、安德等名。皆由外國朝貢受官者充之。司戈爲將軍、大將軍屬官。從八品下。

"四年"至"遣命還蕃"：《會要》卷二八繫於此年正月。《宋本册府》卷九七二《外臣部・朝貢門五》後唐閔帝應順元年（934）正月條："迴鶻可汗仁美遣使獻故可汗仁裕遺留貢物、鞍馬、器械；仁美獻馬二、團玉、鞦轡、碙砂、羚羊角、波斯寶繰、玉帶。"

[14]翟未思：人名。回鶻使者。本書僅此一見。中華書局本有校勘記："'翟未思'，《新五代史》卷六《唐本紀》作'翟未斯'，

《五代會要》卷二八作‘翟來思’。”

[15]“長興元年十二月”至“玉一團”：明本《册府》卷九七二唐明宗長興元年（930）五月條：“迴鶻孽栗祖等來朝貢，迴鶻國使安黑連來朝貢，又迴鶻可汗仁裕遺使來貢方物。”此條《宋本册府》作“二月”，因上文已有二月及四月，故從明本《册府》。又明本《册府》卷九七二長興二年十二月條：“西涼府及迴鶻使安末思，渤海使文成角並來朝貢。”長興三年正月條：“渤海、迴鶻順化可汗等、吐蕃各遣使朝貢。”

[16]四年七月，復遣都督李未等三十人來朝：中華書局本有校勘記：“‘李未’，邵本、《五代會要》卷二八、《册府》卷九七二、《新五代史》卷六《唐本紀》作‘李末’。‘三十人’，《册府》卷九七二作‘三十一人’。”明本《册府》卷九七二長興四年七月條：“迴鶻都督李未等三十一人進白鶻一聯，敕禮賓使解綵放之。”

[17]廣壽殿：宮殿名。位於今河南洛陽市。

[18]陳福海：人名。回鶻都督、使者。事見本書本卷。

[19]可懷化郎將：蕃酋官名。郎將有可懷化、懷忠、武安等名。皆由外國朝貢受官者充之。

[20]達奚相温：人名。“相温”又譯作厮温、撒温、索温、左温、詳穩，其原音爲 Sagun，爲回紇汗國統率兵馬的軍官稱號，實際上是漢文“將軍”的突厥文和回鶻文音譯。參見楊若薇《契丹王朝政治軍事制度研究》，中國社會科學出版社 1991 年版。　可懷化司階：官名。唐時授歸唐少數民族政權首領“懷化大將軍”“懷化將軍”之職，分隸諸衛。司階爲將軍、大將軍屬官。正六品下。

[21]阿撥：人名。回鶻使者。本書僅此一見。　可歸德司戈：唐時授歸唐少數民族政權首領“歸德大將軍”“歸德將軍”之職，分隸諸衛。

[22]安均：人名。回鶻使者。本書僅此一見。　可懷化司戈：唐時授歸唐少數民族政權首領“懷化大將軍”“懷化將軍”之職，分隸諸衛。　“清泰二年七月”至“判官安均可懷化司戈”：明本

《册府》卷一七〇《帝王部・來遠門》唐末帝清泰元年（934）正月條："回紇李突安而下十人先在京，放還本部。"清泰二年七月條："詔邠、涇、鄜、耀四州出州兵應接回鶻。時回鶻朝貢多爲河西雜虜剽掠，故有是命。及回，又詔邠州節度使康福遣將軍牛知柔率禁兵援送至靈武，虜之爲患者，隨便討之。"《宋本册府》卷九七二唐廢帝清泰二年六月條："詔邠、涇、鄜、耀四州兵應接迴鶻出州入貢。"同年七月條："迴鶻可汗仁美遣都督陳福海而下七十八人獻馬三百六十疋，玉二十團，白氈、斜褐、犛牛尾、禄野馬皮、野駝峰。"

晋天福三年十月，遣使都督李萬金等朝貢，[1]以萬金爲歸義大將軍，監使雷福德爲順化將軍。[2]四年三月，又遣都督拽里敦來朝，[3]兼貢方物。其月，命衛尉卿邢德昭持節就册爲奉化可汗。[4]五年正月，遣都督石海金等來貢良馬百駟，[5]并白玉團、白玉鞍轡等，謝其封册。[6]

[1]李萬金：人名。回鶻使者。事見本書卷七七。中華書局本有校勘記："'李萬金'，原作'李萬全'，據本書卷七七《晋高祖紀三》、《册府》卷九七二、卷九七六（宋本）、《新五代史》卷八《晋本紀》改。本卷下一處同。"見《輯本舊史》卷七七《晋高祖紀三》天福三年（938）十二月戊寅條，《宋本册府》卷九七二《外臣部・朝貢門五》晋天福三年七月條，卷九七六《外臣部・褒異門三》晋天福三年十一月條，《新五代史》卷八《晋本紀》天福三年九月己未條。

[2]雷福德：人名。回鶻使者。事見本書卷七七。

[3]拽里敦：人名。回鶻使者。事見《新五代史》卷八。

[4]衛尉卿：官名。東漢始置，衛尉寺長官，掌器械文物，總

武庫、武器、守宮三署。從三品。　邢德昭：人名。後晋官員。曾任太僕卿。事見本書卷七七。

[5]石海金：人名。回鶻使者。事見本書本卷。

[6]"晋天福三年十月"至"謝其封册"：《輯本舊史》之原輯者案語："《歐陽史》：晋高祖時，又加册命。阿咄欲，不知其爲狄銀親疏，亦不知其立卒。而仁裕迄五代常來朝貢，史亦失其紀。"見《新五代史》卷七四《四夷附録三》。《册府》卷九七二晋高祖天福三年三月條："迴鶻可汗王仁美進野馬、獨峰駝、玉彎頭、大鵬砂、碙砂、膃肭臍、金剛鑽、羚羊角、白貂鼠皮、安西絲、白氈布、氂牛尾、野駝峰等物。"同年十月條："迴鶻遣使都督李萬金等朝貢。"天福四年三月條："迴鶻都督拽里敦來朝，可汗仁美貢鏤劍珵玉、良馬百駟、瑶枯、寶彎、舟鹽、屭氈、玉狻獵、白貂鼠、氂牛之尾、騊駼之革。"天福五年正月條："迴鶻可汗仁美遣都督石海金來朝，貢良馬百駟，白玉百團，謝册命也。"晋少帝天福七年條："迴鶻都督來朝，獻馬三百疋，玉百團，玉帶一。"開運二年二月條："迴鶻可汗進玉團、獅子、玉鞍、碙砂、紅鹽、野駝峰、安西白氈、膃肭臍、大鵬砂、羚羊角、氂牛尾、貂鼠等物。"卷九八〇《外臣部·通好門》晋高祖天福五年十一月條："迴紇可汗仁美遣使貢良馬白玉，謝册命也。"

漢乾祐元年五月，遣使李屋等入朝貢馬并白玉、藥物等。[1]七月，以入朝使李屋爲歸德大將軍，副使安鐵山、監使末相温爲歸德將軍，[2]判官翟毛哥爲懷化將軍。[3]

[1]李屋：人名。回鶻使者。事見本書本卷。

[2]安鐵山、末相温：人名。回鶻使者。事見本書本卷。

[3]翟毛哥：人名。回鶻使者。事見本書本卷。　"漢乾祐元

年五月"至"判官翟毛哥爲懷化將軍":《宋本册府》卷九七二《外臣部・朝貢門五》漢隱帝乾祐元年（948）五月條:"迴鶻可汗遣使入貢,獻馬一百二十疋,玉鞍轡、玉團七十三,白氎百二十七,貂鼠皮二百三十六,氂牛尾一百四十八,玉靿鞦三百三十四,又羚羊角、碙砂、諸藥。"

　　周廣順元年二月,遣使并摩尼貢玉團七十有七,白氎、貂皮、氂牛尾、藥物等。先是,晋、漢已來,回鶻每至京師,禁民以私市易,[1]其所有寶貨皆鬻之入官,民間市易者罪之。至是,周太祖命除去舊法,[2]每回鶻來者,聽私下交易,官中不得禁詰,由是玉之價直十損七八。[3]顯德六年二月,又遣使朝貢,獻玉并碙砂等物,皆不納,所入馬量給價錢。時世宗以玉雖稱寶,無益國用,故因而却之。[4]《永樂大典》卷二萬一千一百九十九。[5]

　　[1]禁民以私市易:中華書局本有校勘記:"'民'下原有'衷'字,據殿本、《五代會要》卷二八删。"《會要》卷二八迴鶻條作"私下市易者罪之"。
　　[2]周太祖:即郭威。邢州堯山（今河北隆堯縣）人。五代後周王朝的建立者,即後周太祖。紀見《舊五代史》卷一一○至卷一一三、《新五代史》卷一一。
　　[3]"周廣順元年二月"至"由是玉之價直十損七八":《宋本册府》卷九七二《外臣部・朝貢門五》周太祖廣順元年（934）二月條:"西州迴鶻遣都督來朝,貢玉大小六團、一團碧琥魄九斤,白氎布一千三百二十九段,白褐二百八十段,珊瑚六樹,白貂鼠皮二千六百三十二,黑貂鼠皮二百五十,青貂鼠皮五百三,舊貂鼠襖子四,白玉環子、碧玉環子各一,鐵鏡二,玉帶鉸具六十九,玉帶

一，諸香藥稱是。迴鶻遣使摩尼貢玉團七十七，白氎段三百五十，青及黑貂鼠皮共二十八，玉帶、玉鞍轡鉸具各一副，氂牛尾四百二十四，大琥魄二十顆，紅鹽三百斤，胡桐律三百九十斤，硇砂二千一百斤，餘藥物在數外。"廣順二年三月條："迴鶻遣使每與難支、使副骨迪歷等十二人來朝，貢玉團三，珊瑚樹二十，琥魄五十斤，貂鼠皮、毛褐、白氎岺、皮靴等。"廣順三年正月條："迴鶻入朝使獨呈相溫貢白氎段七百七十，玉團一，珊瑚片七十。"

[4]顯德：五代後周太祖郭威年號（954）。世宗柴榮、恭帝柴宗訓沿用（954—960）。"顯德六年二月"至"故因而却之"：《宋本冊府》卷九七二周世宗顯德元年（954）二月條："迴鶻朝貢使以寶玉上進。"同年五月："迴鶻朝貢使因難狄略進方物。"顯德三年二月："迴鶻遣使貢方物。"顯德六年二月："迴鶻使貢方物。"

[5]《大典》卷二一一九九"鶻"字韻"回鶻（二）"事目。

高麗[1]

[1]《輯本舊史》之影庫本粘籤："《高麗傳》，《永樂大典》原本有闕佚，今姑存其舊。"

高麗，本扶餘之別種。[1]在遼東之東千里。[2]南與朝鮮、濊貊，[3]東與沃沮，[4]北與夫餘接。地方二千里，户三萬。多大山深谷，無原澤，人隨山谷以爲居。[5]

[1]夫餘：古族名。亦作鳧餘、不與、符婁。西漢時亦稱其所建政權爲夫餘。位於今松花江中游平原上，南至遼寧北境，北至松花江中游，東至吉林省吉林市，西至吉林市洮南縣。漢時强盛，挹婁受其役屬。晋至南北朝時，屢遭鮮卑慕容氏和高句麗襲擊，漸衰。北魏太和年間，居地爲勿吉人所占，部民分散遷徙無常。　高

麗，本扶餘之別種：《大典》卷四四四一"鮮"字韻"朝鮮國
（三）"事目。

　　［2］遼東：泛指遼河以東地區。

　　［3］朝鮮：古國名。又稱"衛滿朝鮮"。漢武帝元封二年（前
109）擊朝鮮，在其領域内設樂浪、玄菟、真番和臨屯四郡，衛氏
朝鮮滅亡，其地列入漢朝郡縣。　濊（huì）貊（mò）：古族名。
依濊水而居，故名。濊水，位於今遼寧鳳城市以東。

　　［4］沃沮：源出濊貊。有東沃沮和北沃沮之分。漢初臣屬衛滿
朝鮮。漢武帝元封二年（前 109）擊朝鮮，次年在其境設玄菟郡，
治沃沮城（今朝鮮咸興市附近）。東漢時役屬於高句驪。東沃沮分
布於今朝鮮咸鏡道濱日本海之狹長地帶，北沃沮約轄今圖們江北琿
春、汪清、延吉、和龍等地。

　　［5］"在遼東之東千里"至"人隨山谷以爲居"：明本《册府》
卷九五七《外臣部·國邑門》高句麗條。

　　漢初，其王高朱蒙死，子如栗立。[1]如栗死，子莫
來立。[2]漢武既滅朝鮮，以高句麗爲縣。[3]王莽更名下句
麗侯。[4]後漢建武八年，遣使朝貢，光武復其王號。[5]裔
孫宮，建光元年死，子遂成立。[6]遂成死，子伯固立。[7]
伯固死，有二子，長子拔奇，小子伊夷摸。[8]拔奇不肖，
國人便立伊夷摸爲王。伊夷摸死，子位宮立。[9]始位宮
曾祖宮，生而目開能視，國人惡之，及長，凶虐，國以
殘破。及位宮，亦生而視人。高麗呼相似爲"位"，以
爲似其曾祖宮，故名位宮。其後，位宮玄孫乙弗利
立。[10]乙弗利死，子釗立，釗爲百濟所殺。[11]至後魏太
武時，[12]釗曾孫璉遣詣安東，[13]奉表貢方物。封璉爲遼
東郡公、高句麗王。太和十五年，[14]璉死，年百餘歲。

孫雲立。[15] 神龜中，雲死，世子安立。[16] 安死，子延立。[17] 延死，子成立。[18] 成死，子湯立。[19] 周武帝封湯爲遼東王，隋高祖改封高麗王。[20] 湯死，子元嗣。[21] 唐高祖武德二年，元弟建武遣使朝貢。[22] 貞觀十六年，西部大人蓋蘇文殺建武，立其弟大陽予藏爲王。[23] 十七年，太宗封藏爲遼東郡王。[24] 儀鳳中，[25] 改朝鮮王。永淳初，[26] 藏卒。垂拱二年，封藏孫寶元爲朝鮮郡王。[27] 聖曆元年，改爲忠誠國王。[28] 其國都平壤城，即漢樂浪郡之故地，[29] 在京師東四千餘里。東渡海至于新羅，[30] 西北渡遼水至于營州，[31] 南渡海至于百濟，北至靺鞨，[32] 東西三千一百里，南北二千里。[33] 其官大者號大對盧，比一品，總知國事，三年一代。若稱職者不拘年限。對盧已下，官總十二級。外置州縣六十餘，大城置傉薩一人，比都督；小城置道使一人，比刺史；其下各有僚佐，分曹掌事。其王以白羅爲冠，白皮小帶，咸以金飾。唐貞觀末，太宗伐之不能下。至總章初，高宗命李勣率軍征之，[34] 遂拔其城，分其地爲郡縣。及唐之末年，中原多事，其國遂自立君長，前王姓高氏。唐同光、天成中，累遣使朝貢。[35]

[1]高朱蒙：人名。高句麗國創建者。後世追封謚號東明聖王。事見《魏書》卷一〇〇《高句麗傳》、朝鮮《三國史記》。　如栗：人名。高朱蒙之子。高句麗第二世王，《魏書》言其爲閭達之子，高句麗第三世王。

[2]莫來：人名。如栗之子。征夫餘，夫餘大敗，遂統屬焉。事見《魏書》卷一〇〇。

[3]漢武：即漢武帝劉徹。前140年至前87年在位。紀見《漢書》卷六。

[4]王莽：人名。元城（今河北大名縣）人。新莽王朝建立者，西漢末年代漢建“新”，後被農民起義軍所殺。傳見《漢書》卷九九。

[5]建武：東漢光武帝劉秀年號（25—56）。 光武：即東漢光武帝劉秀。東漢王朝建立者，25年至57年在位。紀見《後漢書》卷一。

[6]宮：人名。莫來遠代子孫。生而開目能視，國人惡之。及長兇虐，國以殘破。事見《魏書》卷一〇〇。 建光：東漢安帝劉祜年號（121—122）。 遂成：人名。宮之子。高句麗國第七世王。漢延熹八年（165）十月，民不堪其無道，下屬答夫起而殺之。諡號“次大王”。

[7]伯固：人名。遂成之子。高句麗國第八世王。遂成被殺後繼位。建寧二年（169），玄菟太守耿臨討之，斬首數百級，伯固降服，乞屬玄菟。漢光和二年十二月（180年初）卒，諡號“新大王”。事見《後漢書》卷八五《東夷列傳》。

[8]拔奇：人名。伯固之子。建安中，公孫康出軍擊之，破其國，焚燒邑落。拔奇降康，伊夷摸更作新國，後拔奇遂往遼東，有子留高句麗國。事見《三國志》卷三〇《烏丸鮮卑東夷傳第三十》。 伊夷摸：人名。伯固之子。高句麗國第九世王。拔奇不肖，國人便共立伊夷模爲王。建安時期曾被公孫康擊敗，焚毀聚落，遂遷地重新立國。諡號“故國川王”。事見《三國志》卷三〇《烏丸鮮卑東夷傳第三十》。

[9]位宮：人名。伊夷摸之子。高句麗國第十世王。名延優，因似太祖大王宮生而開眼能視人，故又名位宮。三國魏太和元年（227）五月卒，葬於山上陵，諡號“山上王”。事見《三國志》卷三〇《烏丸鮮卑東夷傳第三十》。

[10]乙弗利：人名。位宮玄孫。高句麗國第十五世王。屢破玄

菟，縱兵在玄菟城內屠殺。晋大興元年（318）、二年，頻與鮮卑慕容廆戰於遼東，廆不能制。晋咸和五年（330），遣使後趙石勒，獻楛矢。葬美川之原，謚號“美川王”。

[11]釗：人名。又名斯由，乙弗利之子。高句麗國第十六世王。值鮮卑慕容氏鼎盛，雙方抗争益烈。晋永和十一年（355），向慕容氏朝貢、納質，受前燕王慕容儁册封爲征東大將軍、營州刺史、樂浪郡公。後屢與百濟争戰，爲流矢所中。是月死。葬於故國之原，謚號“故國原王”。　百濟：朝鮮古國。此處指後百濟。892年，新羅國將領甄萱叛亂，900年稱王，建立百濟國，史稱後百濟。936年，爲高麗所滅。

[12]太武：即後魏太武帝拓跋燾。424年至452年在位。即位後，用漢族士人，改定律令，於太延五年（439）統一北方。後被宦官宗愛殺死。紀見《北史》卷二。

[13]璉：人名。又名巨連。高句麗國第二十世王。屢受中原諸王朝册封，特別重視與北魏交往，多次遣使朝貢。於北魏始光四年（427）遷都平壤，與百濟繼續争戰，屢敗新羅。在位凡79年，謚號“長壽王”。　安東：即安東都護府，唐六大都護府之一。總章元年（668）置，治所在平壤城（今朝鮮平壤市）。

[14]太和：北魏孝文帝拓跋宏年號（477—499）。

[15]雲：人名。璉之孫。

[16]神龜：北魏孝明帝拓跋詡年號（518—520）。　安：人名。雲之子。

[17]延：人名。安之子。

[18]成：人名。延之子。

[19]湯：人名。成之子。隋文帝賜湯璽書，湯得書惶恐，將奉表陳謝，會病卒。事見《隋書》卷八一《東夷傳》。

[20]周武帝：即北周武帝宇文邕。561年至578年在位。紀見《北史》卷一〇。　隋高祖：即隋文帝楊堅。隋朝開國皇帝，581年至604年在位。紀見《隋書》卷一至卷二。

[21]元：人名。隋時高麗國王。590 年至 618 年在位。事見《隋書》卷八一《東夷傳》。

[22]唐高祖：即李淵。唐朝建立者。618 年至 626 年在位。紀見《舊唐書》卷一、《新唐書》卷一。 武德：唐高宗李淵年號（618—626）。 建武：人名。朝鮮高麗國王。618 年至 642 年在位。事見《舊唐書》卷一九九上《高麗傳》。

[23]貞觀：唐太宗李世民年號（627—649）。 蓋蘇文：人名。貞觀十六年（642）計殺國王高建武，立建武侄藏爲王，自任莫離支執掌國政。執政時擊退唐太宗親征，又在高宗時多次擊敗唐軍。事見《舊唐書》卷一九九上、《新唐書》卷二二〇。 藏：人名。建武弟之子。唐時高麗王。642 年至 668 年在位。被蓋蘇文立爲王。國政操於蓋蘇文之手。總章元年（668）唐平高麗後授任司平太常伯。儀鳳中封朝鮮王鎮其本土，因與靺鞨謀叛配流邛州。永淳中卒。事見《舊唐書》卷一九九上、《新唐書》卷二二〇。

[24]太宗：即唐代第二位皇帝李世民。隴西成紀（今甘肅秦安縣）人。626 年至 649 年在位。通過“玄武門之變”掌權。在位期間，虛心納諫，文治武功，開創“貞觀之治”。紀見《舊唐書》卷二至卷三、《新唐書》卷二。

[25]儀鳳：唐高宗李治年號（676—679）。

[26]永淳：唐高宗李治年號（682—683）。

[27]垂拱：武則天年號（685—688）。 寶元：人名。藏之孫。事見《舊唐書》卷一九九上、《新唐書》卷二二〇。

[28]聖曆：武則天年號（698—700）。 “漢初”至“改爲忠誠國王”：明本《册府》卷九六六《外臣部·繼襲門》高句麗條。

[29]樂浪郡：古郡名。西漢元封三年（前108）置，治朝鮮縣（今朝鮮平壤市南）。轄境約當今朝鮮平安南道、黃海南北道、江原北道等全部和咸鏡南道、江原南道、京畿道等部分地。東漢以後轄境縮小。西晉末地入高句麗。

[30]新羅：朝鮮古國。4 世紀以後逐漸强大。935 年爲王氏高

麗所取代。傳見本書本卷、《新五代史》卷七四。

[31]遼水：河流名。即今遼河。位於今遼寧中部。 營州：州名。治所在今遼寧朝陽市。

[32]靺鞨：古族名。源出肅慎、挹婁。北魏時稱勿吉，隋唐時稱靺鞨。分布在今吉林長白山以北，松花江、牡丹江流域及黑龍江中下游，東至海。《隋書・東夷傳・靺鞨》記，凡七種，粟末、伯咄、安車骨、拂涅、號室、黑水、白山七部。黑水部尤爲勁健。唐時黑水靺鞨分十六部，開元十年（722）黑水靺鞨酋長倪屬利稽入朝，唐玄宗命爲勃利州刺史。開元十三年置黑水軍，次年置黑水府，仍以其首領爲都督。粟末靺鞨自萬歲通天以後改稱渤海。參見馬一虹《靺鞨、渤海與周邊國家、部族關係史研究》，中國社會科學出版社 2011 年版。

[33]“其國都平壤城”至“南北二千里”：明本《册府》卷九五七：“其國，漢之玄菟郡也。其地東至新羅，西度遼水二千里，南接百濟，北鄰靺鞨千餘里地。平壤城，即漢樂浪之故地，東西六里，南臨浿水，城內惟積倉儲器械備，寇賊至日，方入固守。王則別爲宅於其側，不常居之。其外有城及漢城，亦別都也。復有遼東、玄菟等數十城，皆置官司，以相統攝。平壤城，亦曰長安城，東六里，隨山屈曲，南臨浿水。復有國內城、漢城，並其都會之所，國中呼爲三京。唐貞觀五年，高麗又發其國衆築長城，東北自夫餘城，西南至海，千有餘里。”

[34]總章：唐高宗李治年號（668—670）。 高宗：即唐高宗李治。649 年至 683 年在位。唐太宗之子。紀見《舊唐書》卷四至卷五、《新唐書》卷三。 李勣：人名。曹州離狐（山東東明縣）人。唐代大將，曾破東突厥、高句麗。傳見《舊唐書》卷六七、《新唐書》卷九三。

[35]“其國都平壤城”至“累遣使朝貢”：《大典》卷四四四一“鮮”字韻“朝鮮國（三）”事目。“官總十二級”，中華書局本有校勘記：“‘十二級’，《五代會要》卷三〇、《舊唐書》卷一九

九上《高麗傳》、《御覽》卷七八三引《唐書》同,《通鑑》卷一九八胡注引《薛史》作'十一級'。"見《會要》卷三〇高麗條,《通鑑》卷一九八貞觀十九年(645)六月丁巳條胡注引《薛史》。"外置州縣六十餘",中華書局本有校勘記:"'十'字原闕,據《通鑑》卷一九八胡注引《薛史》、《五代會要》卷三〇、《舊唐書》卷一九九上《高麗傳》補。'外置',《通鑑》卷一九八胡注引《薛史》作'列置',《五代會要》卷三〇作'置外'。""小城置道使一人",中華書局本有校勘記:"'道使',《五代會要》卷三〇、《舊唐書》卷一九九上《高麗傳》、《御覽》卷七八三引《唐書》同,《通鑑》卷一九八胡注引《薛史》作'運使'。"

唐莊宗同光三年十一月丁未,高麗國遣使韋伸貢方物。[1]天成四年八月己未,高麗國王王建遣使廣平侍郎張芬等五十二人來朝,[2]貢銀香獅子香爐、金裝鈒鏤、雲星刀劍、馬突、金銀鷹韝、韜韝鈴、錦罽腰、白紵、白氎、頭髮、人參、香油、銀鏤剪刀、鉗鈦、松子等。[3]長興三年三月,高麗國遣使大相王儒朝貢。[4]五月,制權知高麗事王建,可特進、檢校太保,使持節玄菟州都督、上柱國,封高麗國王,充大義軍使。[5]六月,甲寅,封王建爲高麗國王,大義軍使。[6]七月,詔特進、檢校太保、使持節玄菟州都督、上柱國、高麗國王建妻河東柳氏,可封河東郡夫人。高麗入朝使太相王儒奏請也。[7]清泰元年八月,青州言高麗入貢使金吉船至岸。[8]二年十月,高麗國王王建遣使入朝貢方物。十二月,高麗遣使禮賓卿邢順等來朝貢。[9]三年正月庚午,以高麗朝貢使王子太相干規檢校尚書右僕射,[10]副使廣評侍郎崔儒試將作監，[11]其節級三十餘人並授司戈、司階。[12]

[1]韋伸：人名。高麗使者。本書僅此一見。　唐莊宗同光三年十一月丁未，高麗國遣使韋伸貢方物：《宋本冊府》卷九七二《外臣部·朝貢門五》。"十一月"，《冊府》原作"十月"。《輯本舊史》卷三三《唐莊宗紀七》同光三年（925）及《新五代史》卷五《唐本紀》同光三年均繫於十一月丁未。十月庚申朔，無丁未。十一月庚寅朔，丁未爲十八日。今改。

[2]王建：人名。朝鮮王氏高麗開國國王，廟號太祖。參見〔朝〕鄭麟趾等《高麗史》卷一，西南師範大學出版社2014年版。　廣平侍郎：高麗王朝官名。應爲廣評侍郎。廣評省（仿唐尚書省）副長官，協助廣評侍中總領百官。詳見龔延明《高麗國初與唐宋官制之比較——關於唐宋官制對高麗官制影響研究之一》，《韓國研究》第1輯，浙江大學出版社1994年版，第124頁。　張棼：人名。高麗使者。《新五代史》卷六作"張彬"。

[3]"天成四年八月己未"至"松子等"：《宋本冊府》卷九七二《外臣部·朝貢門五》。"己未"，據《輯本舊史》卷四〇《唐明宗紀六》及《新五代史》卷六《唐本紀》增。

[4]王儒：人名。高麗使者。事見本書本卷。　長興三年三月，高麗國遣使大相王儒朝貢：《宋本冊府》卷九七二《外臣部·朝貢門五》。

[5]特進：官名。西漢末期始置，授給列侯中地位較特殊者。隋唐時期，特進爲文散官，授給有聲望的文官。正二品。　玄菟州：唐渤海國置，屬新城州都督府。治所在玄菟城（今遼寧瀋陽市東上柏官屯）。　"五月"至"充大義軍使"：明本《冊府》卷九六五《外臣部·冊封門》。

[6]六月，甲寅，封王建爲高麗國王，大義軍使：《新五代史》卷六《唐本紀》長興三年（932）六月甲寅條。《輯本舊史》卷四

三《唐明宗紀九》長興三年六月甲寅："以權知高麗國事王建爲檢校太保，封高麗國王。"同年七月戊子條："正衙命使册高麗國王王建。"

[7]"七月"至"高麗入朝使太相王儒奏請也"：《宋本册府》卷九七六《外臣部·褒異門三》。

[8]青州：州名。治所在今山東青州市。　金吉：人名。高麗使者。本書僅此一見。

[9]禮賓卿：高麗官名。　邢順：人名。高麗使者。事見《五代會要》卷三〇高麗。　"清泰元年八月"至"高麗遣使禮賓卿邢順等來朝貢"：《宋本册府》卷九七二《外臣部·朝貢門五》。

[10]王規：人名。高麗使者。本書僅此一見。

[11]崔儒：人名。高麗使者。本書僅此一見。　將作監：官名。秦代設將作少府，唐代改將作監，其長官即爲將作監。掌宮廷器物置辦及宮室修建事宜。從三品。

[12]司階：蕃酋官名。司階有保和、保順等名。皆由外國朝貢受官者充之。　"三年正月庚午"至"司階"：明本《册府》卷九七六《外臣部·褒異門三》。

晋高祖天福三年八月，青州王建立奏："高麗國宿衛質子王仁翟乞放歸鄉里。"可之。[1]四年九月，高麗王王建使廣評侍郎邢順等九十二人以方物來朝。[2]六年六月丙午，高麗國王王建加開府儀同三司、檢校太師，食邑一萬户。[3]八月甲寅，遣光禄卿張澄、國子博士謝攀使高麗行册禮。[4]八年九月，高麗遣使王子太相王申一等來朝貢。[5]十一月辛丑，高麗使其廣評侍郎金仁逢來。[6]開運二年冬十月丁丑，高麗使其廣評侍郎韓玄珪、禮賓卿金廉等來。[7]戊子，高麗使其兵部侍郎劉崇珪、內軍卿朴藝言來。[8]建卒，子武嗣。[9]十一月戊戌，封王武爲高麗國王。[10]武，勇而多力，能伸屈鐵鈎。[11]漢乾祐末，武卒，子昭立。[12]

[1]王建立：人名。遼州榆社（今山西榆社縣）人。五代後唐、後晉大臣。傳見本書卷九一、《新五代史》卷四六。 王仁翟：人名。朝鮮人。五代後晉時入中原爲質子。事見本書卷七七。"晋高祖天福三年八月"至"可之"：《宋本册府》卷九九六《外臣部·納質門》。亦見《輯本舊史》卷七七《晋高祖紀三》天福三年（938）八月戊戌條。

[2]四年九月，高麗王王建使廣評侍郎邢順等九十二人以方物來朝：《宋本册府》卷九七二《外臣部·朝貢門五》。亦見《輯本舊史》卷七八《晋高祖紀四》天福四年九月丙戌條，《新五代史》卷八《晋本紀》天福四年九月丙戌條。

[3]開府儀同三司：官名。魏晉始置，隋唐時爲散官之最高官階。多授功勳重臣。從一品。 檢校太師：官名。爲散官或加官，以示恩寵，無實際執掌。 食邑：即採邑，官員可以收其賦税自用的封地。 "六年六月丙午"至"食邑一萬户"：《輯本舊史》卷七九《晋高祖紀五》天福六年六月丙午條。

[4]光禄卿：官名。南朝梁天監七年（508）改光禄勳置，隋唐沿置。掌宮殿門户、帳幕器物、百官朝會膳食等。從三品。 張澄：人名。籍貫不詳。五代後晉官員。事見《通鑑》卷二八二。國子博士：官名。唐代國子監國子學置五員，分別掌教《周禮》《儀禮》《禮記》《毛詩》《春秋左氏傳》五經。正五品上。 謝攀：人名。籍貫不詳。五代後晉官員。事見本書卷八〇。 "八月甲寅"至"國子博士謝攀使高麗行册禮"：《輯本舊史》卷八〇《晋高祖紀六》天福六年八月甲寅條。

[5]王申一：人名。高麗使者。本書僅此一見。 八年九月，

高麗遣使王子太相王申一等來朝貢：《宋本册府》卷九七二《外臣部·朝貢門五》。《新五代史》卷九《晉本紀》：“天福八年十二月甲寅，高麗使太相來。”《會要》卷三〇高麗條作“八年十二月，復遣王子大相王申一等來”。

[6]金仁逢：人名。高麗使者。本書僅此一見。　十一月辛丑，高麗使其廣評侍郎金仁逢來：《新五代史》卷九《晉本紀》天福八年十一月辛丑條。《輯本舊史》卷八二《晉少帝紀二》天福八年十一月辛丑條云：“高麗遣使朝貢。”

[7]韓玄珪：人名。高麗使者。本書僅此一見。　金廉：人名。高麗使者。本書僅此一見。

[8]兵部侍郎：官名。尚書省兵部次官。協助兵部尚書掌武官銓選、勳階、考課之政。正四品下。　劉崇珪：人名。高麗官員、使者。事見《新五代史》卷九。　內軍卿：高麗官名。　朴藝言：人名。高麗官員、使者。事見《新五代史》卷九。　“開運二年冬十月丁丑”至“內軍卿朴藝言來”：《新五代史》卷九《晉本紀》開運二年（945）十月丁丑條。《輯本舊史》卷八四《晉少帝紀》開運二年十月丁丑條云：“高麗遣使貢方物。”《册府》卷九七二開運二年十月條：“高麗遣使廣評侍郎韓元圭等來朝貢。”

[9]武：人名。即王武，高麗太祖王建之子。高麗國王，廟號惠宗。　建卒，子武嗣：明本《册府》卷九六六《外臣部·繼襲門》。

[10]十一月戊戌，封王武爲高麗國王：《新五代史》卷九《晉本紀》開運二年十一月戊戌條。《輯本舊史》卷八四《晉少帝紀四》開運二年十一月戊戌條：“以權知高麗國事王武爲檢校太保、使持節玄菟州都督，充大義軍使，封高麗國王。十二月庚辰，命使册高麗國王王武。”

[11]武，勇而多力，能伸屈鐵鈎：《宋本册府》卷九九七《外臣部·勇鷙門》。

[12]昭：人名。即王昭。朝鮮王氏高麗國王，定宗王堯之弟。乾祐二年（949）受禪即位，廣順三年（953）被後周册封爲高麗國

王。廟號光宗。參見〔朝〕鄭麟趾等《高麗史》卷二。 漢乾祐末，武卒，子昭立：明本《册府》卷九六六《外臣部·繼襲門》。

周太祖廣順二年正月，高麗權知國事王昭遣廣平侍郎徐逢等九十七人來朝貢。[1]七月，高麗僧思泰獻方物。[2]秋九月乙丑，太僕少卿王演使于高麗。[3]世宗顯德二年十月，高麗國遣王子太相王融來貢方物。[4]十一月，高麗復遣本國廣評侍郎荀質來貢方物，稱賀登極。[5]五年秋七月乙酉，水部員外郎韓彥卿市銅於高麗。[6]六年正月壬子，高麗國王王昭遣其臣王子佐丞王兢、佐尹皇甫魏光等，來進名馬及織成衣襖、弓劍、器甲等，賜兢等龍衣、銀帶、器幣有差。[7]恭帝顯德六年八月，高麗國遣使朝貢，兼進《別序孝經》一卷、《越王孝經新義》八卷、《皇靈孝經》一卷、《孝經雌圖》二卷。[8]九月丙寅，左驍衛大將軍戴交使于高麗。[9]周顯德六年，高麗遣使貢紫、白水晶各二千顆。[10]

[1]徐逢：人名。高麗使者。本書僅此一見。 周太祖廣順二年正月，高麗權知國事王昭遣廣平侍郎徐逢等九十七人來朝貢：《宋本册府》卷九七二《外臣部·朝貢門五》。《册府》誤“王昭”爲“王詔”。亦見《輯本舊史》卷一一二《周太祖紀三》廣順二年（952）正月庚午條，《新五代史》卷一一《周本紀》廣順二年正月庚午條。《輯本舊史》卷一一二廣順二年二月癸巳條：“以權知高麗國事王昭爲高麗國王。”同年四月甲午條：“高麗國册使、衛尉卿劉皞卒。”

[2]思泰：人名。高麗僧人、使者。本書僅此一見。 七月，高麗僧思泰獻方物：《宋本册府》卷九七二《外臣部·朝貢門五》。

[3]王演：人名。籍貫不詳。後周大臣，卒於顯德年間。事見明本《册府》卷一四〇《帝王部·旌表門四》。　秋九月乙丑，太僕少卿王演使于高麗：《新五代史》卷一一廣順二年九月乙丑條。

[4]王融：人名。高麗王子。參見陳俊達《〈新五代史〉校正一則》，《黑河學院學報》2016年第6期。　世宗顯德二年十月，高麗國遣王子太相王融來貢方物：《宋本册府》卷九七二《外臣部·朝貢門五》。原繫於顯德元年（954），今據《輯本舊史》卷一一五《周世宗紀二》顯德二年十月戊寅條、《新五代史》卷一二《周本紀》顯德二年十月戊寅條改。

[5]荀質：人名。高麗使者。事見《宋本册府》卷九六五《外臣部·封册門三》。　“十一月”至“稱賀登極”：《宋本册府》卷九七二《外臣部·朝貢門五》。《輯本舊史》卷一一五顯德二年十一月己亥條：“高麗國王王昭加開府儀同三司、檢校太尉，依前使持節玄菟州都督、大義軍使，王如故。”

[6]水部員外郎：官名。水部郎中的副職。從六品上。　韓彦卿：人名。籍貫不限。事見《新五代史》卷七四《四夷附録三》。五年秋七月乙酉，水部員外郎韓彦卿市銅於高麗：《新五代史》卷一二顯德五年七月乙酉條。

[7]王兢：人名。高麗使者。事見《宋本册府》卷九七二《外臣部·朝貢門五》。　皇甫魏光：人名。高麗使者。事見《宋本册府》卷九七二《外臣部·朝貢門五》。　“六年正月壬子”至“器幣有差”：《宋本册府》卷九七六《外臣部·褒異門三》。亦見《輯本舊史》卷一一九《周世宗紀六》顯德六年正月壬子條，《宋本册府》卷九七二《外臣部·朝貢門五》及《新五代史》卷一二顯德六年正月條。

[8]恭帝：即柴宗訓。柴榮第四子，五代後周末代君主。紀見本書卷一二〇、《新五代史》卷一一。　“恭帝顯德六年八月”至“《孝經雌圖》二卷”：《宋本册府》卷九七二《外臣部·朝貢門五》。亦見《輯本舊史》卷一二〇《周恭帝紀》顯德六年八月壬寅

條及《新五代史》卷一二顯德六年八月壬寅條。《舊五代史考異》："《文昌雜録》云：《别序》者，記孔子所生及弟子從學之事。《新義》者，以越王爲問目，釋疏文之意。《皇靈》者，止説延年避災之事及符文，乃道書也。《雌圖》者，止説日之環暈，星之彗孛，亦非奇書。"《輯本舊史》卷一二○顯德六年九月乙卯條："九月乙卯，高麗王王昭加檢校太師，食邑三千户。"

[9]左驍衛大將軍：官名。唐置，掌宫禁宿衛。唐代置十六衛，即左右衛、左右驍衛、左右武衛、左右威衛、左右領軍衛、左右金吾衛、左右監門衛、左右千牛衛。各置上將軍，從二品；大將軍，正三品；將軍，從三品。 戴交：人名。五代、宋初大臣。事見本書卷八七。 九月丙寅，左驍衛大將軍戴交使于高麗：《新五代史》卷一二顯德六年九月丙寅條。

[10]周顯德六年，高麗遣使貢紫、白水晶各二千顆：《大典》卷八五三○"晶"字韻"事韻"，應爲"水晶"事目。中華書局本有校勘記："'各'字原闕，據《册府》卷九七二、《五代會要》卷三○補。"《會要》卷三○高麗條："其年十一月，遣使貢銅五萬斤，紫、白水精各二千顆。"《册府》卷九七二："恭帝顯德六年十一月，高麗復遣使貢銅五萬斤，紫、白水精各二千顆。"《新五代史》卷一二顯德六年十一月壬寅條："高麗遣使者來。"

渤海靺鞨[1]

[1]《輯本舊史》之影庫本粘籤："渤海靺鞨諸傳，原本殘闕，今無可採補，姑仍其舊。"

靺鞨者，肅慎之苗裔也。[1]邑落俱有酋長，不相總一，凡有七種：其一號粟末部，與高麗相接，勝兵數千，多驍武，每寇高麗中；其二曰泊咄部，在粟末之

北，勝兵七千；其三曰安車骨部，在泊咄東北；其四曰
拂涅部，在泊咄東；其五曰號室部，在拂涅東；其六曰
黑水部，在安車骨西北；其七曰白山部，在粟末東
南。[2]所居多依山水。其俗相與耦耕。土多粟麥穄。水
氣鹹，生鹽於木皮之上。其畜多豬，嚼米爲酒，飲之亦
醉。婦人服布，男子衣豬狗皮。俗以溺洗手面，於諸夷
最爲不潔。其俗淫而妬，其妻外淫，人有告其夫者，夫
輒殺妻，殺而後悔，必殺告者，繇是姦淫之事終不發
揚。人皆射獵爲業，角弓長三尺，箭長尺有二寸，常以
八九月造毒藥，傅矢以射禽獸，中者立死。[3]

[1]肅慎：古族名。周至西漢稱肅慎，東漢稱挹婁，北魏時稱
勿吉，隋唐時稱靺鞨。挹婁分布在今長白山北，松花江、黑龍江中
下游，東濱大海。

[2]“靺鞨者”至“在粟末東南”：《宋本冊府》卷九五六
《外臣部·種族門》。

[3]“所居多依山水”至“中者立死”：明本《冊府》卷九五
九《外臣部·土風門》。

渤海，本號靺鞨，高麗之別種也。唐高宗滅高麗，
徙其人散處中國，置安東都護府於平壤以統治之。[1]武
后時，[2]契丹攻北邊，高麗別種大乞乞仲象與靺鞨酋長
乞四比羽走遼東，[3]分王高麗故地，武后遣將擊殺乞四
比羽，而乞乞仲象亦病死。仲象子祚榮立，[4]因并有比
羽之衆，其衆四十萬人，據挹婁，臣于唐。[5]聖曆中，
高麗別種大祚榮自立爲振國王。先天二年，册拜渤海郡

王，仍以其所統爲忽汗州，加授忽汗州都督。[6]開元中，[7]高麗滅，祚榮家屬東保桂婁之故地，據東牟山築城居之。[8]祚榮驍勇，善用兵，靺鞨之衆及高麗餘燼，稍稍歸之。[9]其俗呼其王爲可毒夫，對面呼"聖王"，牋奏呼"基下"。父曰老王，母曰太妃，妻曰貴妃，長子曰副王，諸子曰王子。世以大氏爲酋長。[10]

[1]安東都護府：唐六大都護府之一。總章元年（668）置，治所在平壤城（今朝鮮平壤市）。

[2]武后：即唐高宗皇后、武周皇帝武曌（武則天）。并州文水（今山西文水縣東）人。690年至705年在位。紀見《舊唐書》卷六、《新唐書》卷四。

[3]大乞乞仲象：人名。又作舍利乞乞仲象、乞乞仲象。唐代營州（今遼寧朝陽市）地區粟末靺鞨酋長。渤海始祖大祚榮之父，一説與大祚榮爲一人。因不堪唐營州都督趙翽欺壓，隨契丹首領李盡忠於萬歲通天元年（696）舉兵殺趙翽。遭唐軍鎮壓，遂與另一靺鞨首領乞四比羽各率衆渡今遼河東逃。唐武后爲促兩人歸順，以共擊李盡忠，封比羽爲許國公，封其爲震國公。比羽不受命，被唐軍追斬，仲象在亡奔中亦死。子祚榮代統其衆，旋又併比羽餘部，於聖曆元年（698）在以今吉林省敦化市爲中心的牡丹江中上游一帶，建立震國（後改渤海國）。事見《新唐書》卷二一九。　乞四比羽：人名。又作乞昆羽。唐代靺鞨首領。武后萬歲通天元年，乘契丹首領松漠都督李盡忠舉兵反唐之機，同粟末靺鞨首領大乞乞仲象起兵響應，率衆東度遼水，保太白山之東北，阻奧婁河，樹壁自固。拒受武后所封許國公。後被唐右玉鈐衛大將軍李楷固等擊殺。事見《新唐書》卷二一九。

[4]祚榮：人名。即大祚榮。唐渤海國國王。698年至719年在位。原爲粟末靺鞨首領，驍勇善用兵。高宗時，徙居營州（今遼

寧朝陽市）。後契丹破營州，他率部衆東奔至今牡丹江上游一帶。
聖曆元年（698）建立政權，稱振國（亦稱震國）。開元元年
（713）玄宗以其部置忽汗州，以其爲都督，封渤海郡王，從此其轄
區便以“渤海”爲號。事見《舊唐書》卷一九九下、《新唐書》卷
二一九。

[5]挹婁：古族名。靺鞨之舊稱。參見前注。　“渤海”至
“臣于唐”：《新五代史》卷七四《四夷附録三》。

[6]“聖曆中”至“加授忽汗州都督”：《宋本册府》卷九六七
《外臣部·繼襲門二》。

[7]開元：唐玄宗李隆基年號（713—741）。

[8]桂婁：部族名。高句麗族五部之一。後亦稱内部或黄部。
唐總章元年（668）高麗國亡，諸王皆由其部人爲之。　東牟山：
山名。即今吉林省敦化市南長白山北坡之六頂山。爲唐渤海靺鞨大
氏的根據地。

[9]“開元中”至“稍稍歸之”：《宋本册府》卷九五六《外
臣部·種族門》。

[10]“其俗呼王爲可毒夫”至“世以大氏爲酋長”：《大典》
卷二〇〇五四“俗”字韻“風俗十二諸夷風俗”事目。　“對面
呼‘聖王’，牋奏呼‘基下’”，中華書局本有校勘記：“‘王’字
原闕，據《册府》卷九六二、《五代會要》卷三〇、《新唐書》卷
二一九《渤海傳》補。‘奏’，《册府》卷九六二、《五代會要》卷
三〇作‘表’。”見《會要》卷三〇渤海條、明本《册府》卷九六
二《外臣部·官號門》渤海國條。

開元七年，祚榮卒，玄宗遣使册立其嫡子桂婁郡王
大武藝襲父爲左驍衛大將軍、渤海王、忽汗州都督、九
姓燕然都督。[1]十四年，黑水靺鞨遣使來朝，武藝謂其
屬曰：“黑水途經我境，[2]始可歸唐，今不言而行，必與

大唐通謀，腹背攻我也。"遂遣母弟大門藝發兵以擊黑水。[3] 門藝以充質子至京師，不欲構怨，乃曰："黑水歸唐而擊之，是背唐也。唐國人衆兵强，萬倍於我，一朝結怨，但恐自滅取亡。昔高麗全盛之時，兵三十餘萬，抗敵唐家，不事賓伏，唐兵一臨，掃盪俱盡。今日渤海之衆，數倍小於高麗，乃欲違背唐家，事必不可。"武藝不從，固違之。門藝又上書諫，武藝怒，遣其從兄大壹夏代門藝統兵，[4] 命左右殺門藝。門藝聞之，遂間道來奔。詔授左驍衛將軍。[5] 後武藝遣使朝貢上表，極言門藝罪狀，請殺之。玄宗遣使往安撫，報武藝曰："門藝遠來歸投義，不可殺。今流向嶺南，[6] 已遣去訖。"乃留其使馬文軌，[7] 別遣使報之。俄有泄其事者，武藝又上書曰："大國示人以信，豈有欺誑之理？今聞門藝不向嶺南，伏請殺之。"緣是責鴻臚少卿李道邃、源復以不能督察官屬，[8] 致有漏泄。出道邃曹州刺史，[9] 復爲澤州刺史；[10] 遣門藝暫往嶺南，以信之。二十年，武藝率海賊攻登州，殺刺史韋俊。[11] 詔門藝往幽州徵兵以討之，仍令新羅發十萬人應接。屬山阻寒雪，竟無功而還。武藝懷怨不已，密遣使至東都厚賂刺客，[12] 遮門藝於天津橋，[13] 格之不死。詔河南府捕獲其賊，[14] 盡殺之。[15] 二十五年，武藝病死，其子欽茂嗣立，[16] 詔襲其父官爵。寶應元年，[17] 進封國王。欽茂卒，其子嵩璘嗣。[18] 貞元十一年二月，[19] 令内常侍殷志瞻將册書册爲渤海王、忽汗州都督。[20] 元和四年，嵩璘卒，子元瑜嗣。[21] 元瑜卒，弟言義權知國務。[22] 八年正月，封言義爲國王。十三年，遣使告哀。詔以知國務大仁秀爲國王[23]。太和五年，仁秀卒，以權知國務大彝震爲國王。[24]梁開平元年，其王曰大諲譔。[25]

[1]大武藝：人名。大祚榮嫡子，繼大祚榮爲唐渤海國國王。719年至737年在位。 "開元七年"至"九姓燕然都督"：明本《册府》卷九六七《外臣部・繼襲門二》渤海靺鞨條。

[2]黑水靺鞨：部族名。隋唐時靺鞨七大部之一，居於今黑龍江中下游。傳見本書本卷、《新五代史》卷七四。

[3]大門藝：人名。大武藝母弟，唐渤海國宗室、大臣。事見《舊唐書》卷一九九下。

[4]大壹夏：人名。大武藝從兄，渤海國宗室、大臣。事見《舊唐書》卷一九九下。

[5]左驍衛將軍：官名。唐置十六衛之一，掌宮禁宿衛。從三品。

[6]嶺南：地區名。亦謂嶺外、嶺表。指五嶺以南地區，故名。包括今廣東、廣西、海南及越南北部地區。

[7]馬文軌：人名。渤海大臣、使者。事見《舊唐書》卷一九九下。

[8]鴻臚少卿：官名。鴻臚寺少卿簡稱。鴻臚寺副長官。協助鴻臚寺卿掌賓客及凶儀之事，領典客、司儀二署。從四品上。 李道邃：人名。事見《舊唐書》卷一九九下、《新唐書》卷二一九。

源復：人名。籍貫不詳。唐代大臣。事見《舊唐書》卷一九九下、《新唐書》卷二一九。

[9]曹州：州名。治所在今山東曹縣西北。

[10]澤州：州名。治所在今山西澤州縣。

[11]登州：州名。治所在今山東蓬萊市。 韋俊：人名。籍貫不詳。登州刺史。事見《舊唐書》卷一九九下、《新唐書》卷五。

[12]東都：即洛陽，在今河南洛陽市。唐顯慶二年（657）以洛陽爲東都。武后光宅元年（684）改稱神都，神龍元年（705）復稱東都。天寶元年（742）改稱東京，上元二年（761）停京號，次年復稱東都。

[13]天津橋：洛陽橋名。位於今河南洛陽市。

[14]河南府：府名。治所在今河南洛陽市。

[15]“十四年”至“盡殺之”：《宋本冊府》卷一〇〇〇《外臣部·讎怨門》。

[16]欽茂：人名。即大欽茂，大武藝之子，762年進封唐渤海國國王。事見《舊唐書》卷一九九下。

[17]寶應：唐肅宗李亨年號（762），唐代宗李豫沿用（762—763）。

[18]嵩璘：人名。即大嵩璘，大欽茂之子，795年冊爲唐渤海國國王。事見《舊唐書》卷一九九下。

[19]貞元：唐德宗李适年號（785—805）。

[20]内常侍：官名。内侍省屬官，通判内侍省事。正五品下。殷志瞻：人名。籍貫不詳。唐代官員。事見明本《冊府》卷九六五《外臣部·封冊門三》。

[21]元和：唐憲宗李純年號（806—820）。　元瑜：人名。即大元瑜，大嵩璘之子，809年繼位唐渤海國國王。事見《舊唐書》卷一九九下。

[22]言義：人名。即大言義，大元瑜弟，812年進封唐渤海國國王。事見《舊唐書》卷一五。

[23]大仁秀：人名。818年進封唐渤海國國王。事見《舊唐書》卷一九九下。

[24]太和：唐文宗李昂年號（827—835）。　大彝震：人名。831年進封唐渤海國國王。事見《舊唐書》卷一九九下。

[25]大諲譔：人名。唐渤海第十五代王（即末王）。906年至926年在位。曾多次遣使朝五代後梁、後唐，並遣使朝契丹、日本。

遼天顯元年（926），契丹攻克扶餘，進圍渤海上京，大諲譔出降，其國被改爲東丹，凡百有三城皆被占，渤海亡。事見《新五代史》卷五。　“二十五年”至“其王曰大諲撰”：明本《册府》卷九六七《外臣部·繼襲門》。

梁太祖開平元年五月，渤海王子大昭順貢海東物産。[1]二年春正月丁酉，渤海遣使者來。[2]三年三月，渤海王大諲譔差其相大誠諤朝貢，[3]進兒女口及物、貂鼠皮、熊皮等。[4]乾化元年八月，渤海國遣使朝賀，且獻方物。[5]二年五月，渤海王大諲譔差王子大光贊景帝表，并進方物。[6]

[1]大昭順：人名。渤海王子、大臣、使者。事見《新五代史》卷二。　梁太祖開平元年五月，渤海王子大昭順貢海東物産：《宋本册府》卷九七二《外臣部·朝貢門五》。《新五代史》卷二《梁本紀二》繫於戊寅日。

[2]二年春正月丁酉，渤海遣使者來：《新五代史》卷二開平二年（908）正月丁酉條。

[3]大誠諤：人名。渤海大臣、使者。本書僅此一見。

[4]“三年三月”至“熊皮等”：《宋本册府》卷九七二《外臣部·朝貢門五》。《新五代史》卷二繫於辛未日。

[5]“乾化元年八月”至“且獻方物”：《宋本册府》卷九七二《外臣部·朝貢門五》。《新五代史》卷二繫於戊辰日。

[6]大光贊：人名。渤海王子、大臣、使者。本書僅此一見。
“二年五月”至“並進方物”：《宋本册府》卷九七二《外臣部·朝貢門五》。《新五代史》卷二繫於丁亥日。

唐莊宗同光二年正月，渤海王子大禹謨來朝貢。[1]
五月，渤海國王大諲譔遣使姪元讓貢方物。[2]三年二月，
渤海國王大諲譔遣使裴璆貢人參、松子、昆布、黃明細
布、貂鼠皮被一、褥六、髮、靴、革、奴子二。[3]明宗
天成元年四月，渤海國王大諲譔遣使大陳林等一百一十
六人朝貢，進兒口、女口各三人，人參、昆布、白附子
及虎皮等。[4]七月，渤海國使大昭佐等六人朝貢。[5]四年
五月，渤海遣使高正詞入朝貢方物。[6]長興二年十二月，
渤海使文成角並來朝貢。[7]三年正月，渤海遣使朝貢。[8]
廢帝清泰二年十一月，渤海遣使列周道入朝貢方物。[9]

[1]大禹謨：人名。渤海國王子、大臣、使者。事見《新五代
史》卷五。　唐莊宗同光二年正月，渤海王子大禹謨來朝貢：《宋
本册府》卷九七二《外臣部・朝貢門五》。《輯本舊史》卷三一
《唐莊宗紀五》、《新五代史》卷五《唐本紀五》均繫於乙卯日。

[2]元讓：人名。渤海國王大諲譔之姪，渤海使者。事見《新
五代史》卷五。　五月，渤海國王大諲譔遣使姪元讓貢方物：《宋
本册府》卷九七二《外臣部・朝貢門五》。《輯本舊史》卷三二
《唐莊宗紀六》、《新五代史》卷五繫於丙辰日。《輯本舊史》卷三
二同光二年（924）七月壬戌條：“幽州奏，契丹阿保機東攻渤海。”
此句《輯本舊史》之原輯者案語：“案《遼史・太祖紀》：天贊三年
五月，渤海殺其刺史張秀實而掠其民。於東攻渤海之事，闕而不
載。考《五代會要》，同光二年七月，契丹東攻渤海國，與《薛
史》同。”同年九月癸卯條：“幽州上言，契丹阿保機自渤海國
迴軍。”

[3]裴璆：人名。渤海使者。本書僅此一見。　“三年二月”
至“奴子二”：《宋本册府》卷九七二《外臣部・朝貢門五》。《輯

本舊史》卷三二、《新五代史》卷五繫於辛巳日。《輯本舊史》卷三四《唐莊宗紀八》同光四年正月戊午條：“契丹寇渤海。”同月丙寅條：“契丹寇女真、渤海。”同書卷一三七《契丹傳》：“同光中，阿保機深著闚地之志，欲收兵大舉，慮渤海躡其後。三年，舉其眾討渤海之遼東，令禿餒、盧文進據營、平等州，擾我燕薊。”

[4]大陳林：人名。渤海國使者。《五代會要》卷三〇渤海條載，“天成元年四月，遣使大陳林等一百十六人來朝貢”。“明宗天成元年四月”至“白附子及虎皮等”：《宋本册府》卷九七二《外臣部·朝貢門五》。《輯本舊史》卷三六《唐明宗紀二》繫於乙卯日，《新五代史》卷六《唐本紀六》繫於甲寅日。

[5]大昭佐：人名。渤海國使者。事見《新五代史》卷六。《五代會要》卷三〇渤海條載，天成元年（926）“七月，遣使大昭佐等六人朝貢”。七月，渤海國使大昭佐等六人朝貢：《宋本册府》卷九七二《外臣部·朝貢門五》。《輯本舊史》卷三六、《新五代史》卷六繫於庚申日。《輯本舊史》卷三七《唐明宗紀三》天成元年十一月戊午條：“青州奏，得登州狀申，契丹先攻逼渤海國，自阿保機身死，雖已抽退，尚留兵馬在渤海扶餘城，今渤海王弟領兵馬攻圍扶餘城內契丹次。”

[6]高正詞：人名。渤海國使者。事見《新五代史》卷六。四年五月，渤海遣使高正詞入朝貢方物：《宋本册府》卷九七二《外臣部·朝貢門五》。《輯本舊史》卷四二《唐明宗紀八》長興二年（931）正月壬申條：“契丹東丹王突欲自渤海國率眾到闕，帝慰勞久之，錫賚加等，百僚稱賀。”同年三月辛酉條：“詔渤海國人皇王突欲宜賜姓東丹，名慕華，仍授檢校太保、安東都護，充懷化軍節度、瑞慎等州觀察等使。”

[7]文成角：人名。渤海國使者。事見《新五代史》卷六。長興二年十二月，渤海使文成角並來朝貢：《宋本册府》卷九七二《外臣部·朝貢門五》。《新五代史》卷六《唐本紀六》繫於辛未日。

[8]三年正月，渤海遣使朝貢：《宋本册府》卷九七二《外臣

部·朝貢門五》。《新五代史》卷六繫於己酉日。

[9]廢帝：即後唐廢帝李從珂。鎮州平山（今河北平山縣）人。本姓王，後唐明宗李嗣源擄其母魏氏，遂養爲己子。應順元年（934）四月，李從珂入洛陽即帝位。清泰三年（936）五月，石敬瑭謀反，廢帝自焚死，後唐亡。紀見本書卷四六至卷四八、《新五代史》卷七。　列周道：人名。渤海國使者。事見《新五代史》卷七。　廢帝清泰二年十一月，渤海遣使列周道入朝貢方物：《宋本冊府》卷九七二《外臣部·朝貢門五》。《輯本舊史》卷四七《唐末帝紀中》亦繫於十一月，《新五代史》卷七《唐本紀七》繫於九月乙卯，《會要》卷三〇渤海靺鞨條繫於十二月。

黑水靺鞨

靺鞨，蓋肅慎之地，後魏爲勿吉，在京師東北六千餘里，東至於海，西接突厥，南界高麗，北鄰室韋。[1]其國凡爲數十部，各有酋帥，而黑水靺鞨最處北方，尤稱勁健。[2]其俗皆編髮。性凶悍，無憂戚，貴壯而賤老。俗無文字，兵器有角弓、楛矢。[3]唐開元十年三月，安東都督薛泰請於黑水靺鞨內置黑水軍，以最大部落爲黑水府，以其首領爲都督，仍置黑水府長史一員，就其部落監領之。[4]後唐同光二年九月，遣使兀兒來朝。[5]以兀兒爲懷化中郎將，遣還蕃。[6]三年五月，黑水胡獨鹿遣使朝貢。[7]天成四年八月，遣使骨至來朝，[8]兼貢方物，以骨至爲歸德司戈，遣還蕃。長興元年二月，其首領兀兒復遣使朝貢。二年五月，青州奏，黑水兀兒部至登州賣馬。三年二月，青州奏，黑水桃李花狀申，[9]父胡獨鹿卒，所有敕賜朱記，未敢行使。[10]

[1]突厥：部族名。6 至 8 世紀活躍於北亞和中亞，稱雄於漠北、西域。隋文帝開皇二年（582），突厥汗國分裂爲東、西突厥。唐中期時西突厥、東突厥均已衰落。此處的突厥當爲其某一餘部。

室韋：古族名。又作失韋、失圍，一説即鮮卑的別譯。北魏時始見記載。源出東胡，與契丹同類，在南爲契丹，在北號室韋。南北朝時分爲五部，至隋唐時漸分爲三十餘部。曾附屬於突厥汗國，唐代東突厥汗國、後突厥汗國、回鶻汗國衰亡後，大量室韋人遷入蒙古高原，遼金時遍布大漠南北。中唐以後，文獻上又把室韋稱作“達怛”。參見張久和《原蒙古人的歷史：室韋—達怛研究》，高等教育出版社 1998 年版。

[2]“靺鞨”至“尤稱勁健”：《會要》卷三〇黑水靺鞨條。“其國凡爲數十部”，《新五代史》卷七四《四夷附録三》云“其衆分爲數十部”。

[3]楛矢：古代的一種兵器，以楛木爲杆，故名。 “其俗皆編髮”至“楛矢”：《輯本舊史》卷一三八《黑水靺鞨傳》，録自《大典》卷二一一二七“聿”字韻“事韻”事目等，與本傳内容無涉，出處存疑。

[4]薛泰：人名。籍貫不詳。唐代將領。事見《舊唐書》卷一九九下。 黑水府：唐羈縻都督府。開元十三年（725）置黑水軍於黑水靺鞨地。次年更置黑水都督府，任命當地部族首領爲都督和所領諸州刺史，並派遣内地官吏前往任長史之職。轄境相當今黑龍江中下游地區。 長史：官名。都督、刺史的副職。協助處理州府公務。正四品上至正六品上。

[5]兀兒：人名。黑水靺鞨某部首領。漢籍中有時以此爲部名。五代後唐同光二年（924）、長興元年（930）遣使或親自來朝。事見《新五代史》卷六。

[6]懷化中郎將：蕃酋官名。郎將有懷化、懷忠、武安等名。皆有外國朝貢受官者充之。

[7]胡獨鹿：人名。黑水靺鞨某部首領。事見《新五代史》卷七四。

[8]骨至：人名。黑水靺鞨使者，事見《新五代史》卷七四。

[9]桃李花：人名。黑水靺鞨某部首領。胡獨鹿之子。事見《新五代史》卷七四。

[10]"唐開元十年三月"至"未敢行使"：《會要》卷三〇黑水靺鞨條。《新五代史》卷七四《四夷附録三》："兀兒、胡獨鹿若其兩部酋長，各以使來。而其部族、世次、立卒，史皆失其紀。"

新羅

新羅，本辰韓種也。[1]其國在高麗東南，居漢時樂浪之地，或稱斯羅，其王本百濟人，自海逃入新羅，遂王其國。一説本弁韓之苗裔也。[2]新羅國，在百濟東南五十餘里，漢時樂浪之地。東及南方阻大海，西接百濟，北鄰高麗，地東西千里，南北二千里，有城邑村落，王之所居曰金城，周七八里。[3]其官有十七等：其一曰伊罰干，貴如相國，次伊尺干，次迎干，次破彌干，次大阿尺干，次阿干，次阿尺干，次乙吉干，次沙咄干，次及伏干，次大奈摩干，次奈摩，次大舍，次小舍，次吉士，次大烏，次小烏，次造位。外有郡縣。[4]其國俗重元日，相慶賀，每以是日拜日月之神。婦人以髮繞頭，用綵及珠爲飾，髮甚鬈美。[5]其大族曰金氏、朴氏，自唐高祖時封金真爲樂浪郡王，其後世常爲君長。[6]

　　[1]辰韓：部族名。三韓之一。各有若干部落。

　　[2]弁韓：部族名。三韓之一。各有若干部落。　　“新羅”至“一說本弁韓之苗裔也”：《宋本册府》卷九五六《外臣部·種族門》。

　　[3]“新羅國”至“周七八里”：明本《册府》卷九五七《外臣部·國邑門》。

　　[4]“其官有十七等”至“外有郡縣”：明本《册府》卷九六二《外臣部·官號門》。“次迎干”，據《北史·新羅傳》補；“次阿干”，《北史·新羅傳》無此三字；“次奈摩”，據《北史·新羅傳》補。按，“十七等”之數，《北史》同，《册府》載十六種。

　　[5]“其國俗重元日”至“髮甚鬒美”：《大典》卷六二一〇“庠”字韻“事韻、詩文”。此事目與條文内容無關，《輯本舊史》所注《大典》卷數有誤。“其國俗重元日”，中華書局本有校勘記：“‘元日’，原作‘九日’，據殿本、孔本、《五代會要》卷三〇、《舊唐書》卷一九九《新羅傳》改。”“每以是日拜日月之神”，中華書局本有校勘記：“‘是日’原作‘是月’，據《五代會要》卷三〇、《舊唐書》卷一九九上《新羅傳》、《新唐書》卷二二〇《新羅傳》改。”見《會要》卷三〇新羅條。

　　[6]金真：人名。新羅國王。本書僅此一見。　　“其大族曰金氏”至“其後世常爲君長”：《新五代史》卷七四《四夷附録三》。

　　唐莊宗同光元年十一月，新羅國王金朴英遣倉部侍郎金樂、録事參軍金幼卿朝貢，[1]賜物有差。二年正月，新羅王朴英並本國泉州節度使王逢規遣使朝貢。[2]六月，新羅遣使朝散大夫、倉部侍郎、賜紫金岳來朝貢。[3]天成二年二月，新羅國使兵部侍郎張芬等來朝貢。[4]四月，新羅國康州遣使林彦朝貢。[5]四年正月，青州於登州岸得風飄到新羅船，進其寶貨。[6]長興三年四月，新羅國權知本國王金溥遣使執事侍郎金昢貢方物。[7]自晉已後不復至。[8]

[1]金朴英：人名。新羅國王。事見《新五代史》卷五。　倉部侍郎：新羅職官名。　金樂：人名。新羅國大臣、使者。事見《新五代史》卷五。　録事參軍：新羅職官名。　金幼卿：人名。新羅國大臣、使者。事見《新五代史》卷五。

[2]泉州：州名。新羅國地名。《五代會要》卷三〇作“康州”。　王逢規：人名。新羅國節度使。事見《宋本册府》卷九七二《外臣部·朝貢門五》。

[3]朝散大夫：新羅職官名。　金岳：人名。新羅國大臣、使者。事見《宋本册府》卷九七二《外臣部·朝貢門五》。

[4]張芬：人名。新羅國大臣、使者。事見《新五代史》卷六。

[5]康州：州名。新羅國地名。初稱“康州”，後又多次更名爲“晋州”。治所在今韓國慶尚南道晋州市。　林彦：人名。新羅國大臣、使者。事見《新五代史》卷五。　“唐莊宗同光元年十一月”至“新羅國康州遣使林彦朝貢”：《宋本册府》卷九七二《外臣部·朝貢門五》。亦見《輯本舊史》卷三〇《唐莊宗紀四》同光元年（923）十一月戊午條，卷三一《唐莊宗紀五》同光二年正月庚戌條，卷三八《唐明宗紀四》天成二年二月壬午條、四月辛巳條，《新五代史》卷五《唐本紀五》同光元年十一月戊午條、卷六《唐本紀六》天成二年二月壬午條。“四月”，《輯本舊史》作“四月辛巳”，《新五代史》作“三月壬子”。

[6]“四年正月”至“進其寶貨”：明本《册府》卷一六九《帝王部·納貢獻門》。

[7]金溥：人名。新羅國王。事見本書卷四三。　執事侍郎：新羅職官名。　金胐：人名。新羅國大臣、使者。事見《新五代史》卷五。　"長興三年四月"至"金胐貢方物"：《宋本册府》卷九七二《外臣部·朝貢門五》。《新五代史》卷六繫於"四月庚申"。

[8]自晋已後不復至：《新五代史》卷七四《四夷附録三》。

党項

党項，其俗皆土著，居有棟宇，織毛罽以覆之。[1]尚武，其人多壽，至百五十、六十歲，不事生業，好爲盜賊。党項自同光以後，大姓之强者各自來朝貢。[2]明宗時，詔沿邊置場市馬，諸夷皆入市中國，有回鶻、党項馬最多。明宗招懷遠人，馬來無駑壯皆集，而所售過常直，往來館給，道路倍費。其每至京師，明宗爲御殿見之，勞以酒食，既醉，連袂歌呼，道其土風以爲樂，去又厚以賜賚，歲耗百萬計。唐大臣皆患之，數以爲言，乃詔吏就邊場售馬給直，止其來朝，而党項利其所得，來不可止。其在靈、慶之間者，[3]數犯邊爲盜。自河西回鶻朝貢中國，道其部落，輒邀劫之，執其使者，賣之他族，以易牛馬。明宗遣靈武康福、邠州藥彦稠等出兵討之，[4]福等擊破阿埋、韋悉、褒勒、强賴、埋厮骨尾，[5]及其大首領連香、李八薩王，[6]都統悉那、埋摩，侍御乞埋、嵬悉逋等族。[7]殺數千人，獲其牛羊鉅萬計及其所劫外國寶玉等，悉以賜軍士，由是党項之患稍息。其他諸族，散處沿邊界上甚衆，然皆無國邑君長，故莫得而紀次云。[8]《永樂大典》卷一萬八千二百八十五。[9]

[1]"党項"至"織毛罽以覆之"：《新五代史》卷七四《四夷附録三》："党項，西羌之遺種。其國在《禹貢》析支之地，東至松州，西接葉護，南界春桑，北鄰吐渾，有地三千餘里，無城邑而有室屋，以毛罽覆之。其人喜盜竊而多壽，往往百五六十歲。其大姓有細封氏、費聽氏、折氏、野利氏，拓跋氏爲最彊。唐德宗時，党項諸部相率内附，居慶州者號東山部落，居夏州者號平夏部落。部有大姓而無君長，不相統一，散處邠寧、鄜延、靈武、河西，東至麟府之間。"《會要》卷二九党項羌條："一姓之中，復分爲小部落。有細封氏、費聽氏、析利氏、頗超氏、野辭氏、房當氏、米禽氏、拓拔氏，而拓拔氏最爲强族。"又："自唐寶應、貞元之後，皆率部族内附，居慶州者號東山部落，居夏州者號平夏部落，會昌初，命三使以統之。"注："在邠寧、延州界者，命侍御史崔君會主之。在夏州者，命侍御史李鄂主之。在靈武、麟、勝州者，命侍御史鄭賀主之。"

[2]党項自同光以後，大姓之强者各自來朝貢：《會要》卷二九唐莊宗同光二年（924）二月條："遣使朝貢。"同年十二月條："其首領簿備香來貢良馬。"

[3]靈：州名。治所在今寧夏吴忠市。　慶：州名。治所在今甘肅慶城縣。

[4]靈武：郡名。治所在今寧夏吴忠市。唐乾元元年（758），改名靈州。此處代指治所在靈州的方鎮朔方軍。　康福：人名。蔚（今河北蔚縣）人。五代後唐、後晋將領。傳見本書卷九一、《新五代史》卷四六。　邠州：州名。治所在今陝西彬縣。　藥彦稠：人名。沙陀部人。五代後唐將領。傳見本書卷六六、《新五代史》卷二七。

[5]阿埋、韋悉、褒勒、强賴、埋廝骨尾：係族姓或人名，不很清晰。蘇乾英《〈舊五代史·党項傳〉族性蕃名考》（《復旦學報》1985 年第 1 期）一文嘗作考證：阿埋，蕃名；韋悉，羌族姓，除指該族首領外，亦指該族其他成員；褒勒爲人名，褒氏係高車姓氏；强賴爲人名，强氏係氏族姓氏；埋廝骨尾，蕃人名。這些人亦見於明本《册府》卷九八七《外臣部·征討門六》：“誅党項河埋三族，韋悉褒勒、强賴、埋廝骨尾各一族，屈悉堡三族，計十族，得七百餘人。”以及《五代會要》卷二九：“誅党項阿埋三族，韋悉、褒勒、强賴、埋廝骨尾、屈悉保等七族，七百餘人。”

[6]連香、李八薩王：蕃人名。其中，連氏係鮮卑族姓氏，李氏爲唐朝賜予拓跋氏的姓氏。參見蘇乾英《〈舊五代史·党項傳〉族性蕃名考》。

[7]悉那、埋摩：人名。党項將領。　侍御：党項官名。　乞埋、嵬悉通：蕃人名。其中，乞氏與嵬氏皆爲羌族姓氏。蕃部首領。參見蘇乾英《〈舊五代史·党項傳〉族性蕃名考》。　侍御乞埋、嵬悉通等族：中華書局本有校勘記：“‘族’，《五代會要》卷二九敘其事作‘六人’，《册府》卷三九八敘其事作‘六十人’。”

[8]“明宗時”至“故莫得而紀次云”：中華書局本有校勘記：“按此段文字與《新五代史》卷七四《四夷附録》同，疑誤輯《新五代史》。”“馬來無駑壯皆集”，中華書局本有校勘記：“‘集’，《新五代史》卷七四《四夷附録》作‘售’。”“而所售過常直”，中華書局本有校勘記：“‘售’，孔本、《新五代史》卷七四《四夷附録》作‘讎’。”《會要》卷二九天成二年（927）九月條：“河西党項如連山等來朝貢，進馬四十匹。”天成四年四月條：“敕：‘沿邊置場買馬，不許蕃部至闕下。’自上御極已來，党項之衆競赴都下賣馬，常賜食於禁廷，醉則連袂歌其土風。凡將到馬無駑良，並云上進國家，雖約其價直以給之，然計其館給賜賚，每年不下五六十萬貫。大臣以爲耗蠹中原，無甚於此。因降敕止之。雖有是命，竟不能行。”同年九月條：“首領折遇明等來貢方物。”同年十月條：

"首領來有行來朝，進馬四十匹。上御中興殿閱所進馬。樞密使安重誨奏曰：'吐渾、党項近日相次進馬，皆給價直，對見之時，別賜繒帛，計其所費，不啻倍價。請止之。'上曰：'國家常苦馬不足，每差綱收市，今番言自來，何費之有？外番朝貢，中國錫賜，朝廷常事，不可以止。'自此番部羊馬，不絕於路。"明本《冊府》卷一七〇《帝王部·來遠門》繫此事於九月甲戌日。《會要》卷二九長興元年（930）正月條："其首領來朝貢，授萬德懷化司戈。"同年十二月條："以党項折家族五顛都知兵馬使折之正爲檢校尚書右僕射。簿備家族都督簿備撒羅檢校工部尚書。"長興二年正月條："首領折七移等進馳馬。"同年十二月條："遣首領來獻所奪得契丹旗號並馬等。"長興三年正月條："以西路党項部族劫掠使臣及外域進奉，命邠州節度使藥彥稠、靈武節度使康福等率步騎七千，往方渠鎮已來討其叛命者。"同年二月條："行營邠州節度使藥彥稠等奏，誅党項阿埋三族、韋悉、褒勒、强賴、埋厮骨尾、屈悉保等七族七百餘人，又率兵自牛兒族入白魚谷，追及背叛黨白馬、慮家六族，客户三族，獲大首領連香李八薩王、都統悉郵埋摩、侍御乞埋嵬悉逋等六人，兼黨類二千餘人，獲馬牛羊數千計。至晚，師還野次。其地無水，軍士方渴，俄有風雲自東而起，是夜初更降雪一尺，軍中以爲神助。上令告捷使史萬山宣諭軍中，所獲牛羊等物，各令士卒自取，勿得收斂以進奉爲名。"周廣順二年（952）六月條："以府州党項泥也六族防禦使歸化將軍泥香王子、又泥也大首領拓拔山並爲歸德將軍。"廣順三年二月條："慶州刺史郭彥欽奏党項野雞族掠奪商旅，請出兵討之。時彥欽黷貨嗜其利，以州北野雞族多羊馬，作法擾之，番情獷悍，屢不從順，乃誣奏之。太祖遣中使齎詔撫諭，部族既苦彥欽虐政，不時報命，遂詔邠州節度使折從阮合寧州刺史張建武兵進討之。建武勇于立功，徑趨野雞族，追擊殺數十百人。有喜王族、折思族、殺牛族彼無猜貳，聞官軍討伐，竟來餉餽，官軍利其財貨，皆劫掠之。諸族乃相聚。官軍至包山負險之地，逆戰敗之，投崖谷死者甚衆。折從阮保兵而退。太祖怒彥

欽，勒歸私第，左遷建武爲率府率，命前解州刺史鄭元昭爲慶州刺
史以招撫之。"明本《册府》卷一七○周太祖廣順三年十一月條：
"延州党項首領吳怡磨五十三人並授懷化郎將。"《宋本册府》卷九
七二《外臣部・朝貢門五》唐莊宗同光二年二月條："党項遣使朝
貢。"同年十一月條："党項進白鷂。"同年十二月條："党項薄備香
來貢良馬，其妻韓氏進駝馬。"明宗天成二年九月條："河西党項如
連山等來朝，共進馬四十疋。"天成三年十一月條："党項、吐蕃相
次朝貢。"天成四年八月條："党項折遇明等來貢方物。"同年九月
條："党項折文通進馬。"同年十月條："党項首領來有行進馬四十
疋。"長興二年正月條："河西党項折七移等進駝馬。"同年十一月
條："党項、轄怛、阿屬朱並來朝貢。"同年十二月條："党項首領
來進所奪得契丹旗并馬。"廢帝清泰二年（935）四月條："新州言
党項拓跋黑連欲入朝貢奉。從之。"卷九八七《外臣部・征討門
六》唐明宗長興三年正月條："遣邠州節度使藥彥稠、靈武節度使
康福等率步騎七千往方渠鎮討党項之叛命者。"同年二月條："康福
奏：賀蘭山下蕃部數百帳，順命者撫之，其背叛者見除討次，所獲
駝馬牛羊數千計。是月，樂彥稠奏：誅党項河埋三族、韋悉、褒
勒、强賴、埋厮骨尾各一族，屈悉保三族，計十族，得七百餘人，
黑玉一團。"同年七月條："靈武奏：夏州党項七百騎侵擾，當道出
師逆戰，敗之，生擒首領以下五十騎，追至賀蘭山下，掩擊之。"

[9]《大典》卷一八二八五"項"字韻"姓氏"事目，似爲卷
一八二八三"項"字韻"項國"事目之誤。

昆明部落[1]

[1]《輯本舊史》之影庫本粘籤："《昆明傳》，《永樂大典》全
篇已佚，僅存數語，今姑仍其舊。"

昆明部落，在黔州西南三千里，[1]山路險阻，住止高欄，亦有羊馬。其俗椎髻、跣足，酋長披虎皮，下者披氈。[2]後唐天成二年八月，昆明大鬼主羅殿王、普露靜王九部落各差使若士等，[3]隨牂柯清州八郡刺史宋朝化等一百五十三人來朝，[4]共進草豆蔻二萬顆，朱沙五百兩，黃蠟二百斤。[5]

[1]黔州：州名。治所在今重慶彭水苗族土家族自治縣。

[2]"昆明部落"至"下者披氈"：《會要》卷三〇昆明國條。

[3]羅殿王：人名。或作羅甸王。貴州水西地區彝族酋邦首領被賜或自稱之封號。蜀漢建興三年（225）貴州水西彝族酋首火濟（亦作濟火，妥阿哲）被諸葛亮封爲羅甸王，並於慕俄格（今貴州大方縣）建立政權。唐代又因其故地而封爲羅甸王，治今貴州貞豐縣羅王亭。　普露靜王：人名。貴州水西地區彝族酋邦首領被賜或自稱之封號。　若士：人名。昆明部落使者。本書僅此一見。

[4]牂（zāng）柯（kē）：地名。位於今貴州境內。傳見《新五代史》卷七四。　清州：州名。唐置，爲羈縻州。治所在今貴州清鎮市西南。　宋朝化：人名。牂柯使者。事見《新五代史》卷七四。

[5]"後唐天成二年八月"至"黃蠟二百斤"：《宋本冊府》卷九七二《外臣部·朝貢門五》。《會要》卷三〇昆明國條略簡。

于闐

于闐國，在且末西北。[1]去玉門、陽關三百餘里。[2]王治西城，去長安九千六百七十里，[3]戶三千三百，口萬九千三百，勝兵二千四百人。東北至都護治所三千九

百四十七里，南與婼羌接，北與姑墨接。[4]一説：去洛
陽萬一千七百里，東去鄯善千五百里，南去女國三千
里，西去朱俱波千里，北去龜兹千四百里，東北去瓜州
二千八百里。[5]又云：在葱嶺之北二百里，南帶葱嶺，
與婆羅門接，相去三千餘里，所都城方八九里，南與吐
番接，西北至疏勒二千餘里。[6]國城之東有曰白玉河，
西有緑玉河，次西有烏玉河，其源同出昆侖山，去國西
一千三百餘里。[7]多玉石。又云地多有水潦、沙石。氣
温，宜稻、麥、蒲桃。有水出玉，名曰玉河。國人善鑄
銅器。其治曰西山城，有屋室、市井。果蓏、菜蔬與中
國等。尤信佛法。王所居室，加以朱畫。王冠金幘，如
金胡公帽，與妻並坐接客。國中婦人皆辮髮，衣裘、
袴。其人恭敬，相見則跪，其跪則一膝至地。書則以木
爲筆札，以玉爲印，國人得書，載於首而後開札。一説
城南五十里有贊摩寺者，云是羅漢比丘盧旃所造，石上
有辟支佛徒跣之跡。[8]于闐西五百里，有比摩寺，云是
老子化胡成佛之所。[9]俗無禮義，多賊盜，淫縱。王錦
帽金鼠冠，妻戴金花，其王髮不令人見，俗云若見王髮
年必儉。土多麻、麥、粟、稻、五果，多園林。[10]其俗
好事祆神。[11]有輔侯、左右將、左右騎君、東西城長、
譯長各一人。[12]五代亂世，中國多故，不能撫來四夷。
其嘗自通于中國者，僅以名見，其君世、終始，皆不
可知。[13]

　　[1]且末：西域古國名。又作左末國、沮末國。漢時王治且末
城，位於今新疆且末縣西南。屬西域都護府。東漢、三國時，併於

鄯善。後復立。北魏時屬吐谷渾。隋大業五年（609）置且末郡於此。唐時名播仙鎮。　于闐國，在且末西北：明本《册府》卷九六〇《外臣部·土風門二》。

［2］玉門：關隘名。即玉門關，位於今甘肅敦煌市西北戈壁灘。陽關：關隘名。故址在今甘肅敦煌市西南古董灘附近。

［3］長安：地名。即今陝西西安市。

［4］婼羌：西域古國名。位於今新疆若羌縣境內。　姑墨：西域古國名。位於今新疆溫宿縣、阿克蘇市一帶。

［5］洛陽：地名。即今河南洛陽市。　鄯善：西域古國名。本樓蘭國，西漢元鳳四年（前77）改名。都扜泥城（今新疆若羌縣東北）。北周時滅於吐谷渾。　女國：又作東女國，亦名蘇伐刺拏瞿咀羅。位於今西藏阿里地區一帶。以射獵爲業，唐時屢見記載。朱俱波：西域古國名。故址在今新疆葉城縣西南山中，後遷至葉城縣城。　龜兹：西域古國名。漢通西域後，屬西域都護府。故址在今新疆庫車縣境內。

［6］葱嶺：古代爲帕米爾高原和昆侖山、喀喇昆侖山西部諸山的總稱。位於今新疆西南。　婆羅門：古印度的別稱。　吐番：青藏高原地區的藏族部落政權。自7世紀至9世紀，共歷九主，二百餘年。參見才讓《吐蕃史稿》，人民出版社2010年版。　疏勒：西域古國名。位於今新疆喀什市一帶。兩漢時先後屬西域都護和西域長史。三國時屬魏，晋册封其王。南北朝時屬北魏。唐時稱佉沙、伽師祇離，屬安西都護府，爲安西四鎮之一。

［7］昆侖山：山名。西起帕米爾高原東部，橫貫新疆、西藏間，東延入青海境。　“去玉門”至“去國西一千三百餘里”：明本《册府》卷九五七《外臣部·國邑門》。

［8］贊摩寺：古代新疆著名佛教寺院。又稱櫃摩寺、匝摩寺、利刹寺、毗盧折那伽藍。遺址在今新疆和田市區東南買里克阿瓦提。　丘比盧旃：人名。亦作毗盧遮那、毗盧舍、毗盧旃。迦濕彌羅（今喀什米爾）人。相傳爲西漢時僧人，隨同商胡來到于闐國，

傳播佛教，並建造了于闐國的第一座佛寺。佛教於是在于闐國興起。

[9]比摩寺：古代新疆著名佛教寺院。又稱櫸摩寺、匜摩寺、利刹寺、毗盧折那伽藍。遺址位於今新疆和田市區東南買里克阿瓦提。

[10]"多玉石"至"多園林"：明本《册府》卷九六〇。

[11]其俗好事祆神：《輯本舊史》云録自《大典》卷八五二〇"青"字韻"青州府（三）"事目，與本卷無涉，應爲誤記。中華書局本有校勘記："'祆神'，原作'妖神'，據《五代會要》卷二九、《舊唐書》卷一九八《于闐傳》改。"《會要》卷二九于闐條作"祆神"。

[12]"有輔侯"至"譯長各一人"：明本《册府》卷九六二《外臣部·官號門》。

[13]"五代亂世"至"皆不可知"：《新五代史》卷七四《于闐傳》。

晋高祖天福二年十一月，于闐國僧曼哥羅贊常羅賜紫，號昭梵大師。[1]三年，于闐國王李聖天遣使者馬繼榮來貢紅鹽、鬱金、氂牛尾、玉、氍等，[2]晋遣供奉官張匡鄴假鴻臚卿，[3]彰武軍節度判官高居誨爲判官，[4]册聖天爲大寶于闐國王。是歲冬十二月，匡鄴等自靈州行二歲至于闐，至七午冬乃還。而居誨頗記其往復所見山川諸國，而不能道聖天世次也。居誨記曰："自靈州過黄河，行三十里，始涉沙入党項界，曰細腰沙、神點沙。[5]至三公沙，宿月支都督帳。[6]自此沙行四百餘里，至黑堡沙，沙尤廣，遂登沙嶺。[7]沙嶺，党項牙也，其酋曰捻崖天子。[8]渡白亭河至涼州，[9]自涼州西行五百里至甘州。甘州，回鶻牙也。其南，山百餘里，漢小月支之故地也，有別族號鹿角山沙陀，云朱耶氏之遺族也。[10]自甘州西，始涉磧，磧無水，載水以行。甘州人教晉使者作馬蹄木澀，木澀四竅，馬蹄亦鑿四竅而綴之，駝蹄則包以氂皮乃可行。西北五百里至肅州，渡金河，西百里出天門關，又西百里出玉門關，經吐蕃界。[11]吐蕃男子冠中國帽，婦人辮髮，戴瑟瑟珠，云珠之好者，一珠易一良馬。西至瓜州、沙州，二州多中國人，聞晉使者來，其刺史曹元深等郊迎，問使者天子起居。瓜州南十里鳴沙山，云冬夏殷殷有聲如雷，云《禹貢》流沙也。[12]又東南十里三危山，云三苗之所竄也。[13]其西，渡都鄉河曰陽關。[14]沙州西曰仲雲族，其牙帳居胡盧磧。[15]云仲雲者，小月支之遺種也，其人勇而好戰，瓜、沙之人皆憚之。胡盧磧，漢明帝時征匈奴，屯田於吾盧，[16]蓋其地也。地無水而嘗寒多雪，每天暖雪銷，乃得水。匡鄴等西行入仲雲界，至大屯城，[17]仲雲遣宰相四人、都督三十七人候晉使者，匡鄴等以詔書慰諭之，皆東向拜。自仲雲界西，始涉鹹磧，無水，掘地得濕沙，人置之胸以止渴。又西，渡陷河，伐檉置水中乃渡，[18]不然則陷。又西，至紺州。[19]紺州，于闐所置也，在沙州西南，云去京師九千五百里矣。又行二日至安軍州，[20]遂至于闐。聖天衣冠如中國，其殿皆東向，曰金册殿，有樓曰七鳳樓。以蒲桃爲酒，又有紫酒、青酒，不知其所釀，而味尤美。其食，粳沃以蜜，粟沃以酪。其衣，布帛。有園圃花木。俗喜鬼神而好佛。聖天居處，嘗以紫衣僧五十人列侍，其年號同慶二十九年。[21] 其國東南曰銀州、盧州、湄州，其南千三百里曰玉州，[22] 云漢張騫所窮河源出于闐，[23] 而山多玉者，此山也。其河源所出，至于闐分爲三：東曰白玉河，西曰綠玉河，又西曰烏玉河。三河皆有玉而色異，每歲秋水涸，國王撈玉于河，然後國人得撈玉。”自靈州渡黃河至于闐，往往見吐蕃族帳，而于闐常與吐蕃相攻劫。匡鄴等至于闐，聖天頗責誚之，以邀誓約，匡鄴等還，聖天又遣都督劉再昇獻玉千斤及玉印、降魔杵等。[24] 十月，制曰：“于闐國王李聖天，境控西陲，心馳北闕。頃屬前朝多事，久阻來庭。今當寶曆開基，乃勤述職。請備屬籍，宜降册封。將引來遠之恩，俾樂無爲之化。宜册封爲大寶于闐國王。仍令所司擇日備禮册命。”以供奉官張光鄴充使。[25] 十二月，授于闐國進奉使、檢校太尉馬繼榮鎮國大將軍，副使黃門將軍、國子少監張再通試衛尉卿，監使殿頭承旨、通事舍人吳順規試將作少監。[26]

[1] 曼哥羅贊常羅：人名。于闐國僧人。本書僅此一見。“晋高祖天福二年十一月”至“號昭梵大師”：明本《册府》卷五二《帝王部·崇釋氏門二》。

[2] 李聖天：人名。出身於于闐王族尉遲氏。于闐國王。事見《新五代史》卷七四。參見張廣達、榮新江《于闐史叢考》（增訂本），中國人民大學出版社 2008 年版。　馬繼榮：人名。于闐國使者。事見《新五代史》卷八。

[3] 供奉官：官名。泛指侍奉皇帝左右的臣僚，亦爲東、西頭

供奉官通稱。 張匡鄴：人名。籍貫不詳。五代後晉出使西域的使者。天福三年（938），奉命册封于闐王李聖天，往返歷時四年。

[4]彰武軍：方鎮名。治所在延州（今陝西延安市）。 節度判官：官名。唐、五代方鎮僚屬，位在行軍司馬下。分掌使衙内各曹事，並協助節度使通判衙事。 高居誨：人名。籍貫不詳。五代後晉出使西域的使者。天福三年（938），奉命與供奉官張匡鄴册封于闐王李聖天，歸朝後寫有《使于闐記》，詳記靈州至于闐的沿途見聞，爲研究絲綢之路的重要文獻。

[5]細腰沙：古沙漠名。位於今内蒙古阿拉善盟騰格里沙漠内，爲五代、北宋初絲路東段靈州道所經沙磧之一。 神點沙：古沙漠名。位於今内蒙古阿拉善盟騰格里沙漠内，爲五代、北宋初絲路東段靈州道所經沙磧之一。中華書局本有校勘記云，浙江本、《書蔡氏傳旁通》卷二引《五代史》、《通考》卷三三七作"神樹沙"。

[6]三公沙：古沙漠名。位於今内蒙古阿拉善盟騰格里沙漠内，爲五代、北宋初絲路東段靈州道所經沙磧之一。 月支：西域古國名，又作月氏。其眾先居今甘肅敦煌市與青海祁連山之間。漢文帝時被匈奴驅趕，遷至今新疆伊犁河上游，稱大月氏；其餘不能去者入祁連山區，稱小月氏。唐龍朔元年（661）置月支都督府，治所在阿緩城（今阿富汗東北部之昆都士）。8世紀廢。

[7]黑堡沙：古沙漠名。位於今内蒙古阿拉善盟騰格里沙漠内，爲五代、北宋初絲路東段靈州道所經沙磧之一。 沙嶺：古沙漠名。位於今内蒙古阿拉善盟騰格里沙漠内，爲五代、北宋初絲路東段靈州道所經沙磧之一。

[8]捻崖天子：人名。党項酋長。

[9]白亭河：水名。位於今甘肅民勤縣東北。

[10]朱耶氏：沙陀部族姓氏。

[11]金河：水名。位於今甘肅酒泉市。 天門關：關隘名。位於今甘肅嘉峪關西黑山下，爲古代肅州至瓜州道關隘之一。

[12]鳴沙山：地名。位於今甘肅敦煌市。 《禹貢》：古代區

域地理著作，也是我國現存最古的地理文獻之一。作者不詳。

[13]三危山：山名。位於今甘肅敦煌市東南。　三苗：古族名。亦稱有苗、苗氏。其主要活動範圍據《史記》卷一《五帝本紀》載在江淮、荊州。舜時，三苗作亂，一部分被遷至三危（甘肅敦煌市一帶）。

[14]都鄉河：水名。位於今甘肅敦煌市。

[15]仲雲族：古代西北民族名。又譯作衆熨、種榲、重雲。一說爲西突厥處月部落發展而成的，一說爲小月氏的一支。　胡盧磧：地名。位於今新疆若羌縣東北。

[16]漢明帝：即東漢明帝劉莊。57年至75年在位。東漢光武帝劉秀之子。在位期間，於永平十六年（73）派遣竇固、耿忠等分四路出擊侵擾北邊的北匈奴勢力，並於次年復置西域都護。紀見《後漢書》卷二。　吾盧：地名。位於今新疆哈密市西北。

[17]大屯城：西域古城名。又作伊循城。位於今新疆若羌縣米蘭鎮東。

[18]陷河：西域河流名。指且末河。今名車爾臣河。　檉：檉柳，又名紅柳或三春柳。

[19]紺州：地名。又作“扜彌”。位於今新疆于田縣克里雅河東古拘彌城遺址。

[20]安軍州：地名。五代時于闐國置，治所在今新疆于田縣東北。

[21]同慶：于闐王李聖天年號（912—940）。

[22]銀州：西域地名。五代于闐國置。治所在今新疆和田市南庫馬提古城。　盧州：西域地名。五代于闐國置。治所在今新疆民豐縣南沙吾則克鄉。　湄州：西域地名。五代于闐國置。治所在今新疆于田縣南。　玉州：西域地名。五代于闐國置。治所在今新疆和田市西二十里約特干遺址。

[23]張騫：人名。西漢漢中成固（今陝西城固縣）人。兩次出使西域，使西域諸國與漢通好。傳見《漢書》卷六一。

[24]劉再昇：人名。于闐大臣、使者。事見《新五代史》卷九。　　"三年"至"降魔杵等"：《新五代史》卷七四《于闐傳》。《宋本册府》卷九七二《外臣部·朝貢門五》記天福三年九月于闐國王李聖天遣使馬繼榮進玉團等物。《輯本舊史》卷七七《晋高祖紀三》繫於該月乙丑日，云："于闐國王楊仁美遣使貢方物。"此句中華書局本有校勘記，云《册府》《新五代史》《宋史》皆云國王名李聖天，但未作判斷。《新五代史》卷八《晋本紀》繫此事於該月己未日，未言國王之名。

[25]張光鄴：人名。籍貫不詳。五代後晋出使西域的使者。事見《新五代史》卷八。　　"十月"至"以供奉官張光鄴充使"：明本《册府》卷九六五《外臣部·封册門三》。亦見《輯本舊史》卷七七、《新五代史》卷八。

[26]鎮國大將軍：官名。作爲授予蕃國君主、官員、使者的榮譽稱號。　　黄門將軍：官名。作爲授予蕃國君主、官員、使者的榮譽稱號。　　國子少監：官名。唐五代無國子少監，此當作爲授予蕃國君主、官員、使者的榮譽稱號。　　張再通：人名。于闐使者。事見本書卷七七。　　監使：官名。監督、陪同使者的官員，爲臨時差遣。　　殿頭承旨：官名。爲内侍官稱，當爲殿頭之長。　　通事舍人：官名。東晋始置。唐代爲中書省屬官，全稱中書通事舍人。掌殿前承宣通奏。從六品上。　　吳順規：人名。籍貫不詳。五代後晋官員。事見本書卷七七。　　"十二月"至"通事舍人吳順規試將作少監"：《宋本册府》卷九七六《外臣部·褒異門三》。"十二月"原作"十一月"，據《輯本舊史》卷七七天福三年十二月戊寅條改。《輯本舊史》卷八一《晋少帝紀一》天福七年十二月丙子條："于闐、迴鶻皆遣使貢方物。"同卷天福八年正月乙巳條："于闐、回鶻入朝使劉再成等並授懷化大將軍、將軍、郎將，放還蕃。""劉再成"，《新五代史》卷九《晋本紀》、卷七四《四夷附録三》作"劉再昇"。

　　漢高祖天福十二年六月，于闐遣使者來。[1]隱帝乾祐元年五月，于闐國遣使朝貢。[2]七月，以于闐入朝使王知鐸檢校司空，副使張文達檢校右僕射，監使劉行立檢校兵部尚書，判官秦元保檢校左僕射，並放還蕃。[3]

　　[1]漢高祖天福十二年六月，于闐遣使者來：《新五代史》卷一〇《漢本紀》。

　　[2]隱帝乾祐元年五月，于闐國遣使朝貢：《宋本冊府》卷九七二《外臣部·朝貢門五》。

　　[3]王知鐸：人名。于闐使者。事見《新五代史》卷七四。檢校司空：官名。爲散官或加官，以示恩寵，無實際執掌。司空，與太尉、司徒並爲三公。　張文達：人名。于闐使者。本書僅此一見。　檢校右僕射：官名。爲散官或加官，以示恩寵，無實際執掌。　劉行立：人名。于闐使者。本書僅此一見。　檢校兵部尚書：官名。爲散官或加官，以示恩寵，無實際執掌。　秦元保：人名。于闐使者。本書僅此一見。　“七月”至“並放還蕃”：《宋本冊府》卷九七六《外臣部·褒異門三》。

　　占城[1]

　　[1]《輯本舊史》之原輯者案語：“《占城傳》，《永樂大典》全篇已佚，僅存數語，今姑仍其舊。”

　　占城國，在中華西南，其地東西七百里，南北三千里，東暨海，西雲南，南真臘國，北驩州。[1]界東北暨兩浙，海程三十日。[2]本地鳥之大者有孔雀。[3]其人俗與大食同。[4]其乘，象、馬；其食，稻米、水兕、山羊；

鳥獸之奇，犀、孔雀。自前世未嘗通中國。[5]

　　[1]雲南：古地區名。唐開元末以後的南詔、五代後唐時長和國、兩宋時大理國諸政權及其區域，統稱雲南。位於今雲南、貴州、四川南部一帶。　　真臘國：古國名。又稱吉蔑。本扶南屬國。唐貞觀初，滅扶南。都伊奢那城。至聖曆中，數遣使通好於唐。神龍後，分爲水真臘與陸真臘兩部。後臣屬於室利佛逝的夏連特拉王朝。貞元十八年（802）獨立，重新統一，定都吳哥，史稱吳哥王朝。　　驩州：州名。隋開皇十八年（598）改德州置，治所在九德縣（今越南義静省榮市）。

　　[2]“占城國”至“海程三十日”：明本《册府》卷九五七《外臣部·國邑門》。《新五代史》卷七四《四夷附録三·占城傳》略同。

　　[3]本地鳥之大者有孔雀：《輯本舊史》云録自《大典》卷八四三九“平”字韻“太平府（三）”事目，與本傳無涉，應爲誤記。

　　[4]大食：古國名。唐以來對阿拉伯帝國的稱呼。唐永徽二年（651），滅波斯薩珊王朝。遣使來唐。龍朔元年（661）建立阿拉伯帝國倭馬亞王朝，都城在今敘利亞首都大馬士革，唐稱爲白衣大食。先後破波斯、拂菻（東羅馬帝國），西域康、石等國皆臣之。天寶九載（750），阿布·阿拔斯推翻白衣大食，都巴格達，唐稱爲黑衣大食（即阿拔斯王朝），中亞諸國爲其所攻。次年，唐將高仙芝率軍與之戰於怛邏斯城（今哈薩克斯坦江布爾城），唐軍大敗。後唐與大食往來不絶。

　　[5]“其人俗與大食同”至“自前世未嘗通中國”：《新五代史》卷七四《四夷附録三·占城傳》。

　　周世宗顯德五年九月，占城國王釋利因德漫遣其臣莆訶散等來貢方物，[1]中有灑衣薔薇水一十五瑠璃瓶，言出自西域，凡鮮華之衣，以此水灑之，則不黦而復，郁烈之香，連歲不歇。又進猛火油八十四琉璃瓶，是油得水而愈熾，彼國凡水戰則用之。六年六月，占城國進奉使莆訶散以雲龍形通犀帶一條，菩薩石一片上進。[2]占城國遣使朝貢，所貢表文于貝多葉，簡以香木，其言譯之方諭其意。[3]十一月壬戌，占城國進奉使蒲河散、金婆羅等辭，各賜分物有差，仍令齎金銀器千兩、繒采十段，及細甲、名馬、銀鞍勒等，就賜本國主釋利因。[4]

[1]釋利因德漫：人名。占城國王。事見《新五代史》卷七四、本書卷一一八。　莆訶散：人名。占城使者。事見《新五代史》卷一二。

[2]“周世宗顯德五年九月”至“菩薩石一片上進”：《宋本冊府》卷九七二《外臣部‧朝貢門五》。《新五代史》卷一二《周本紀》顯德五年（958）九月：“占城國王釋利因德縵使莆訶散來。”六年六月：“戊子，占城使莆訶散來。”卷七四《四夷附錄三‧占城傳》：“顯德五年，其國王因德漫遣使者莆訶散來。”

[3]“占城國遣使朝貢”至“其言譯之方諭其意”：《宋本冊府》卷九九六《外臣部‧鞮譯門》。

[4]金婆羅：人名。占城使者。本書僅此一見。　“十一月壬戌”至“就賜本國主釋利因”：《宋本冊府》卷九七六《外臣部‧褒異門三》。

牂牁蠻[1]

[1]《輯本舊史》之影庫本粘籤：“《牂牁蠻傳》，《永樂大典》

全篇已佚，僅存數語，今姑仍其舊。"

　　牂牁蠻，其地北去兗州一百五十里，[1]東至辰州二千四百里，[2]南至交州一千五百里，[3]西至昆明九百里。[4]無城郭，散居村落。[5]其國法，劫盜者三倍還贓，殺人者出牛馬三十頭乃得贖死，[6]以納死家。地多雨潦。俗好巫鬼禁忌，寡畜產，又無鹽桑，故其郡最貧。句町縣有桄榔木，[7]可以爲麵，百姓資之。又云土氣鬱熱，多霖雨，稻粟再熟。無徭役，惟征戰之時，乃相屯聚。刻木爲契。風俗、物產略與東謝同。[8]唐高祖武德三年，牂牁蠻首領謝龍羽遣使朝貢。[9]授牂州刺史，封夜郎公。開元十年，大酋謝元齊死，[10]詔立其孫嘉藝襲其官封。[11]二十五年，大酋長趙君道來朝貢。[12]貞元七年，授其酋長趙主俗官。[13]至天成二年嘗一至，其使者曰清州八郡刺史宋朝化，冠帶如中國，貢草豆蔻二萬箇、朱砂五百兩、蠟二百斤。[14]

　　[1]兗州：《舊唐書》記牂牁蠻，並據《通典》卷一八七、《新唐書》卷四三下《地理志》改"兗州"。兗州，治所在今貴州石阡縣南。

　　[2]辰州：州名。治所在今湖南沅陵縣。

　　[3]交州：州名。治所在今越南河内市。

　　[4]昆明：地名。位於今雲南境内。傳見《新五代史》卷七四。

　　[5]"牂牁蠻"至"散居村落"：《會要》卷三〇牂牁蠻。

　　[6]"其國法"至"殺人者出牛馬三十頭乃得贖死"：《大典》卷五一五〇"元"字韻"改元（三）"事目，與本傳無涉，恐有

誤記。亦見明本《册府》卷九六〇《外臣部・土風門二》。

[7]句町縣：縣名。西漢武帝時置。治所在今雲南廣南縣南。一説治所在今雲南通海縣東北古城。兩漢屬牂柯郡。三國蜀至南朝齊屬興古郡。南朝梁末廢。

[8]東謝：唐代對分布在牂柯東部少數民族的總稱。因其首領謝氏而得名。西晉時謝氏官爲牂柯太守，所統東部居民稱東謝，分布在今貴州三都、台江、榕江和貴陽一帶。　"以納死家"至"物産略與東謝同"：明本《册府》卷九六〇《外臣部・土風門二》。有注："桄榔木，外皮有毛，似栟櫚而散生。其木剛，作誕鋤，利如鐵，中石更利，惟中蕉根乃致敗耳。皮中有似擣稻米片，又似麥麵，中作餅餌。《廣志》曰：'桄榔樹，大四五圍，長五六丈，洪直，旁無枝條，其顛生葉，不過數十，似棕葉。破其木，肌堅難傷，入數寸，得麵赤黄，蜜徵可食者也。'"《新五代史》卷七四《四夷附録三・牂柯蠻傳》："在辰州西千五百里，以耕植爲生，而無城郭聚落，有所攻擊，則相屯聚。刻木爲契。其首領姓謝氏，其名見於唐。"

[9]謝龍羽：人名。牂柯蠻首領。事見《舊唐書》卷一九七。唐高祖武德三年，牂柯蠻首領謝龍羽遣使朝貢：《宋本册府》卷九七〇《外臣部・朝貢門三》。

[10]謝元齊：人名。牂柯蠻大酋長。事見《舊唐書》卷一九七。

[11]嘉藝：人名。牂柯蠻大酋長。事見《舊唐書》卷一九七。

[12]趙君道：人名。牂柯蠻大酋長。事見《舊唐書》卷一九七。

[13]趙主俗：人名。牂柯蠻大酋長。事見《舊唐書》卷一九七。　"授牂州刺史"至"授其酋長趙主俗官"：明本《册府》卷九六六《外臣部・繼襲門》。

[14]"至天成二年嘗一至"至"蠟二百斤"：《新五代史》卷七四《四夷附録三・牂柯蠻傳》。

舊五代史　卷一三九

禮志上[1]

　　[1]《輯本舊史》之案語："《禮志序》,《永樂大典》原闕。"

吉禮[1]

　　[1]此目名中華書局本無,據內容補。下同。

郊祀

　　梁開平二年正月,宰臣上表請郊天,謁太廟。[1]命有司擇日備儀,因先布告岳牧、方伯。[2]於是太常禮院選用四月二十四日有事于南郊。[3]壬寅,應郊祀大禮儀仗、車輅、鹵簿、法物、祭器、樂懸,各令所司修飾。[4]以河南尹張宗奭充都點集諸司法物使。[5]三月,帝以魏博、鎮定助修西都宮內,工役方興,禮容未備,其郊天謁廟宜於秋冬別選良日。[6]

　　[1]開平:五代後梁太祖朱溫年號(907—911)。　郊天:即南郊祭天,又稱南郊。指在南郊之圜丘舉行的祭天典禮。　謁太廟:簡稱"謁廟"。自唐後期以來,皇帝郊祀天地前,需要謁太廟

告祭，合稱"郊廟祭祀"。參見〔日〕金子修一《古代中國與皇帝祭祀》，復旦大學出版社 2017 年版。

[2]擇日：選定舉行祭祀的良辰吉日。凡日期不固定的祭祀，於祭祀前都需行擇日之禮。　岳牧、方伯：泛指地方長官。典出《尚書·周官》："唐虞稽古，建官唯百，内有百揆四嶽，外有州牧侯伯。"

[3]太常禮院：官署名。簡稱"禮院"。唐代太常寺有禮院，爲太常博士議禮之處。唐後期以來，禮院逐漸成爲朝廷禮儀事務的主管機構。

[4]儀仗：用於儀衛的兵仗等。　車輅：天子車駕。分爲大輅、玉輅、金輅、象輅、革輅、木輅等。　鹵簿：帝后出行時的儀仗隊。蔡邕《獨斷》卷下："天子出，車駕次第謂之鹵簿。"　法物：帝王儀仗所用器物的統稱。《後漢書》卷一下《光武帝紀下》："益州傳送公孫述瞽師、郊廟樂器、葆車、輿輦，於是法物始備。"李賢注："法物，謂大駕鹵簿儀式也。"　樂懸：鐘、磬等樂器懸掛於架子上，稱爲樂懸。泛指陳設的樂器。

[5]河南尹：官名。唐開元元年（713）改洛州爲河南府，治所在今河南洛陽市。以河南府尹總其政務。從三品。　張宗奭：人名。濮州臨濮（今山東鄄城縣臨濮鎮）人。唐末、五代將領。傳見本書卷六三、《新五代史》卷四五。　都點集諸司法物使：官名。屬禮儀行事官，禮畢即罷。掌點集諸司法物。

[6]魏博：方鎮名。治所在魏州（今河北大名縣）。　鎮定：方鎮名。即"成德軍"。治所在鎮州（今河北正定縣）。　西都：地名。五代後梁開平元年（907）建都開封府，號東都，改唐東都河南府洛陽爲西都。　別選良日："選"，《宋本册府》卷一九三《閏位部·崇祀門》作"撰"，據中華書局影印明本《册府》卷一九三《閏位部·崇祀門》改。　"梁開平二年正月"至"其郊天謁廟宜於秋冬別選良日"：本條《輯本舊史》原無，據《宋本册府》卷一九三《閏位部·崇祀門》補。

　　七月，詔曰："祀祭之典，有國之大事也。如聞官吏慢於展敬，禮容牲饌有異精虔，宜令御史疏其條件以聞詳定。"禮儀使奏，得太常禮院狀，選用今年十一月己丑冬至有事于南郊。[1]奉勅："西都宮內修造，尚未畢功，過此一冬方當絕手。宜令於來年正月內選日申奏。"[2]

　　[1]禮儀使：官名。有重大禮儀事務則臨時置使，事畢即罷。掌禮儀事務。　狀：政府公文的一種。多用於下級機關對上級機關的陳奏、呈報公事。

　　[2]"七月"至"宜令於來年正月內選日申奏"：本條《輯本舊史》原無，據《宋本冊府》卷一九三《閏位部・崇祀門》補。

　　十一月，太常禮院奏，選用來年正月二十四日辛卯親拜南郊，可之。詔以左千牛衛上將軍胡規充南郊儀仗使，金吾衛將軍趙麓充車路法物使。[1]時以執儀仗、將軍輅皆武士，故分二將以董之。是月冬至，命宰臣祀昊天上帝于圜丘。[2]

　　[1]左千牛衛上將軍：官名。唐置，掌宮禁宿衛。唐代置十六衛，即左右衛、左右驍衛、左右武衛、左右威衛、左右領軍衛、左右金吾衛、左右監門衛、左右千牛衛。各置上將軍，從二品；大將軍，正三品；將軍，從三品。　胡規：人名。兗州（今山東濟寧市兗州區）人。唐末、五代將領。傳見本書卷一九。　南郊儀仗使：官名。皇帝親祀南郊時設置。事畢則罷。掌總儀仗事務。　趙麓：人名。籍貫不詳。五代後梁將領。事見本書卷九。　車路法物使：官名。屬禮儀行事官，禮畢即罷。掌車路、法物相關事務。

[2]昊天上帝：昊天爲天之總神。上帝爲南郊所祭受命帝。《周禮·春官·大宗伯》："以禋祀祀昊天上帝。"鄭玄注："昊天上帝，冬至於圜丘所祀天皇大帝。"　圜丘：帝王祭天的祭壇。又作"圓丘"。《周禮·春官·大司樂》："冬日至，於地上之圜丘奏之。"賈公彦疏："案《爾雅》：土之高者曰丘。取自然之丘者。圜象天圜。"　"十一月"至"命宰臣祀昊天上帝于圜丘"：本條《輯本舊史》原無，據《宋本册府》卷一九三《閏位部·崇祀門》補。《通考》卷七一《郊社考四》載："梁太祖開平二年十一月，自東京赴洛都行郊天禮，自石橋備儀仗至郊壇。"

　　三年正月辛卯，親祀昊天上帝于圜丘。[1]是日，降雪盈尺，及昇壇而止。[2]

　　[1]親祀：皇帝親自前往祭祀。自唐以來，郊祀等大禮的舉行分皇帝親祀、有司攝事兩種方式。親祀之禮特重。

　　[2]"三年正月辛卯"至"及昇壇而止"：此條《輯本舊史》原無，據《宋本册府》卷一九三《閏位部·崇祀門》補。《通考》卷七一《郊社考四》郊載"梁太祖南郊二"，其一爲開平三年（909）正月二十四日，"二十四日"即"辛卯"。此條亦見《輯本舊史》卷四《梁太祖紀四》引《大典》卷四三七六，但《大典》卷四三七六爲"檀"字韻，誤，應爲《大典》卷四三六七"壇"字韻"歷代郊壇（二）"事目。

　　三月，遣宰臣薛貽矩以孟夏雩祀昊天上帝，宰臣于兢薦饗太廟，並赴西都。[1]甲戌，車駕發西都。庚辰，至河中府，分命群臣告祭山川靈迹。[2]

　　[1]薛貽矩：人名。河東聞喜（今山西聞喜縣）人。唐末、五代後梁大臣。傳見本書卷一八、《新五代史》卷三五。　雩祀：祭天祈雨的典禮。每年孟夏擇日舉行，雩祀的場所或在南郊之圜丘，或於其旁另建雩壇。　于兢：人名。京兆高陵（今陝西西安市高陵區）人。唐宰相于志寧之後，五代後梁宰相。善畫牡丹。事見本書卷四、《新五代史》卷三。　薦饗太廟：至太廟向祖先祭獻。

　　[2]河中府：府名。治所在今山西永濟市。　"三月"至"分命群臣告祭山川靈迹"：此條《輯本舊史》原無，據《宋本册府》卷一九三《閏位部·崇祀門》補。

　　九月，詔曰："秋冬之際，陰雨相仍，所司選日拜郊，或慮臨時妨事。宜令別更擇日聞奏。"是月，禮儀使奏：今據所司申奏畫日内十一月二日冬至，祀昊天上帝于圓丘。[1]今參詳十月十七日已後，入十一月節。十一月二日冬至，一陽生之辰，宜行親告之禮。從之。[2]

　　[1]畫日：原作"晝日"，晝日在此處無解。畫日則在唐、五代、宋之文獻中多次出現。如《五代會要》卷一六秘書省條載："周顯德五年閏七月，秘書省奏：'奉今年七月七日敕節文，删集見行公事，送中書門下者。當省逐季準祠部牒到畫日，預先牒著作局修撰祝文，兼牒太常禮院詳定神名首尾。'"《輯本舊史》卷六〇《蘇循傳》："莊宗將即位於魏州……張承業未欲莊宗即尊位，諸將賓僚無敢贊成者。及循至……泣而稱臣，莊宗大悦。翌日，又獻大筆三十管，曰'畫日筆'，莊宗益喜。"《新五代史》卷三五《蘇循傳》略同。《宋會要輯稿》禮三之一："太祖乾德元年十一月二十日，太常博士和峴言：'今月十六日親祀南郊，合饗天地。準畫日，二十九日冬至祀昊天上帝……望依禮令，權停南至之祀。'詔可。"同書禮一四之一："國朝凡大中小祠歲一百七……司天監於季前預

擇之，供報禮院看詳，牒祠部以聞，詔有司行焉，謂之畫日。”又如《長編》卷二○二英宗治平元年（1064）九月丁丑條：“禮院奏：準畫日，孟冬薦饗太廟，改爲祫祭”等等，據改。

［2］“九月”至“從之”：此條《輯本舊史》原無，據《宋本册府》卷一九三《閏位部·崇祀門》補。

　　十一月癸巳朔，帝齋於内殿，不視朝。[1]甲午，日長至。[2]五更一點，自大内出，於文明殿受宰臣已下起居。[3]自五鳳樓出南郊，左右金吾、太常、兵部等司儀仗、法駕、鹵簿及左右内直、控鶴等引從赴壇，文武百官太保韓建已下班以俟至，帝昇壇告謝。[4]是歲降制：“國之大事，唯祀與戎。祭法所標，禮經尤重。其齋心必至，備物精臻，方感召於神祇，乃降通於福祐。近者所司祠祭，或聞官吏因循，虛破支供，動多虧闕。致陰陽之失序，仍水旱以爲災。每一念思，實多凜若。[5]宜加提舉，用復敬恭；須委元臣，以專重事。自今後，應在京四時大小祀及諸色祠祭，並委宰臣貽矩專判，躬親點檢，無令怠墮，有失典常。”[6]又詔以所率官寮俸錢脩文宣王廟，分一半脩武明王廟。[7]

　　［1］齋：祭祀前的齋戒。分爲散齋、致齋兩種。《開元禮》卷三載：“若散齋之日，晝理事如舊，夜宿止于家正寝，不得弔喪問疾，不判署刑殺文書，不決罰罪人，不作樂，不預穢惡之事。致齋唯祀事得行，其餘悉斷。”此指“致齋”。皇帝致齋時，不居正寝，而居於別殿。

　　［2］日長至：即冬至。冬至時，太陽直射南回歸綫，其日影子最長。“日長至”亦可指夏至，其日白晝最長。

[3]文明殿：宮殿名。五代後梁開平三年（909）以貞觀殿改名，爲洛陽宮城之前殿。故址在今河南洛陽市。　起居：群臣入內殿朝見皇帝。"起居"是一系列朝參儀節的總和，包括拜、舞蹈、問安起居。

[4]五鳳樓：樓名。唐始建，後梁太祖朱温重修。位於今河南洛陽市。　左右金吾：即左右金吾衛，爲皇帝儀仗隊成員。掌宮禁宿衛、京城巡警、大禮儀仗等。此指由左右金吾衛充當的儀仗隊，即"金吾仗衛"。　太常：官署名。西漢始置太常，後代沿置。掌宗廟祭祀禮樂及教育等。此指太常鹵簿。鹵簿，指帝后出行時的儀仗隊。　兵部：官署名。爲尚書省六部之一，統兵部、職方、駕部、庫部四司，掌管全國武官選用和兵籍、武器、軍令等政。此指兵部之駕部負責的天子法駕。　內直：部隊番號。爲五代禁軍之一部。分左右。　控鶴：部隊番號。爲五代禁軍之一部。　引從：引導跟從。　太保：官名。與太師、太傅並爲三師。唐後期、五代多爲大臣、勳貴加官。正一品。　韓建：人名。許州長社（今河南許昌市）人。唐末、五代軍閥。傳見本書卷一五、《新五代史》卷四〇。　班：班次、班序。官員參與朝會時所在班列次序。

[5]實多凜若："實"，《宋本冊府》原作"空"，據明本《冊府》改。

[6]大小祀：唐代以來，祭祀分爲大祀、中祀、小祀三等，稱爲"三祀"。"大小祀"泛指所有祭祀。　諸色祠祭：不列入三祀的其他祭祀。

[7]文宣王廟：即孔廟。唐玄宗開元二十七年（739）八月，追贈孔子爲文宣王。　武明王廟：即武廟。武明王即武成王。唐肅宗上元元年（760），追尊太公望（吕尚）爲武成王。唐哀帝天祐二年（905）九月，敕改武成王爲武明王。　"十一月癸巳朔"至"分一半脩武明王廟"：《輯本舊史》原無，據《宋本冊府》卷一九三《閏位部·崇祀門》補。《通考》卷七一《郊社考四·郊》載："梁太祖南郊二。"其一爲開平三年十一月二日，"二日"即"甲午"。

四年八月，車駕西征，次于陝，命宰臣杜曉祭華岳并禱。[1]

[1]次：出行所居止的處所。　陝：府名。即陝府、陝州。治所在今河南三門峽市陝州區。　杜曉：人名。京兆杜陵（今陝西西安市）人。祖、父皆爲唐宰相。傳見本書卷一八、《新五代史》卷三五。　華岳：即華山。華山爲五嶽中的西嶽，故稱華嶽。“岳”通“嶽”。　“四年八月”至“命宰臣杜曉祭華岳并禱”：本條《輯本舊史》原無，據明本《册府》卷一九三《閏位部·崇祀門》補。

九月丁亥朔，車駕幸陝府，命宰臣于兢赴西都祀昊天上帝于圜丘。[1]

[1]“九月丁亥朔”至“命宰臣于兢赴西都祀昊天上帝于圜丘”：本條《輯本舊史》原無，據明本《册府》卷一九三《閏位部·崇祀門》補。

乾化元年北巡，迴次孟州，命散騎常侍孫騭、右諫議大夫張衍、光禄卿李翼各齎香合祝板，告祭于孟津之望祠。[1]

[1]乾化：五代後梁太祖朱温年號（911—913）。　孟州：州名。治所在今河南孟州市。　散騎常侍：官名。門下省屬官。掌侍奉規諷，備顧問應對。《新唐書》記正三品下。　孫騭：人名。滑臺（今河南滑縣）人。唐末、五代後梁大臣。傳見本書卷二四。右諫議大夫：官名。唐置左右諫議大夫，左屬門下省，右屬中書

省。掌諫諭得失，侍從贊相。正四品下。　　張衍：人名。張宗奭之子。唐末、五代後梁大臣。傳見本書卷二四。　　光禄卿：官名。南朝梁天監七年（508）改光禄勳置，隋唐沿置。掌宫殿門户、帳幕器物、百官朝會膳食等。從三品。　　李翼：人名。籍貫不詳。五代後梁官員。事見本書卷九。　　香合：即香盒，盛香之盒。　　祝板：又作"祝版"。祭祀時用於粘貼祝文的方板。　　孟津：地名。位於今河南孟津縣會盟鎮，黄河中下游分界點、重要渡口。　　望祠：在特定地點設置的舉行望祭的祠廟。望祭爲君臣遥望祝祭之禮。《尚書·舜典》："望於山川。"孔傳："九州名山大川，五嶽四瀆之屬，皆一時望祭之。"　　"乾化元年北巡"至"告祭于孟津之望祠"：本條《輯本舊史》原無，據明本《册府》卷一九三《閏位部·崇祀門》補。

　　二年正月庚辰，有司以南郊上辛祈穀，命丞相趙光逢攝太尉行事。[1]

　　[1]上辛：每月上旬的"辛"日。此特指正月上旬的辛日。《禮記·郊特牲》："郊之用辛也"，鄭玄注："用辛日者，凡爲人君，當齋戒自新耳。"　　祈穀：帝王祭天大禮，祈求五穀豐登。《禮記·月令》載，孟春之月"天子乃以元日，祈穀於上帝"，鄭玄注："謂以上辛郊祭天也。"　　趙光逢：人名。京兆奉天（今陝西乾縣）人。五代後梁大臣。傳見本書卷五八、《新五代史》卷三五。　　太尉：官名。與司徒、司空並爲三公，唐後期、五代多爲人臣、勳貴加官。正一品。　　"二年正月庚辰"至"命丞相趙光逢攝太尉行事"：本條《輯本舊史》原無，據明本《册府》卷一九三《閏位部·崇祀門》補。

　　周廣順三年九月，太常禮院奏："准敕定郊廟制度，洛陽郊壇在城南七里丙巳之地，圜丘四成，各高八尺一寸，下廣二十丈，再成廣十五丈，三成廣十丈，四成廣五丈。[1]十有二陛，每節十二等。[2]燎壇在泰壇之丙地，方一丈，高一丈二尺，開上南出戶，方六尺。[3]請下所司修奉。"從之。[4]

[1]四成：四層、四重。

[2]十有二陛：即十二個登上圓壇的臺階，爲子、丑、寅、卯、辰、巳、午、未、申、酉、戌、亥十二陛。

[3]燎壇：焚燒犧牲玉幣等祭品的祭壇。燎，即焚燒柴薪、祭品，使煙氣上聞於天神。　泰壇：即祭天之圜丘壇。

[4]"周廣順三年九月"至"從之"：本條《輯本舊史》原無，據《會要》卷二《親拜郊·雜録》補。亦見《通考》卷七一《郊社考四·郊》。

宗廟

梁開平元年夏四月，太祖初受禪，乃立四廟於西京，從近古之制也。[1]

[1]太祖：即五代後梁開國皇帝朱温。宋州碭山（今安徽碭山縣）人。907年至913年在位。紀見本書卷一、《新五代史》卷一。
西京：即洛陽。《會要》卷二廟儀條、《宋本册府》卷一八九《閏位部·奉先門》亦作"西京"，《通考》卷九三《宗廟考三·天子宗廟》作"京師"。

唐同光二年六月，太常禮院奏：[1]"國家興建之初，已於北都置廟，今克復天下，遷都洛陽，却復本朝宗廟。[2] 按禮無二廟之文，其北都宗廟請廢。”乃下尚書省集議。[3] 禮部尚書王正言等奏議曰：[4] “伏以都邑之制，宗廟爲先。[5] 今卜洛居尊，開基御宇，事當師古，神必依人。[6] 北都先置宗廟，不宜並設。況每年朝享，禮有常規，時日既同，神何所據。[7] 竊聞近例，亦有從權。[8] 如神主已修，迎之藏於夾室；[9] 若廟宇已崇，虛之以爲恒制。昔齊桓公之廟二主，禮無明文，古者師行，亦無遷於廟主。[10] 昔天后之崇鞏洛，禮謂非宜；[11] 漢皇之戀豐滕，事無所法。[12] 況本朝故事，禮院具明，洛邑舊都，嵩丘正位，豈宜遠宮闕之居，建祖宗之廟。[13] 事非可久，理在從長。其北都宗廟，請准太常禮院申奏停廢。”從之。

[1]同光：五代後唐莊宗李存勗年號（923—926）。 六月：《會要》卷二廟儀條記爲“六月十日”，《輯本舊史》卷三二《唐莊宗紀六》將此事繫於六月丁丑，亦即“六月十日”。

[2]北都：指五代後唐的北都太原。《新五代史》卷五《莊宗紀》載，同光元年（923）“十一月乙巳，復北都爲鎮州，太原爲北都”。《輯本舊史》卷三二《唐莊宗紀六》、《宋本册府》卷五九三《掌禮部·奏議門》均作“北京”；本條下文之“北都”，《宋本册府》卷五九三均作“北京”。

[3]尚書省集議：集議的一種。尚書省召集百官討論相關國家政務，商定後寫成“議狀”，上奏皇帝裁斷。集議是漢唐決策制度的重要組成部分。參見〔日〕渡邊信一郎《天空の玉座——中國古代帝國の朝政と儀禮》，柏書房1996年版。

[4]禮部尚書：官名。尚書省禮部主官。掌禮儀、祭享、貢舉

之政。正三品。　王正言：人名。鄆州（今山東東平縣）人。五代後唐官員。傳見本書卷二一。

〔5〕都邑之制，宗廟爲先：中華書局本有校勘記："'都邑'，《册府》卷五九三、《五代會要》卷二作'宮室'。按《禮記·曲禮下》：'君子將營宮室，宗廟爲先'。"

〔6〕今卜洛居尊：《宋本册府》卷五九三作"陛下卜洛居尊"。

〔7〕朝享：泛指宗廟四時之祭。

〔8〕竊聞近例："竊聞"，《宋本册府》卷五九三作"常聞"；"近例"，《會要》卷二作"古道"。　亦有從權：《宋本册府》卷五九三作"禮有從權"。

〔9〕神主：也稱神位、版位、靈位，供奉的牌位。　夾室：指房與堂之間的屋室。古人稱堂上隔東西堂之牆爲序，序之外謂之東堂、西堂，東西堂與東西房之間謂之夾室。學界對夾室説法不一，有人認爲東西堂就是東西夾，有人認爲東西房就是東西夾。此"夾室"當指堂與廟之間的屋室。

〔10〕昔齊桓公之廟二主："昔"，《輯本舊史》原作"若"，據《會要》卷二、《宋本册府》卷五九三改。齊桓公，春秋時齊國國君。姓姜，名小白。公元前685年至前643年在位。卒諡桓。傳見《史記·齊太公世家》。

〔11〕天后：即武則天。文水（今山西文水縣）人。唐高宗的皇后，武周皇帝。紀見《舊唐書》卷六《則天皇后本紀》、《新唐書》卷四《則天順聖武皇后本紀》。　鞏洛：地區名。指今河南洛陽市一帶。武周政權定都洛陽。

〔12〕漢皇：即漢高祖劉邦。沛縣豐邑（今江蘇豐縣）人。西漢王朝建立者。廟號太祖，諡高皇帝。紀見《史記》卷八。　豐滕：地區名。今江蘇徐州市一帶。劉邦爲沛縣人，沛縣有豐邑，古滕國亦在附近。《輯本舊史》之影庫本粘籤："豐、滕，原本作'封藤'，今從《漢書》改正。"

〔13〕嵩丘：即嵩山。

　　天成元年，中書舍人馬縞奏曰：[1]“伏見漢、晋已來，諸侯王宗室承襲帝統，除七廟之外，皆別追尊親廟。[2]漢光武皇帝立先四代於南陽，其後桓帝已下，亦皆上考前修，追崇先代。[3]乞依兩漢故事，別立親廟。”[4]詔下尚書省，集百官定議。[5]禮部尚書蕭頃等議曰：[6]“伏見方册所載，聖概所存，將達蘋藻之誠，宜有棨桰之制。[7]臣等集議，其追尊位號及建廟都邑，乞特降制命，依馬縞所議。”

　　[1]天成：五代後唐明宗李嗣源年號（926—930）。　中書舍人：官名。中書省屬官。掌起草文書、呈遞奏章、傳宣詔命等。正五品上。　馬縞：人名。籍貫不詳。五代後梁、後唐官員、學者。傳見本書卷七一、《新五代史》卷四三。

　　[2]七廟：中國古代禮制中，天子七廟，即“四親”之廟、“二祧”之廟以及“始祖”之廟；《禮記·王制》亦有“天子七廟，三昭三穆，與太祖之廟而七”之説。　親廟：皇帝的高、曾、祖、父四廟爲親廟，四代以上“親盡”。《會要》卷二廟儀條作“私親”，《宋本册府》卷五九三《掌禮部·奏議門》、《新五代史》卷五五《馬縞傳》作“親廟”。

　　[3]光武皇帝：即劉秀。南陽郡蔡陽（今湖北襄陽市）人。東漢王朝建立者。紀見《後漢書》卷一。　南陽：郡名。指漢代的南陽郡，治所在今河南南陽市。　桓帝：即東漢桓帝劉志。漢章帝曾孫，蠡吾侯劉翼之子。本初元年（146）漢質帝死，梁太后與梁冀迎立劉志爲帝。公元146年至167年在位。紀見《後漢書》卷七。《宋本册府》卷五九三作“安帝”。

　　[4]別立親廟：《宋本册府》卷五九三其下有“於便地”三字。

　　[5]詔下尚書省：“尚書省”，《宋本册府》卷五九三作“南宫”。

[6]蕭頃：人名。京兆萬年（今陝西西安市長安區）人。五代後梁、後唐大臣。傳見本書卷五八。

[7]蘋藻：用於祭祀的兩種水草。語出《詩‧召南‧采蘋》："於以采蘋，南澗之濱；於以采藻，於彼行潦。"　宜有㮮梲之制："有"，《會要》卷二、《宋本冊府》卷五九三俱作"新"。"㮮（jié）梲（tuō）"，指木建築之柱頭斗拱與梁上短柱。

其年八月，太常禮院奏："莊宗神主以此月十日祔廟，七室之內，合有祧遷。"[1]中書門下奏議，請祧懿祖一室。[2]後下百僚集議，禮部尚書蕭頃等奏，請從中書所奏。從之。[3]

[1]莊宗：即五代後唐莊宗李存勗。沙陀部人。五代後唐建立者。923年至926年在位。紀見本書卷二七至卷三四、《新五代史》卷五。　祔廟：祭禮名。簡稱"祔"。《儀禮‧既夕禮》："明日以其班祔。"鄭玄注："祔，猶屬也。"行祔廟禮以將帝王神主牌位附屬於太廟。　七室：即七廟。五代後唐莊宗時所立七廟，爲高祖李淵、太宗李世民、懿宗李漼、昭宗李曄、懿祖朱邪執宜、獻祖朱邪赤心、太祖李克用。莊宗去世後，祧遷懿祖朱邪執宜，七廟爲高祖、太宗、懿宗、昭宗、獻祖、太祖、莊宗。　祧（tiāo）遷：古代帝王家廟中祖先的神主，除始祖外，世數遠的要依次遷於祧廟中合祭。

[2]中書門下：官署名。唐代以來爲宰相處理政務的機構。參見劉後濱《唐代中書門下體制研究——公文形態‧政務運行與制度變遷》，齊魯書社2004年版。　懿祖一室：《宋本冊府》卷五九三作"懿祖皇帝室"。

[3]後下百僚集議：《宋本冊府》卷五九三作"復下百寮集議於尚書省"。　"其年八月"至"從之"：《輯本舊史》此條原在天

成二年（927）條後，《輯本舊史》卷三七《唐明宗紀三》作天成元年八月"丁亥，莊宗神主祔廟，有司請祧懿祖室，從之"；《宋本册府》卷五九三《掌禮部·奏議門》亦將此事繫於"天成元年八月"，可見"其年八月"應爲"天成元年八月"，故將此條移至"天成二年"條前。

　　二年，中書門下又奏：[1]"伏以兩漢以諸侯王入繼帝統，則必易名上謚，廣孝稱皇，載於諸王故事，孝德皇、孝仁皇、孝元皇是也。[2]伏乞聖慈，俯從人願，許取皇而薦號，兼上謚以尊名，改置園陵，仍增兵衛。"[3]遂詔太常禮院定其儀制焉。太常博士王丕等引漢桓帝入嗣，尊其祖河間孝王曰孝穆皇帝、父蠡吾侯曰孝崇皇帝爲例，請付太常卿定謚。[4]刑部侍郎、權判太常卿馬縞復議曰：[5]"伏准兩漢故事，以諸侯王宗室入承帝統，則必追尊父祖，修樹園陵。西漢宣帝、東漢光武，孝饗之道，故事具存。自安帝入嗣，遂有皇太后令，別崇謚法，追曰某皇，所謂孝穆、孝崇之類是也。[6]前代惟孫皓自烏程侯繼嗣，追封父和爲文皇帝，事出非常，不堪垂訓。[7]今據禮院狀，漢安帝以下，若據本紀，又不見'帝'字。伏以謚法'德象天地曰帝'。伏緣禮院已曾奏聞，難將兩漢故事，便述尊名，請詔百官集議。"時右僕射李琪等議曰：[8]"伏覩歷代已來，宗廟成制，繼襲無異，沿革或殊。馬縞所奏，禮有按據，乞下制命，令馬縞虔依典册，以述尊名。"[9]

　　[1]二年：《輯本舊史》"二年"前原有"天成"二字，中華書

局本有校勘記："殿本、《五代會要》卷二無'天成'二字。"依本書體例，前文已有天成元年（926）記事，應删"天成"二字，故删。

　　[2]載於諸王故事："諸王"，《會要》卷二廟儀條作"諸侯"，《宋本册府》卷五九三亦作"諸王"。　孝德皇：即劉慶。東漢章帝劉炟之子，漢安帝劉祜之父。原爲清河王，安帝即位，追封爲孝德皇。事見《後漢書》卷五。　孝仁皇：即劉萇。東漢靈帝之父。漢靈帝即位，追尊爲孝仁皇。事見《後漢書》卷八。　孝元皇：即劉淑。東漢靈帝之祖。原爲解瀆亭侯。漢靈帝即位，追尊爲孝元皇。事見《後漢書》卷八。

　　[3]園陵：帝王的墓園與陵墓。

　　[4]太常博士：官名。掌撰五禮儀注。大禮時，導引乘輿，贊相祭祀，定誄謚以及守陵廟等。從七品上。　王丕：人名。籍貫不詳。五代後唐官員，時任太常博士。事見本書本卷。　河間孝王：即劉開。東漢章帝劉炟之子，桓帝劉志之祖父。原爲河間王，謚"孝"。桓帝即位，追尊爲孝穆皇帝。事見《後漢書》卷七。　父蠡吾侯：中華書局本有校勘記："'父'字原闕，據《五代會要》卷二、《後漢書》卷七《桓帝紀》補。"今從。《宋本册府》卷五九三亦無"父"字。蠡吾侯即劉翼。東漢章帝劉炟之孫，桓帝劉志之父。桓帝即位，追尊爲孝崇皇帝。事見《後漢書》卷七。"蠡吾"，《舊五代史考異》："案：原本訛'蠡愚'，今據《後漢書》改正。"太常卿：官名。太常寺長官。掌祭祀禮儀等事。正三品。

　　[5]刑部侍郎：官名。尚書省刑部次官。協助刑部尚書掌天下刑法及徒隸、勾覆、關禁之政令。正四品下。

　　[6]安帝：即東漢安帝劉祜。漢章帝劉炟之孫。106年至125年在位。紀見《後漢書》卷五。　所謂孝穆、孝崇之類是也："孝穆孝崇"，《輯本舊史》原作"孝德孝穆"，《會要》卷二同，但《後漢書》卷七《孝桓帝紀》作"孝穆孝崇"，《新五代史》卷五五《馬縞傳》亦同，據改。

[7]孫皓：人名。即三國吳末帝孫皓。吳郡富春（今浙江杭州市富陽區）人。孫權之孫，孫和之子。264年至280年在位。傳見《三國志》卷四八。　和：人名。即孫和。孫權之子，孫皓之父。孫皓即位後，尊孫和爲文皇帝。傳見《三國志》卷五九。　不堪垂訓：《會要》卷二作"不堪效順"，《宋本册府》卷五九三同《輯本舊史》，《新五代史》卷五五《馬縞傳》作"不可以爲法"。

[8]右僕射：官名。秦始置。隋、唐前期，以左、右僕射佐尚書令總理六官、綱紀庶務；如不置尚書令，則總判省事，爲宰相之職。唐後期多爲大臣加銜。從二品。　李琪：人名。河西敦煌（今甘肅敦煌市）人。五代後梁、後唐官員。傳見本書卷五八、《新五代史》卷五四。

[9]禮有按據：《宋本册府》卷五九三同。《會要》卷二作"誠有經據"。

　　時明宗意欲兼加"帝"字，乃下詔曰："朕聞開國承家，得以制禮作樂，故三皇不相襲，五帝不相沿，隨代創規，於禮無爽。[1]矧或情關祖禰，事繫烝嘗。[2]且追謚追尊，稱皇與帝，既有減增之字，合陳褒貶之辭。大約二名俱爲尊稱。若三皇之代故不可加'帝'，五帝之代不可言'皇'。爰自秦朝，便兼二號。[3]至若玄元皇帝，事隔千祀，宗追一源，猶顯册於鴻名，豈須遵於漢典。[4]況朕居九五之位，爲億兆之尊，不可總二名於眇躬，惜一字於先代，苟隨執議，何表孝誠。可委宰臣與百官詳定，集兩班於中書，逐班各陳所見。"唯李琪等請於祖禰二室先加"帝"字。宰臣合衆議奏曰："恭以朝廷之重，宗廟爲先，事繫承祧，義符致美。且聖朝追尊之日，即引漢氏舊儀，在漢氏封崇之時，復依何代故事？理關凝滯，未叶聖謨；[5]道合變通，方爲民則。且王者功成治定，制禮作樂，正朔服色，尚有改更，尊祖奉先，何妨沿革。若應州必立別廟，即地遠上都。[6]今據開元中追尊皋陶爲德明皇帝，涼武昭王爲興聖皇帝，皆立廟於京都。[7]臣等商量，所議追尊四廟，望依御札，並加皇帝之號，兼請於洛京立廟。"[8]敕："宜於應州舊宅立廟，餘依所奏。"

[1]朕聞開國承家：中華書局本有校勘記："'聞'字原闕，據《册府》卷三一、卷五九三，《五代會要》卷二補。" 隨代創規：《會要》卷二作"隨代創制"，《宋本册府》卷五九三同《輯本舊史》。 於禮無爽：中華書局本有校勘記："'禮'，殿本、孔本、《册府》卷三一、卷五九三，《五代會要》卷二作'理'。"

[2]祖禰：祖父與父親的合稱。 烝嘗：冬祭曰烝，秋祭曰嘗。泛指宗廟祭祀。

[3]便兼二號：《會要》卷二、《宋本册府》卷五九三俱作"便兼其號"。

[4]玄元皇帝：即老子。唐奉老子爲始祖，於高宗乾封元年（666）二月追號爲"太上玄元皇帝"，此後屢有加封。 千祀：千年、千載。一祀爲一年。

[5]未叶聖謨：《會要》卷二作"未協聖謨"，《宋本册府》卷五九三作"未曰聖謨"。

[6]應州：州名。治所在今山西應縣。《輯本舊史》之影庫本粘籤："應州，原本作'盧州'，今從《五代會要》改正。"見《會要》卷二。《輯本舊史》卷三八《唐明宗紀四》、《宋本册府》卷五九三亦作"應州"，《輯本舊史》卷三八將此事繫於天成二年（927）十二月丙午。

[7]開元：唐玄宗李隆基年號（713—741）。 皋陶：人名。

傳說中東夷族的首領，虞舜的大臣。事見《史記》卷一、卷二。
涼武昭王：即李暠。隴西狄道（今甘肅臨洮縣）人。十六國時期西涼國的建立者，400 年至 417 年在位。傳見《魏書》卷九九。

　　[8]御札：又作"御劄"。皇帝手劄、手詔。

　　應順元年正月，中書門下奏：[1]"太常以大行山陵畢
祔廟。[2]今太廟見饗七室，高祖、太宗、懿宗、昭宗、
獻祖、太祖、莊宗，大行升祔，禮合祧遷獻祖，請下尚
書省集議。"[3]太子少傅盧質等議曰：[4]"臣等以親盡從
祧，垂於舊典，疑事無質，素有明文。頃莊宗皇帝再造
寰區，復隆宗廟，追三祖於先遠，復四室於本朝，式遇
祧遷，旋成沿革。[5]及莊宗升祔，以懿祖從祧，蓋非嗣
立之君，所以先遷其室。光武滅新之後，始有追尊之
儀，比祇在於南陽，元不歸於太廟，引事且疏於故實，
此時須稟於新規。[6]將來升祔先廟，次合祧遷獻祖，既
協隨時之義，又符變禮之文。"從之。時議者以懿祖賜
姓於懿宗，以支庶繫大宗例，宜以懿祖爲始祖，次昭宗
可也，不必祖神堯而宗太宗。[7]若依漢光武，則宜於代
州立獻祖而下親廟，其唐廟依舊禮行之可也，而議謚者
忘咸通之懿宗，又稱懿祖，父子俱"懿"，於理可乎！[8]
將朱耶三世與唐室四廟連敘昭穆，非禮之甚也。[9]議祧
者不知受氏於唐懿宗而祧之，今又及獻祖。以禮論之，
始祧昭宗，次祧獻祖可也，而懿祖如唐景皇帝，豈可
祧乎？[10]

　　[1]應順：五代後唐愍帝（閔帝）李從厚年號（934）。

　　[2]太常：此處指太常寺。官署名。北齊始置，掌禮樂祭祀活動。隋、唐兩代下設郊廟、太廟、諸陵、太樂、鼓吹、太醫、太卜、廩犧等八署，長官爲太常寺卿，正三品。唐高宗龍朔年間曾改稱奉常，武則天光宅年間又曾稱爲司禮，後均復舊。歷代沿置。大行：即“大行皇帝”，古代對已死而停棺未葬的皇帝的諱稱。“大行”意爲一去不復返。　山陵：古代帝王墳墓的代稱。

　　[3]大行升祔：《宋本册府》卷五九四《掌禮部·奏議門》作“今明宗升祔”。

　　[4]太子少傅：官名。與太子少保、太子少師合稱三少，唐後期、五代多爲大臣、勳貴加官。從二品。　盧質：人名。河南（今河南洛陽市）人。五代大臣。傳見本書卷九三、《新五代史》卷五六。

　　[5]先遠：《會要》卷二廟儀條作“先代”。　三祖：《宋本册府》卷五九四作“三宗”。

　　[6]比祇在於南陽：中華書局本有校勘記：“‘比’，原作‘此’，據殿本、劉本、孔本、《五代會要》卷二改。”　新：朝代名。王莽所建。西漢平帝年幼即位，太皇太后侄王莽以大司馬大將軍執掌朝政。平帝死後，莽立兩歲的劉嬰，號曰孺子，自稱“攝皇帝”。公元9年，王莽代漢自立，改國號爲“新”，史稱“新莽”。此時須稟於新規：“此時”，《會要》卷二作“臣等”；“須稟於新規”，中華書局本有校勘記：“‘新規’，原作‘所規’，據《册府》卷五九四、《五代會要》卷二改。”

　　[7]時議者以懿祖賜姓於懿宗：“時議者”，《輯本舊史》原無“者”字，據《會要》卷二補。　以支庶繫大宗例：中華書局本有校勘記：“‘大宗’，原作‘太宗’，據劉本、《五代會要》卷二改。”宜以懿祖爲始祖：中華書局本有校勘記：“‘懿祖’，原作‘祖’，據《五代會要》卷二、《册府》（明本）卷五九四改。”　神堯：即李淵。唐朝建立者。廟號高祖。諡神堯大聖大光孝皇帝。618年至626年在位。紀見《舊唐書》卷一、《新唐書》卷一。

[8]代州：州名。治所在今山西代縣。 咸通：唐懿宗李漼年號（860—874）。《輯本舊史》之影庫本粘籤："'咸通'，原本作'感通'，今據《新唐書》改正。"見《新唐書》卷九《懿宗本紀》，《會要》卷二亦作"咸通"。

[9]朱耶：即朱邪。西突厥部族名，世居沙陀。唐憲宗時自號沙陀，而以朱邪爲複姓。歸唐後朱邪赤心以功賜姓李，名國昌。昭穆：宗廟、墓地排列之次序。始祖居中，左右位次按父昭子穆世次排列。其二世、四世、六世等位於左，爲"昭"；三世、五世、七世位於右，爲"穆"。

[10]景皇帝：即李虎。代北武川（今內蒙古武川縣）人。西魏將領。唐高祖李淵的祖父。唐朝建立後，追謚爲景皇帝，廟號太祖。事見《舊唐書》卷一、《新唐書》卷一三。

晉天福二年正月，中書門下奏：[1]"皇帝到京，未立宗廟，望令所司速具制度典禮以聞。"從之。二月，太常博士段顒議曰：[2]"夫宗廟之制，歷代爲難，須考禮經，旁求故實。[3]謹按《尚書·舜典》曰：'正月上日，受終於文祖。'此是堯之廟也，猶未載其數。又按《郊祀録》曰：夏立五廟，商立六廟，周立七廟。[4]漢初，立祖宗廟於郡國，共計一百六十七所。後漢光武中興後，別立六廟。魏明帝初立親廟四，後重議，依周法立七廟。[5]晉武帝受禪，初立六廟，後復立七廟。[6]宋武帝初立六廟，齊朝亦立六廟。[7]隋文帝受命，初立親廟四，至大業元年，煬帝欲遵周法，議立七廟。[8]次屬傳禪於唐，武德元年六月四日，始立四廟於長安，至貞觀九年，命有司詳議廟制，遂立七廟，至開元十一年後，創立九廟。[9]又按《禮記·喪服小記》曰：'王者禘其祖之所自出，以其祖配之，而立四廟。'鄭玄注云：'高祖以下至禰四世，即親盡也，更立始祖爲不遷之廟，共五廟也。'[10] 又按《禮記·祭法》及《王制》《孔子家語》《春秋穀梁傳》並云：'天子七廟，諸侯五廟，大夫三廟，士一廟。此是降殺以兩之義。'[11] 又按《尚書·咸有一德》曰：'七世之廟，可以觀德。'又按《疑義》云：天子立七廟，或四廟，蓋有其義也。如四廟者，從禰至高祖已上親盡，故有四廟之理。'[12] 又立七廟者，緣自古聖王，祖有功，宗有德，更封立始祖，即於四親廟之外，或祖功宗德，不拘定數，所以有五廟、六廟、或七廟、九廟，欲後代子孫觀其功德，故《尚書》云'七世之廟，可以觀德'矣。[13] 又按周舍論云：[14]'自江左已來，晉、宋、齊、梁相承，多立七廟。'今臣等參詳，唯立七廟、四廟，即並通其理。[15] 伏緣宗廟事大，不敢執以一理定之，故檢七廟、四廟二件之文，參酌厥禮，俱得其宜，他所論者，並皆勿取。[16] 伏請下三省集百官詳議。"敕旨："宜依。"

[1]天福：五代後晉高祖石敬瑭年號（936—942）。出帝石重貴沿用至九年（944）。後漢高祖劉知遠繼位後沿用一年，稱天福十二年（947）。　正月：《輯本舊史》卷七六《晉高祖紀二》繫此條於天福二年（937）正月庚申。

[2]二月：中華書局本有校勘記："《五代會要》卷二同，《册府》卷五九四作'三月'。按本書卷七六《晉高祖紀二》繫其事於三月。"見《輯本舊史》卷七六天福二年三月丙寅條。　段顒：人名。籍貫不詳。五代後唐、後晉官員。事見本書本卷。

[3]旁求故實：《輯本舊史》原作“以求故事”，據《宋本册府》卷五九四《掌禮部·奏議門》改。

[4]商立六廟：《宋本册府》“商”作“殷”，下同。《舊史》作“商”，當係避宋太祖之父趙弘殷諱。

[5]魏明帝：即曹叡。三國魏皇帝。魏文帝曹丕長子。226年至239年在位。紀見《三國志》卷三。

[6]晋武帝：即司馬炎。西晋開國皇帝。司馬懿之孫，司馬昭長子。265年至290年在位。紀見《晋書》卷三。

[7]宋武帝：即劉裕。彭城（今江蘇徐州市）人。南朝宋開國皇帝。420年至422年在位。紀見《宋書》卷一至卷三。

[8]隋文帝：即楊堅。出身弘農楊氏。北周大臣，隋朝開國皇帝，謚文帝，廟號高祖。581年至605年在位。紀見《隋書》卷一、卷二。　大業：隋煬帝楊廣的年號（605—617）。　煬帝：即隋煬帝楊廣。隋文帝楊堅之子。605年至617年在位。紀見《隋書》卷三、卷四。

[9]武德：唐高祖李淵年號（618—626）。　貞觀九年：中華書局本有校勘記：“‘九年’，原作‘元年’，據殿本、孔本、《册府》卷五九四、《五代會要》卷二改。按《舊唐書》卷二五《禮儀志五》：‘貞觀九年高祖崩，將行遷祔之禮，太宗命有司詳議廟制。’”

[10]即親盡也：親盡，《會要》卷二廟儀條作“親廟”。

[11]降殺以兩：禮制等級的遞減、削減，以二爲公差數。

[12]從禰至高祖已上親盡：中華書局本有校勘記：“‘上’，原作‘下’，據《册府》卷五九四、《五代會要》卷二改。”　四廟之理：《會要》卷二作“四廟之禮”。

[13]五廟：中華書局本有校勘記：“‘廟’字原闕，據《册府》卷五九四、《五代會要》卷二補。”　九廟：《會要》卷二無此二字。

[14]周捨：人名。汝南安城（今河南原陽縣）人。南朝齊、

梁時官員、學者。傳見《梁書》卷二五。《舊五代史考異》：“案：原本訛‘周拾’，今據《新唐書・禮志》改正。”《會要》卷二、《宋本册府》卷五九四亦作“周捨”。

[15]今臣等參詳：《會要》卷二、《宋本册府》卷五九四俱作“今顗等參詳”。 唯立七廟、四廟：《輯本舊史》原無“四廟”二字，中華書局本有校勘記：“‘唯立七廟’，句下《册府》卷五九四、《五代會要》（四庫本）卷二及本卷下文有‘四廟’二字。”但未補，今據補。

[16]參酌厥禮：《輯本舊史》原無，據《會要》卷二補。

　　左僕射劉昫等議曰：[1]“臣等今月八日，伏奉敕命，於尚書省集議太常博士段顒所議宗廟事。伏以將敷至化，以達萬方，克致平和，必先宗廟。故《禮記・王制》云：‘天子七廟，諸侯五廟，大夫三廟。’疏云：‘周制之七廟者，太祖廟及文王、武王之祧，與親廟四。[2]太祖，后稷也。[3]商六廟，契及湯與二昭、二穆。[4]夏則五廟，無太祖，禹與二昭、二穆而已。[5]自夏及周，少不減五，多不過七。’又云：‘天子七廟，皆據周也。有其人則七，無其人則五。若諸侯廟制，雖有其人，則不過五。此則天子、諸侯七、五之異明矣。’至於三代已後，魏、晉、宋、齊、隋及唐初，多立六廟或四廟，蓋於建國之始，不盈七廟之數也。今欲請立自高祖已下四親廟，其始祖一廟，未敢輕議，伏俟聖裁。”[6]

　　[1]左僕射劉昫等議：見《輯本舊史》卷七六天福二年（937）三月丙寅條，《宋本册府》卷五九四將此條亦繫於天福二年三月。

　　[2]周制之七廟者：“廟”字，《輯本舊史》原無，據《册

府》補。

[3]后稷：周人始祖。爲舜農官，封於邰，號后稷。

[4]契：商人始祖。佐夏禹治水有功，被舜任命爲掌管教化的司徒，封於商。　湯：商朝開國君主。滅夏立商。紀見《史記》卷三《殷本紀》。

[5]無太祖：中華書局本有校勘記："'無'字原闕，據《册府》卷五九四、《禮記·王制》鄭玄注補。"

[6]伏俟聖裁：伏俟，《會要》卷二作"伏候"。

御史中丞張昭遠奏議曰：[1]

臣前月中預都省集議宗廟事，伏見議狀，於親廟之外，請别立始祖一廟，近奉中書門下牒，再令百官於都省議定聞奏者。[2]

臣讀十四代史書，見二千年故事，觀諸家宗廟，都無始祖之稱，唯商、周二代，以稷、契爲太祖。《禮記》曰："天子七廟，三昭、三穆，與太祖之廟而七。"鄭玄注："此周制也。七者，太祖后稷及文王、武王與四親廟。"又曰："商人六廟，契及成湯與二昭、二穆也。夏后氏立五廟，不立太祖，唯禹與二昭、二穆而已。"據《王制》鄭玄所釋，即商、周以稷、契爲太祖，夏后氏無太祖，亦無追謚之廟。[3]自商、周以來，時更十代，皆於親廟之中，以有功者爲太祖，無追崇始祖之例。具引今古，即恐詞繁，事要證明，須陳梗概。漢以高祖父太上皇執嘉無社稷功，不立廟號，高帝自爲高祖。[4]魏以曹公相漢，垂三十年，始封於魏，故爲太祖。[5]晉以宣王輔魏有功，立爲高祖，以景帝始封於晋，故爲太祖。[6]宋氏先世，官閥卑微，雖追崇帝號，劉裕自爲高祖。南齊高帝之父，位至右將軍，生無封爵，不得爲太祖，高帝自爲太祖。[7]梁武帝父順之，佐佑齊室，封侯，位至領軍、丹陽尹，雖不受封於梁，亦爲太祖。[8]陳武帝父文讃，生無名位，以武帝功，梁室贈侍中，封義興公，及武帝即位，亦追爲太祖。[9]周閔帝以父泰相西魏，經營王業，始封於周，故爲太祖。[10]隋文帝父忠，輔周室有大功，始封於隋，故爲太祖。[11]唐高祖神堯祖父虎爲周八柱國，隋代追封唐公，故爲太祖。[12]唐末梁室朱氏有帝位，亦立四廟，朱公先世無名位，雖追册四廟，不立太祖，朱公自爲太祖。[13]此則前代追册太祖，不出親廟之成例也。

王者祖有功而宗有德，漢、魏之制，非有功德不得立爲祖宗，商、周受命，以稷、契有大功於唐、虞之際，故追尊爲太祖。自秦、漢之後，其禮不然，雖祖有功，仍須親廟。今亦粗言往例，以取證明。秦稱造父之後，不以造父爲始祖；[14]漢稱唐堯、劉累之後，不以堯、累爲始祖；[15]魏稱曹參之後，不以參爲始祖；[16]晋稱趙將司馬卬之後，不以卬爲始祖；[17]宋稱漢楚元王之後，不以元王爲始祖；[18]齊、梁皆稱蕭何之後，不以何爲始祖；[19]陳稱太丘長陳寔之後，不以寔爲始祖；[20]元魏稱李陵之後，不以陵爲始祖；[21]後周稱神農之後，不以神農爲始祖；

隋稱楊震之後，不以震爲始祖；[22]唐稱皋陶、老子之後，不以皋陶、老子爲始祖。[23]唯唐高宗則天武后臨朝，革唐稱周，便立七廟，仍追册周文王姬昌爲始祖，此蓋當時附麗之徒，不諳故實，武立姬廟，乖越已甚，曲臺之人，到今嗤誚。[24]臣遠觀秦、漢，下至周、隋，禮樂衣冠，聲明文物，未有如唐室之盛。武德議廟之初，英才間出，如温、魏、顏、虞通今古，封、蕭、薛、杜達禮儀，制度憲章，必有師法。[25]

夫追崇先王、先母之儀，起於周代，據史記及禮經云：[26]“武王纘太王、王季、文王之緒，一戎衣而有天下，尊爲天子，宗廟饗之。[27]周公成文、武之德，追王太王、王季，祀先公以天子之禮。”又曰：“郊祀后稷以配天。”據此言之，周武雖祀七世，追爲王號者，但四世而已。故自東漢以來，有國之初，多崇四廟，從周制也。況商因夏禮，漢習秦儀，無勞博訪之文，宜約已成之制。請依隋、唐有國之初，創立四廟，推四世之中名位高者爲太祖。謹議以聞。

敕：“宜令尚書省集百官，將前議狀與張昭遠所陳，速定奪聞奏。”[28]

[1]御史中丞：官名。如不置御史大夫，則爲御史臺長官。掌司法監察。正四品下。　張昭遠：人名。《會要》卷二作“張昭”，《輯本舊史》卷七六、《宋本册府》卷五九四俱作“張昭遠”，下同。張昭本名昭遠，《宋史》卷二六三言其“避漢祖（漢高祖劉知

遠）諱，止稱昭”。濮州范縣（今河南范縣）人。五代後唐至宋初官員。傳見《宋史》卷二六三。

［2］牒：文書名。上行文書的一種。　都省：尚書省的辦公機構。又稱都司、都臺、都堂。尚書省集議多在都省舉行，稱爲“都省集議”。

［3］夏后氏無太祖：中華書局本有校勘記：“‘氏’字原闕，據彭校、《册府》卷五九四、《五代會要》卷二補。”

［4］執嘉：即劉執嘉。漢高祖劉邦之父。漢初被封爲太上皇。《宋書》卷二七載，“漢高帝父曰劉執嘉”。

［5］曹公：指曹操。沛國譙（今安徽亳州市）人。漢末大臣，三國魏太祖。紀見《三國志》卷一。

［6］宣王：即司馬懿。溫縣（今河南溫縣）人。三國魏大臣。其子司馬昭封晉王後，追諡司馬懿爲“宣王”。其孫司馬炎稱帝，建立西晉後，追諡司馬懿爲宣皇帝，廟號高祖。紀見《晉書》卷一。《會要》卷二作“宣皇”。《册府》卷五九四亦作“宣王”。　景帝：即司馬師。三國魏大臣。司馬懿長子，司馬昭之兄。西晉建立後，被追諡爲景皇帝，廟號世宗。紀見《晉書》卷二。　始封於晉：《輯本舊史》之影庫本粘籤：“始封，原本作‘始討’，今據文改正。”《會要》卷二正作“始封”，《册府》卷五九四亦作“始封”。

［7］南齊高帝：即蕭道成。南蘭陵郡蘭陵縣（今江蘇常州市武進區）人。南朝宋的將領。南朝齊的開國皇帝，479年至482年在位。死後諡高帝，廟號太祖。紀見《南齊書》卷一、卷二。　右將軍：官名。始於戰國，秦漢時成爲正式軍事職官。漢代爲左、右、前、後四將軍之一。魏晉南北朝沿置。掌京師宿衛或外出征伐。三品。

［8］梁武帝：即南朝梁武帝蕭衍。南朝齊的宗室。中興元年（501）起兵，次年代齊建梁。502年至549年在位。死後諡武皇帝，廟號高祖。紀見《梁書》卷一至卷三。　順之：人名。即蕭順之。梁武帝蕭衍之父。南朝齊的宗室、大臣。蕭衍即位後，追諡爲文皇

帝，廟號太祖。事見《梁書》卷一。　　佐佑齊室：佐佑，《會要》卷二作"左右"。　　領軍：官名。漢末始置。魏晉時置領軍將軍、中領軍，統率禁軍。南北朝沿置。從二品。　　丹陽尹：官名。丹陽郡的長官。西漢始置丹陽郡，治所在宛陵（今安徽宣城市），三國吳時移治建業（今江蘇南京市），吳、東晉與南朝宋齊梁陳均建都於此，設丹陽尹以治之。南朝陳時，丹陽尹秩中二千石，五品。

[9]陳武帝：即南朝陳的開國皇帝陳霸先。南朝梁的將領。吳興（今浙江長興縣）人。557年至559年在位。死後諡武皇帝，廟號高祖。紀見《陳書》卷一、卷二。　　文讚：人名。即陳文讚。陳武帝陳霸先之父。陳朝建立後，追諡爲景帝，廟號太祖。事見《陳書》卷一。　　侍中：官名。秦始置，西漢沿置。南朝宋文帝時掌機要，齊、梁、陳相沿，爲執政大臣。南朝梁時爲十二班。　　封義興公：《輯本舊史》之影庫本粘籤："'義興'，原本作'漾興'，今從《陳書》改正。"見《陳書》卷一《高祖本紀上》。

[10]周閔帝：即北周的開國皇帝宇文覺。代郡武川縣（今内蒙古武川縣）人，鮮卑族。由權臣宇文護擁立稱帝，代魏立周。在位一年（557），爲宇文護所廢及殺害。後諡爲孝閔皇帝。紀見《周書》卷三。　　泰：人名。即宇文泰。周閔帝宇文覺之父。西魏的掌控者，北周建立後，追諡爲文皇帝，廟號太祖。紀見《周書》卷一、卷二。

[11]隋文帝父忠：中華書局本有校勘記："'父忠'二字原闕，據《册府》卷五九四補。"《會要》卷二亦無"父忠"二字。忠，即楊忠。出身弘農楊氏。北魏末年至西魏、北周時的將領。隋文帝楊堅之父。隋朝建立後，追諡爲武元皇帝，廟號太祖。傳見《周書》卷一九。

[12]八柱國：柱國爲官名。西魏大統十六年（550）前，八個重要勳臣被封爲柱國，即宇文泰、李虎、元欣、李弼、獨孤信、趙貴、于謹、侯莫陳崇，稱爲"八柱國"。

[13]朱公：指朱温。宋州碭山（今安徽碭山縣）人。五代後

梁太祖。紀見本書卷一、《新五代史》卷一。

[14]造父：人名。西周時擅御車、馴馬之人。事見《史記》卷四三。

[15]劉累：人名。相傳爲夏朝時人，爲夏王孔甲御龍。事見《史記》卷二。《舊五代史考異》：“案：原本作‘劉里’，今據《漢書》改正。”

[16]曹參：人名。沛（今江蘇沛縣）人。漢初大臣。傳見《史記》卷五四、《漢書》卷三九。

[17]司馬卬：人名。趙人。秦漢之際，被項羽封爲殷王，後降漢。事見《史記》卷七、卷八。

[18]楚元王：即劉交。漢高祖劉邦異母弟。漢高祖六年（前201），受封爲楚王。死後謚元。傳見《史記》卷二〇。

[19]蕭何：人名。沛縣豐邑（今江蘇豐縣）人。漢初大臣。傳見《史記》卷五三、《漢書》卷三九。　不以何爲始祖：“何”前，《輯本舊史》原有“蕭”字，據《宋本冊府》刪。

[20]太丘長：官名。西漢置敬丘侯國，東漢明帝時改名太丘縣。太丘長爲其長官。秩千石。　陳寔：人名。潁川許縣（今河南許昌市）人。東漢官員、名士。傳見《後漢書》卷九二。

[21]李陵：人名。隴西成紀（今甘肅秦安縣）人。李廣之孫。漢武帝時的將領，後戰敗投降匈奴。傳見《史記》卷一〇九、《漢書》卷五四。

[22]楊震：人名。弘農華陰（今陝西華陰市）人。東漢名儒、官員。傳見《後漢書》卷八四。　不以震爲始祖：“震”前，《輯本舊史》原有“楊”字，《會要》卷二同，據《宋本冊府》刪。

[23]皋陶：人名。傳說中東夷族的首領，虞舜的大臣。事見《史記》卷一、卷二。

[24]唐高宗：即李治。649年至683年在位。唐太宗之子。紀見《舊唐書》卷四至卷五、《新唐書》卷三。　便立七廟：“便”，《輯本舊史》原作“又”，據《會要》卷二、《宋本冊府》改。　姬

昌：人名。商末周族首領，受封西伯。周武王之父。周王朝建立後，追尊爲周文王。紀見《史記》卷四。　曲臺：本爲秦漢宮殿名。漢時爲天子射宮，置太常博士弟子。故自漢以來，有關禮制的著作，常以曲臺爲名。後常用於代指太常寺、太常禮院。

[25]溫：指溫大雅。祁（今山西祁縣）人。唐初學者、官員。傳見《舊唐書》卷六一、《新唐書》卷九一。　魏：指魏徵。一説曲陽（今河北曲陽縣）人，一説館陶（今河北館陶縣）人。唐初大臣，以直言敢諫而聞名。傳見《舊唐書》卷七一、《新唐書》卷九七。　顔：指顔師古。雍州萬年（今陝西西安市長安區）人。唐初學者、官員。傳見《舊唐書》卷七三、《新唐書》卷一九八。虞：指虞世南。越州餘姚（今浙江慈溪市）人。唐初學者、官員。傳見《舊唐書》卷七二、《新唐書》卷一〇二。　封：指封倫，字德彝。渤海蓨縣（今河北景縣）人。唐初宰相。傳見《舊唐書》卷六三、《新唐書》卷一〇〇。　蕭：指蕭瑀。南蘭陵（今江蘇常州市武進區）人。南朝梁的宗室後人，唐初宰相。傳見《舊唐書》卷六三、《新唐書》卷一〇一。　薛：指薛收。蒲州汾陰（今山西萬榮縣）人。唐初大臣。傳見《舊唐書》卷七三、《新唐書》卷九八。　杜：指杜如晦。京兆杜陵（今陝西西安市）人。唐初宰相。傳見《舊唐書》卷六六、《新唐書》卷九六。

[26]夫追崇先王、先母之儀：《宋本册府》作“夫追先祖之儀”。

[27]武王：即姬發。西周開國君主。周文王姬昌之子。紀見《史記》卷四。　太王：即古公亶父。商末周族首領。周文王姬昌之祖。紀見《史記》卷四。　王季：即姬歷，又稱季歷、公季。商末周族首領。周文王姬昌之父。紀見《史記》卷四。

[28]速定奪聞奏：中華書局本有校勘記：“‘速’，原作‘連’，據孔本、彭校、《册府》卷五九四改。”

　　左僕射劉昫等再奏議曰："臣等今月十三日，再於尚書省集百官詳議。夫王者祖武宗文，郊天祀地，故有追崇之典，以申配饗之儀。切詳太常禮院議狀，唯立七廟、四廟，即並通其理，其他所論，並皆勿取。[1]七廟者，按《禮記·王制》曰：'天子七廟，三昭、三穆與太祖之廟而七。'鄭玄注云：'此周制也。'詳其《禮經》，即是周家七廟之定數。四廟者，謂高、曾、祖、禰四世也。按《周本紀》及《禮記大傳》皆曰：'武王即位，追王太王、王季、文王。以后稷爲堯稷官，故追尊爲太祖。'此即周武王初有天下，追尊四廟之明文也。故自漢、魏已降，迄於周、隋，創業之君，追諡不過四世，約周制也。[2]此禮行之已久，事在不疑。今參詳都省前議狀，請立四廟外，別引始祖，取裁未爲定議。續准敕，據御史中丞張昭遠奏，請創立四廟之外，無別封始祖之文。況國家禮樂刑名，皆依唐典，宗廟之制，須約舊章，請依唐朝追尊獻祖宣皇帝、懿祖光皇帝、太祖景皇帝、代祖元皇帝故事，追尊四廟爲定。"[3]從之。

　　[1]唯立七廟、四廟：《會要》卷二無"四廟"二字。

　　[2]追諡：《會要》卷二作"追尊"。

　　[3]獻祖宣皇帝：即李熙。唐高祖李淵的四代祖。　懿祖光皇帝：即李天賜。唐高祖李淵的曾祖。懿祖，《舊五代史考異》："案：原本作'義祖'，今從《新唐書》改正。"《會要》卷二亦作懿祖。

　　太祖景皇帝：即李虎。唐高祖李淵的祖父。　代祖元皇帝：即李昺。唐高祖李淵之父。代祖，《舊唐書》卷一、《新唐書》卷一皆作"世祖"，《唐會要》卷一《帝系》記載："世祖元皇帝諱昺，武德元年（618）六月二十二日追尊元皇帝，廟號世祖，葬興寧陵。”當以“世祖”爲確，或因避唐太宗李世民諱，改“世”爲“代”。

七年七月，太常禮院奏：“國朝見饗四廟：靖祖、肅祖、睿祖、憲祖。[1]今大行皇帝將行升祔，按《會要》：[2]唐武德元年，立四廟於長安；貞觀九年，高祖神堯皇帝崩，命有司詳議廟制，議者以高祖神主并舊四室祔廟。[3]今先帝神主，請同唐高祖升祔。”[4]從之。

[1]四廟：五代後晉建立後所立四廟之主，爲靖祖孝安皇帝石璟、肅祖孝簡皇帝石郴、睿祖孝平皇帝石昱、憲祖孝元皇帝石紹雍。事見本書卷七五。

[2]今大行皇帝將行升祔：“大行皇帝”，《宋本册府》卷五九四《掌禮部·奏議門》作“高祖”。

[3]議者以高祖神主并舊四室祔廟：“議者”，《輯本舊史》原無“者”字，據《會要》卷二廟儀條補。

[4]今先帝神主：“先帝”，《會要》卷二作“先皇帝”。

漢天福十二年閏七月，時漢高祖已即位，尚仍天福之號，太常博士段顒奏議曰：[1]“伏以宗廟之制，歷代爲難，須按禮經，旁求故實，又緣禮貴隨時，損益不定。今參詳歷代故事，請立高、曾、祖、禰四廟，更上追遠祖光武皇帝爲始祖，百代不遷之廟，居東向之位，共爲五廟，庶符往例，又合禮經。”[2]詔尚書省集百官議。吏部尚書竇貞固等議云：[3]“按禮記王制云：‘天子七廟，諸侯五廟，大夫三廟。’疏云：‘周制之七廟者，太祖及文王、武王之祧，與親廟四。太祖，后稷也。'又云：'天子七廟，皆據周也。有其人則七，無其人則五。'至於光武中興及歷代多立六廟或四廟，蓋建國之始，未盈七廟之數。又按《郊祀録》，王肅云：[4]'德厚者流澤廣，天子可以事六代之義也。'今欲請立高祖已下四親廟。又自古聖王，祖有功，宗有德，即於四親廟之外，祖功宗德，不拘定數。今除四親廟外，更請上追高皇帝、光武皇帝，共立六廟。"從之。[5]

[1]漢天福十二年閏七月：《輯本舊史》卷一〇〇《漢高祖紀下》繫此事於十二年閏七月庚辰。　時漢高祖已即位，尚仍天福之號：《會要》卷二廟儀條、《宋本册府》卷五九四均無此句，《通考》卷九三《宗廟考三·天子宗廟》有"尚仍天福之號"語。

[2]請立高、曾、祖、禰四廟："請"，《輯本舊史》原無，據《會要》卷二補。

[3]吏部尚書：官名。尚書省吏部最高長官，與二侍郎分掌六品以下文官選授、勳封、考課之政令。正三品。　竇貞固：人名。同州白水（今陝西白水縣）人。五代後唐至宋初大臣，後唐進士，後漢宰相。傳見《宋史》卷二六二。

[4]王肅：人名。東海郯縣（今山東郯城縣）人。三國魏經學家、大臣。漢司徒王朗之子、晉文帝司馬昭岳父。傳見《三國志》卷一三。

[5]"漢天福十二年閏七月"至"從之"：《輯本舊史》在此段正文後有案語："案《文獻通考》：莊宗、明宗既捨其祖而祖唐之祖矣，及敬瑭、知遠崛起而登帝位，俱欲以華胄自詭，故於四親之外，必求所謂始祖而祖之。張昭之言，議正而詞偉矣。至漢初，則段顒、竇貞固之徒，曲爲諂附，乃至上祖高、光，以爲六廟云。"

見《通考》卷九三《宗廟考三》。

　　周廣順元年正月，中書門下奏：[1]"太常禮院議，合立太廟室數。若守文繼體，則魏、晉有七廟之文；若創業開基，則隋、唐有四廟之議。聖朝請依近禮，追諡四廟。[2]伏恐所議未同，請下百官集議。"太子太傅和凝等議：[3]"請據禮官議，立四親廟。"從之。[4]

　　[1]廣順：五代後周太祖郭威年號（951—953）。
　　[2]聖朝請依近禮："近禮"，《會要》卷二廟儀條作"通禮"。
　　[3]太子太傅：官名。與太子太師、太子太保統稱太子三師。隋、唐以後多作加官或贈官。從一品。　和凝：人名。鄆州須昌（今山東東平縣）人。五代後晉宰相。傳見本書卷一二七、《新五代史》卷五六。　太子太傅和凝等議：《宋本冊府》卷五九四《掌禮部·奏議門》將此事繫於二月。
　　[4]"周廣順元年正月"至"從之"：《輯本舊史》在此段正文後有案語："案《五代會要》：和凝議曰：'恭以肇啓洪圖，惟新黃屋。左宗廟而右社稷，率由舊章；崇祖禰而辨尊卑，載於前史。雖質文互變，義趣各殊，或觀損益之規，或繫興隆之始。陛下體元立極，本義祖仁，開變家成國之基，遵奉先思孝之道，合據禮官議，立四親廟，以叶前文。'從之。"見《會要》卷二廟儀條。

　　其年四月，中書門下奏："太常禮院申，七月一日，皇帝御崇元殿，命使奉冊四廟。[1]准舊儀，服袞冕即座，太尉引冊案入，皇帝降座，引立於御座前，南向，中書令奉冊案進，皇帝搢珪捧授，冊使跪受，轉授昇冊官，其進寶授寶儀如冊案。[2]臣等參詳，至時請皇帝降階授册。"[3]從之。

[1]崇元殿：殿名。五代後梁開平元年（907）改汴京正殿爲崇元殿。位於今河南開封市。　册：文書名。屬命令體文書。凡皇帝上尊號、追謚，帝與皇后發訃告，立后妃，封親王、皇子、大長公主，拜三師、三公、三省長官等，用册。行册禮時，置册於册案上。　四廟：五代後周建國後所立四廟之主，爲信祖睿和皇帝郭璟、僖祖明憲皇帝郭諶、義祖翼順皇帝郭蘊、慶祖章肅皇帝郭簡。事見本書卷一一〇。

[2]服衮冕即座：中華書局本有校勘記："'衮'，原作'充'，據殿本、劉本及《會要》卷三改。"見《會要》卷三緣廟裁製條。

皇帝搢珪捧授，册使跪受：《會要》卷三緣廟裁製條作"皇帝搢瓘推授，册使跪受"，《宋本册府》卷五九四作"皇帝搢珪捧授册使，使跪受"。　寶：皇帝的璽印。

[3]至時請皇帝降階授册：《宋本册府》卷五九四無"授册"二字。

三年九月，將有事於南郊，議於東京别建太廟。[1]時太常禮院言："准洛京廟室一十五間，分爲四室，東西有夾室，四神門，每方屋一間，各三門，載二十四，别有齋宫、神厨屋宇。[2]准禮，左宗廟，右社稷，在國城内，請下所司修奉。"從之。

[1]東京：即汴京開封府。位於今河南開封市。

[2]分爲四室：《會要》卷三廟制度條"分爲四室"前有"中"字。　東西有夾室："東西"，《會要》卷三、《宋本册府》卷五九四俱作"兩頭"。　四神門，每方屋一間，各三門，載二十四：中

華書局本有校勘記：“《册府》卷五九四作‘四神門每門屋三間每間一門戟二十四’，《五代會要》卷三作‘四神門每門屋三間每門戟二十四’。”　齋宮：皇帝行祭禮齋戒時的住宿處。　神厨：宗廟中存放、製作祭品之處。

其月，太常禮院奏：“迎太廟社稷神主到京，其日未審皇帝親出郊外迎奉否？檢討故事，元無禮例，伏請召三省官集議。”敕：“宜令尚書省四品已上、中書門下五品已上同參議。”司徒竇貞固、司空蘇禹珪等議：[1]“按吳主孫休即位，迎祖父神主於吳郡，入祔太廟，前一日出城野次，明日常服奉迎，此其例也。”[2]遂署狀言車駕出城奉迎爲是，請下禮儀使草定儀注。至十月，禮儀使奏：[3]“太廟神主將至，前一日儀仗出城掌次，於西御莊東北設神主行廟幄幕，面南。[4]其日放朝，群臣早出西門，皇帝常服出城，詣行宮，群臣起居畢，就次。神主將至，群臣班定，皇帝立於班前。神主至，太常卿請皇帝再拜，群臣俱拜。神主就行廟幄幕座，設常饌，群臣班於神幄前。[5]侍中就次，請皇帝謁神主。既至，群臣再拜，皇帝進酒畢再拜，群臣俱拜。皇帝還幄，群臣先赴太廟門外立班，俟皇帝至，起居。俟神主至，群臣班於廟門外，皇帝立於班前，太常卿請皇帝再拜，群臣俱拜。皇帝還幄，群臣就次，宮闈令安神主於本室訖，群臣班於廟庭。[6]太常卿請皇帝於四室奠饗，逐室皇帝再拜，群臣俱拜。四室祔饗畢，皇帝還宮。前件儀注，望付中書門下宣下。”從之。

[1]司徒：官名。與太尉、司空並爲三公，唐後期、五代多爲大臣、勳貴加官。正一品。 司空：官名。與太尉、司徒並爲三公。唐後期、五代多爲大臣、勳貴加官。正一品。 蘇禹珪：人名。高密（今山東高密市）人。劉知遠爲河東節度使時的屬官，後漢初任宰相。後周仍居相位。傳見本書卷一二七。

[2]孫休：人名。吳郡富春（今浙江杭州市富陽區）人。孫權之子。三國吳的第三任皇帝，258 年至 264 年在位。傳見《三國志》卷四八。 吳郡：郡名。治所在今江蘇蘇州市。

[3]禮儀使：《輯本舊史》之影庫本粘籤："原本作'禮俊使'，今從《五代會要》改正。"見《會要》卷三緣廟裁製條。

[4]太廟神主將至：中華書局本有校勘記："'太廟'，原作'太祖'，據殿本、劉本、孔本、《五代會要》卷三改。" 前一日儀仗出城掌次：中華書局本有校勘記："'儀仗'，《五代會要》卷三作'禮儀使'。" 行廟：太廟神主遷移中，臨時設立的宗廟。幄幕：帳篷、帷幕。

[5]神主就行廟幄幕座："幕座"，《會要》卷三作"幕坐"。

[6]宮闈令：官名。即太廟宮闈令。掌奉遷帝后神主牌，及灑掃太廟等事務。

顯德六年七月，詔：[1]"以大行皇帝山陵有期，神主將祔太廟，其廟殿室宇合添修否？"國子司業兼太常博士聶崇義奏議曰：[2]"奉敕，爲大行皇帝山陵有期，神主祔廟，恐殿室間數少，合重添修。今詣廟中相度，若是添修廟殿一間至兩間，並須移動諸神門及角樓宮牆仗舍，及堂殿正面檐栿階道亦須近東，省牲、立班位，直至齋宮，漸近迫窄。[3]今重拆廟殿，續更添修，不唯重勞，兼恐未便。竊見廟殿見虛東西二夾室，況未有祧遷之主，欲請不拆廟殿，更添間數，即便將夾室重安排六室位次。[4]所有動移神主，若准舊禮，於殿庭權設行廟幕殿，即恐雨水猶多，難於陳設。伏請權於太廟齋宮內奉安神主，至修奉畢日，庶爲宜稱。又，按《禮記》云：廟成則於中屋刉羊以釁之，夾室則用雞。[5]又，《大戴禮》及《通典》亦有夾室，察文觀義，乃是備廟之制。況新主祔廟，諸經有遷易之文，考古沿今，庶合通禮。伏請遞遷諸室，奉安大行皇帝神主，以符禮意。"敕："依《典禮》。"《永樂大典》卷一萬七千五十二。[6]

[1]顯德：五代後周太祖郭威年號（954），世宗柴榮、恭帝柴宗訓沿用至七年（960）。

[2]國子司業：官名。隋始置。國子監次官。佐祭酒掌監事。從四品下。　聶崇義：人名。河南洛陽（今河南洛陽市）人。五代後漢、後周至宋初禮學家、官員。傳見《宋史》卷四三一。

[3]若是添修廟殿一間至兩間：中華書局本有校勘記："'兩間'，《五代會要》卷三作'五間'。"見《會要》卷三廟制度條。

　及堂殿正面檐栿階道亦須近東：中華書局本有校勘記："'近'字原闕，據《五代會要》卷三補。"　漸近迫窄："漸近"，《會要》卷三作"漸更"。

[4]況未有祧遷之主："未有"，《會要》卷三作"有未"。　即便將夾室重安排六室位次：《會要》卷二"夾室"後無"重"字。

[5]廟成則於中屋刉羊以釁之：《輯本舊史》之影庫本粘籤："刉羊，原本作'刈羊'，今據經文改正。"

[6]《大典》卷一七〇五二"廟"字韻"五代宗廟"事目。

禘祫

唐長興元年九月，太常禮院奏：[1]"來年四月孟夏，禘饗于太廟。[2]謹按《禮經》，三年一祫以孟冬，五年一禘以孟夏。[3]已毀未毀之主，並合食于太祖之廟，逐廟功臣，配饗于太廟之庭。[4]本朝寶應元年定禮，奉景皇帝爲始封之祖。[5]既廟號太祖，百代不遷，每遇禘祫，位居東向之尊，自代祖元皇帝、高祖、太宗已下，列聖子孫，各序昭穆，南北相向，合食于前。[6]聖朝中興，重修宗廟，今太廟見饗高祖、太宗、懿宗、昭宗、獻祖、太祖、莊宗七廟，太祖景皇帝在祧廟之數，不列廟饗。將來禘禮，若奉高祖居東向之尊，則禘饗不及于太祖、代祖；若以祧廟太祖居東向之位，則又違于禮意。今所司修奉祧廟神主及諸色法物已備，合預請參詳事須具狀申奏。"

[1]長興：五代後唐明宗李嗣源年號（930—933）。

[2]禘饗：祭禮名。即禘祭。皇帝祭祀祖先的大禮。與祫饗合稱"禘祫"。有"三年一祫，五年一禘"之説。

[3]三年一祫以孟冬，五年一禘以孟夏：中華書局本有校勘記："原作'三年一禘以孟冬五年一祫以孟夏'，據殿本、《册府》（明本）卷五九三改。按本卷上文：'來年四月孟夏，禘饗於太廟。'"《會要》卷三禘祫條作"三年一禘以孟夏，五年一祫以孟冬"，《宋本册府》卷五九三《掌禮部·奏議門》作"三年一祫以孟冬，五年一禘以孟夏"。《大唐開元禮》卷四〇《吉禮·祫享於太廟有司攝事·齋戒》云："宗廟三年一祫以孟冬"，卷四一《吉禮·皇帝禘享於太廟·齋戒》云："宗廟五年一禘以孟夏"。

［4］已毁未毁之主：宗廟制度中，親廟之數通常爲四，當今皇帝的祖先超過四代者爲“親盡”，其廟室當撤除、毁棄，其神主則移藏於太廟，是爲“已毁之主”。皇帝四代以內的祖先則爲“未毁之主”。　合食：合祭。　配饗：帝王祭祀祖先時，以功臣配祀、附祭於宗廟。　配饗于太廟之庭：中華書局本有校勘記：“‘太廟’，原作‘本朝’，據彭校、《册府》卷五九三改。殿本、劉本、孔本、《五代會要》卷三作‘本廟’”。

［5］寶應：唐代宗年號（762—763）。　本朝寶應元年定禮：“寶應”，《舊五代史考異》：“案：原本訛‘寶寧’。考《新唐書》，寶應係代宗年號，無所謂‘寶寧’者，今改正。”　奉景皇帝爲始封之祖：中華書局本有校勘記：“‘景皇帝’下原有‘高祖太宗’四字，據彭校、《册府》卷五九三、《五代會要》卷三删。”

［6］東向：宗廟神主坐西朝東，東向最尊，爲太祖之位。其下分列昭穆於太祖神位左右。

敕下尚書省集百官詳議。户部尚書韓彦惲等奏議曰：[1]“伏以本朝尊受命之祖景皇帝爲始封之君，百代不遷，長居廟食，自貞觀至于天祐，無所改更，聖祖神孫，左昭右穆。[2]自中興國祚，再議宗祧，以太祖景皇帝在祧廟之數，不列祖宗，欲尊太祖之位，將行東向之儀，爰命群臣，同議可否。伏詳本朝列聖之舊典，明皇定禮之新規，開元十年，特立九廟，子孫遵守，歷代無虧。[3]今既行定禮之規，又以祧太祖之室。[4]昔德宗朝，將行禘祫之禮，顔真卿議請奉獻祖神主居東向之位，景皇帝暫居昭穆之列，考之於貞元，則以爲誤，行之於今日，正得其禮。[5]今欲請每遇禘祫之歲，暫奉景皇帝居東向之尊，自元皇帝以下，敘列昭穆。”[6]從之。《永樂大

典》一萬五。（孔本）[7]

[1]户部尚書：官名。户部最高長官。掌管全國土地、户籍、賦税、財政收支諸事。正三品。　韓彦惲：人名。籍貫不詳。五代後唐大臣。事見本書卷三四、卷三八、卷三九、卷四四、卷四五、卷四六、卷四八。

[2]貞觀：唐太宗李世民的年號（627—649）。　天祐：唐昭宗李曄開始使用的年號（904）。唐哀帝李柷即位後沿用（904—907）。唐亡後，河東李克用、李存勗仍稱天祐，沿用至天祐二十年（923）。五代其他政權亦有行此年號者，如南吴、吴越等，使用時間長短不等。

[3]開元：唐玄宗李隆基年號（713—741）。　九廟：唐前期遵循四親廟、七廟的制度，唐玄宗時增至九廟，以避免祧遷毁廟之争。

[4]今既行定禮之規：中華書局本有校勘記：“‘定禮’，《册府》卷五九三、《五代會要》卷三作‘七廟’。”

[5]德宗：即李适，唐代宗李豫長子，779年至805年在位。紀見《舊唐書》卷一二、卷一三及《新唐書》卷七。　顏真卿：人名。京兆萬年（今陝西西安市長安區）人。唐代學者、官員。參與平定安史之亂。傳見《舊唐書》卷一二八、《新唐書》卷一五三。　請奉獻祖神主居東向之位：《輯本舊史》原無“神主”二字，《宋本册府》卷五九三作“請奉獻祖神主居東向之位”，今據補。　貞元：唐德宗李适年號（785—805）。

[6]暫奉景皇帝居東向之尊：《輯本舊史》之影庫本粘籤：“東向，原本作‘東白’，今從《五代會要》改正。”見《會要》卷三。

[7]一萬五：中華書局本有校勘記：“檢《永樂大典目録》，卷一〇〇五爲‘占’字韻‘占法五十四觀梅數’，與本卷内容不符，恐有誤記。按本卷各則皆出自卷一七〇五二‘廟’字韻‘五

代宗廟’。”

　　周廣順三年九月，南郊禮儀使奏：[1]“郊祀所用珪璧制度，准禮，祀上帝以蒼璧，祀地祇以黃琮，祀五帝以珪、璋、琥、璜、琮，其玉各依本方正色，祀日月以珪璋，祀神州以兩珪有邸。[2]其用幣，天以蒼色，地以黃色，配帝以白色，日月、五帝各從本方之色，皆長一丈八尺。[3]其珪璧之狀，璧圓而琮八方，珪上銳而下方，半珪曰璋，琥爲虎形，半璧曰璜，其珪、璧、琮、璜皆長一尺二寸。四珪有邸，邸，本也，珪著于璧而整蕭也。[4]日月、星辰以珪璧，五寸，前件珪璧雖有圖樣，而長短之説或殊。按唐開元中，玄宗詔曰：‘祀神以玉，取其精潔，比來用珉，不可行也。[5]如或以玉難辦，寧小其制度以取其真。’今郊廟所修珪璧，量玉大小，不必皆從古制，伏請下所司修制。”從之。

　　[1]周廣順三年九月：《輯本舊史》此條原在廣順三年（953）冬十月條後，據時間順序改。　禮儀使奏：中華書局本有校勘記：“‘奏’，原作‘奉’，據殿本、劉本、《册府》卷五九四、《五代會要》卷三改。”見《會要》卷三祭器條、《宋本册府》卷五九四《掌禮部·奏議門》。

　　[2]珪璧：用於祭祀、朝聘的玉器，以珪、璧爲代表，形成類型多樣、等級繁複的制度系統。　祀上帝：祭祀昊天上帝的禮儀。　蒼璧：祭祀天神所用的青色玉璧。色青，故稱“蒼”。圓形有孔，孔徑爲玉肉一半的稱璧。　祀地祇：祭祀皇地祇的禮儀。　黃琮（cóng）：祭祀地祇所用的黃色玉琮。外方內圓。　祀五帝：祭祀五方天帝的禮儀。此五帝爲東方青帝、南方赤帝、中央黃帝、西方

白帝、北方黑帝。　珪、璋、琥、璜、琮：皆爲祭祀所用的玉器。"珪"即圭，爲長形玉版。"璋"形如圭，《説文》云"半圭爲璋"。"琥"爲虎紋或伏虎形的玉器。"璜"是一種弧形玉器。　祀五帝以珪、璋、琥、璜、琮：亦見《會要》卷三。《宋本册府》卷五九四無"琮"字。　祀日月：祭祀日、月及星辰的禮儀。　祀神州：祭祀神州地祇的禮儀。　兩珪有邸：於圓璧上下琢出兩圭，圭璧相連，故曰"有邸"。"邸"即"柢"，即根也。《周禮·春官·典瑞》："四圭有邸，以祀天，旅上帝。"鄭玄注云："圭本著於璧，圭末四出也。"　祀神州以兩珪有邸：《輯本舊史》之影庫本粘籤："有邸，原本作'有郗'，今從經文改正。"亦見《會要》卷三。

[3]幣：用以祭祀或贈送賓客的束帛。

[4]珪著于璧而整肅也：中華書局本有校勘記："'整肅'，彭校、《册府》卷五九四、《五代會要》卷三作'四出'。"見《會要》卷三、《册府》卷五九四。

[5]祀神以玉：《會要》卷三、《宋本册府》卷五九四作"禮神以玉"。　珉：似玉之美者。《説文》："珉，石之美者。"

　　冬十月，禮儀使奏：[1]"郊廟祝文，禮例云：古者文字皆書于册，而有長短之差。魏、晉郊廟祝文書于册。唐初悉用祝版，惟陵廟用玉册，玄宗親祭郊廟，用玉爲册。德宗朝，博士陸淳議，准禮用祝版，祭已燔之，可其議。[2]貞元六年親祭，又用竹册，當司准開元禮，並用祝版。梁朝依禮行之，至明宗郊天，又用竹册。今詳酌禮例，祝版爲宜。"從之。

[1]冬十月：中華書局本有校勘記："《五代會要》卷四、《册府》卷五九四繫其事於廣順三年九月。"見《會要》卷四緣祀裁製

條、《宋本册府》卷五九四《掌禮部・奏議門》。

　　[2]博士：此指太常博士。陸淳在唐德宗朝曾任太常博士。陸淳：人名。即陸質，本名淳，避唐憲宗諱改名質。吳郡（今江蘇蘇州市）人。唐德宗、順宗、憲宗時期的學者、官員。傳見《舊唐書》卷一八九下、《新唐書》卷一六八。

　　顯德二年秋八月，兵部尚書張昭上言：[1]“今月十二日，伏蒙宸慈召對，面奉聖旨：[2]‘每年祀祭，多用太牢，念其耕稼之勞，更備犧牲之用，比諸豢養，特可愍傷。’[3]令臣尋討故事，可以佗牲代否？[4]臣仰稟綸言，退尋禮籍，其三牲八簋之制，五禮六樂之文，著在典彝，迭相沿襲，累經朝代，無所改更。[5]臣聞古者燔黍捭豚，尚多質略，近則梁武麪牲竹脯，不可宗師，雖好生之德則然，於奉先之儀太劣。[6]蓋禮主于信，孝本因心，黍稷非馨，鬼神饗德，不必牲牢之巨細，籩豆之方圓，苟血祀長保于宗祧，而牲俎何須于繭栗。[7]但以國之大事，儒者久行，易以佗牢，恐未爲便。[8]以臣愚見，其南北郊、宗廟社稷、朝日夕月等大祠，如皇帝親行事，備三牲；如有司攝行事，則用少牢已下。[9]雖非舊典，貴減牲牛。”[10]

　　是時太常卿田敏又奏云：[11]臣奉聖旨爲祠祭用犢事。[12]今太僕寺供犢，一年四季都用犢二十二頭。[13]《唐會要》武德九年十月詔：[14]“祭祀之意，本以爲民，窮民事神，有乖正直，殺牛不如礿祭，明德即是馨香，望古推今，民神一揆。其祭圜丘、方澤、宗廟已外，並可止用少牢，用少牢者用特牲代。[15]時和年豐，然後克

修常禮。"又按《會要》天寶六載正月十三日赦文:[16]
"祭祀之典，犧牲所備，將有達於虔誠，蓋不資於廣殺。
自今後每大祭祀，應用騂犢，宜令所司量減其數，仍永
爲恒式。其年起請以舊料每年用犢二百一十二頭，今請
減一百七十三頭，止用三十九頭，餘祠饗並停用
犢。"[17]至上元二年九月二十一日赦文:[18] "國之大事，
郊祀爲先，貴其至誠，不美多品。黍稷雖設，猶或非
馨；牲牢空多，未爲能饗。圜丘、方澤，任依恒式，宗
廟諸祠，臨時獻熟，用懷明德之馨，庶合西鄰之祭。其
年起請昊天上帝、太廟各太牢一，餘祭並隨事市供。"
若據天寶六載，自二百一十二頭減用三十九頭；據武德
九年，每年用犢十頭，圜丘四，方澤一，宗廟五；[19]據
上元二年起請祇昊天上帝、太廟，又無方澤，則九頭
矣。今國家用牛，比開元、天寶則不多，比武德、上元
則過其大半。案《會要》，太僕寺有牧監，掌孳課之
事。[20]乞今後太僕寺養孳課牛，其犢遇祭昊天前三月養
之滌宮，取其蕩滌清潔，餘祭則不養滌宮。[21]若臨時買
牛，恐非典故。奉敕:"祭祀尚誠，祝史貴信，非誠與
信，何以事神！祫祭重於殺牛，黍稷輕於明德，犧牲之
數，具載典經。[22]前代以來，或有增損，宜採酌中之
禮，且從貴少之文。起今後祭圜丘、方澤、社稷，並依
舊用犢；其太廟及諸祠，宜准上元二年九月二十一日
制，並不用犢。如皇帝親行事，則依常式。"

[1]顯德二年秋八月:《輯本舊史》此條原在顯德四年（957）
夏四月條後，據時間順序改。　兵部尚書:官名。尚書省兵部主

官。掌兵衛、武選、車輦、甲械、廄牧之政令。正三品。

[2]宸慈：帝王的恩慈。

[3]太牢：盛牲的食器叫牢，大的叫太牢。太牢盛牛、羊、豕三牲，因之也把宴會和祭祀時並用牛、羊、豕三牲稱爲“太牢”。

[4]令臣尋討故事：中華書局本有校勘記：“‘尋討’，原作‘等討’，據彭校、《冊府》卷五九四、《五代會要》卷三改。”見《會要》卷三牲牢條、《宋本冊府》卷五九四《掌禮部·奏議門》。

可以佗牲代否：《會要》卷三、《冊府》卷五九四俱作“可以他牲代否”。

[5]三牲：即祭祀所用的牛、羊、豕。　八簋：簋爲祭祀宴享時，盛黍稷等實物所用的圓口圈足器。依禮制等級，帝王用八簋。《詩·小雅·伐木》：“於粲灑埽，陳饋八簋”，毛傳云：“圓曰簋，天子八簋。”

[6]燔黍捭豚：語出《禮記·禮運》：“夫禮之初，始諸飲食，其燔黍捭豚，汙尊而抔飲。”鄭玄注：“中古未有釜、甑，釋米捭肉，加於燒石之上而食之耳。”孔穎達疏：“燔黍者，以水洮釋黍米，加於燒石之上而燔之。捭豚者，捭析豚肉，加於燒石之上而熟之。”　麫牲竹脯：以麵製作三牲之形，以竹作肉脯之形，用於祭祀。“竹脯”，《會要》卷三同，《冊府》卷五九四作“笋脯”。

[7]苟血祀長保于宗祧：“長保于宗祧”，《冊府》卷五九四同，《會要》卷三作“常保於宗祧”。　而牲俎何須于繭栗：“牲俎”，《會要》卷三作“犧牲”。

[8]易以佗牢：“佗牢”，《會要》卷三、《冊府》卷五九四作“他牢”。

[9]少牢：帝王祭祀或宴饗時，用羊、豕二牲，稱爲少牢。

[10]貴減牲牛：“牲牛”，《會要》卷三、《冊府》卷五九四俱作“犧牛”。

[11]田敏：人名。淄州鄒平（今山東鄒平縣）人。五代、宋初大臣、學者。傳見《宋史》卷四三一。

［12］臣奉聖旨爲祠祭用犢事：中華書局本有校勘記："'祠'字原闕，據《册府》卷五九四、《五代會要》卷三補。"

［13］太僕寺：官署名。秦始置太僕，至南朝梁、陳與北齊時加寺字，稱太僕寺。掌車輦、馬、牛、畜產等事。歷代沿置。

［14］《唐會要》武德九年十月詔："武德九年十月"，《會要》卷三、《册府》卷五九四作"武德九年十月九日"。

［15］特牲：祭祀僅用一牲爲"特"，或豕或牛。

［16］天寶六載："天寶"爲唐玄宗李隆基年號（742—756）。天寶三載（744）正月朔，改"年"爲"載"。

［17］今請減一百七十三頭：中華書局本有校勘記："'一百七十三'，原作'一百六十三'，據殿本、劉本、彭校、《五代會要》卷三改。"《册府》卷五九四作"一百六十三頭"。

［18］上元：唐肅宗李亨年號（760—761）。

［19］圜丘四：中華書局本有校勘記："'四'字原闕，據《五代會要》卷三補。"

［21］太僕寺有牧監：《輯本舊史》之影庫本粘籤："牧監，原本作'特監'，今從《五代會要》改正。"見《會要》卷三，亦見《册府》卷五九四。

［21］滌宫：飼養祭祀所用牲畜之處。

［22］礿（yuè）祭：祭禮名。春日祭宗廟，稱礿祭。礿，薄也。春物始生，其祭尚薄。

四年夏四月，禮官、博士等准詔，議祭器、祭玉制度以聞。時國子祭酒尹拙引崔靈恩《三禮義宗》云：[1]"蒼璧所以祀天，其長十有二寸，蓋法天之十二時。"[2]又引《江都集禮》《白虎通》等諸書所説，云：[3]"璧皆外圓内方。"又云："黃琮所以祀地，其長十寸，以法地之數。[4]其琮外方内圓，八角而有好。"國子博士聶崇義以爲璧内外皆圓，其徑九寸。[5]又按阮氏、鄭玄圖皆云九寸，《周禮・玉人職》又有九寸之璧。[6]及引《爾雅》云："肉倍好謂之璧，好倍肉謂之瑗，肉好若一謂之環。"[7]郭璞注云："好，孔也；肉，邊也。"而不載尺寸之數。崇義又引《冬官・玉人》云"璧好三寸"，《爾雅》云"肉倍好謂之璧"，兩邊肉各三寸，通好共九寸，則其璧九寸明矣。崇義又云："黄琮八方以象地，每角各剡出一寸六分，共長八寸，厚一寸。按《周禮疏》及阮氏圖並無好。"又引《冬官・玉人》云：[8]"琮八角而無好。"崇義又云："琮璜珪璧，俱是祀天地之器，而《爾雅》唯言璧環瑗三者有好，其餘璜琮諸器，並不言之，則璜琮八角而無好明矣。"[9]太常卿田敏以下議，以爲尹拙所説雖有所據，而崇義援《周禮》正文，其理稍優，請從之。其諸祭器制度，亦多以崇義所議爲定。

[1]國子祭酒：官名。國子監長官。掌管學校。從三品。　尹拙：人名。汝陽（今河南汝南縣）人。歷仕五代後梁至後周。宋初致仕。傳見《宋史》卷四三一。　崔靈恩：人名。清河武城（今山東武城縣）人。南朝梁學者、官員。傳見《梁書》卷四八、《南史》卷七一。

[2]蒼璧所以祀天：《會要》卷三祭器條、《宋本册府》卷五九四《掌禮部・奏議門》俱作"蒼璧所以禮天"。

[3]江都集禮：中華書局本有校勘記："原作'江都集'，據《五代會要》卷三改。按《隋書》卷七六《潘徽傳》：'晋王廣……令（徽）與諸儒撰《江都集禮》一部。'"

[4]黄琮所以祀地：中華書局本有校勘記：" '黄琮'，原作

'璜琮'，據殿本、《册府》（宋本）卷五九四、《五代會要》卷三改。本卷下一處同。""所以祀地"，《會要》卷三、《册府》卷五九四俱作"所以禮地"。

[5]聶崇義：中華書局本有校勘記："原作'聶從義'，據殿本、劉本、孔本、彭本、《册府》卷五九四、《五代會要》卷三及本卷上下文改。"今從。

[6]阮氏：即阮諶。陳留（今河南開封市）人。漢代學者、官員。著有《三禮圖》。事見《宋史》卷四三一。　鄭玄：人名。北海高密（今山東高密市）人。漢末經學家，遍注群經，亦著有《三禮圖》。傳見《後漢書》卷六五。

[7]肉倍好謂之璧：《輯本舊史》之影庫本粘籤："倍好，原本作'部好'，今從經文改正。"

[8]又引冬官玉人云：中華書局本有校勘記："'又'，原作'人'，據殿本、劉本、孔本、彭本、《册府》卷五九四、《五代會要》卷三改。"

[9]俱是祀天地之器：《會要》卷三、《册府》卷五九四俱作"俱是禮天地之器"。

緣祀裁制

唐同光二年三月，祠部奏：[1]"本朝舊儀，太微宫每年五薦獻，其南郊壇每年四祠祭。[2]吏部申奏，請差中書門下攝太尉行事，其太廟及諸郊壇，並吏部差三品已上攝太尉行事。"[3]從之。至其年七月，中書門下奏："據尚書祠部狀，每年太微宫五薦獻，南郊壇四祠祭，並宰相攝太尉行事，惟太廟時祭，獨遣庶僚，雖爲舊規，慮成闕禮。[4]臣等商量，今後太廟祠祭，亦望差宰臣行事。"從之。

[1]同光：五代後唐莊宗李存勖年號（923—926）。 祠部：
官署名。即禮部祠部司。掌祠祀祭享、天文漏刻、巫術醫藥及僧尼
道士等事。

[2]太微宮：唐玄宗天寶元年（742）於東都積善坊建玄元皇
帝（老子）廟，次年更名太微宮。故址在今河南洛陽市。

[3]吏部：尚書省六部之一。掌六品以下文官選授、勳封、考
課之政令。 中書門下：官署名。唐代以來爲宰相處理政務的機
構。參見劉後濱《唐代中書門下體制研究——公文形態·政務運行
與制度變遷》，齊魯書社 2004 年版。

[4]每年太微宮五薦獻：《輯本舊史》之影庫本粘籤："太微，
原本作'太衛'，今從《新唐書》改正。"此條亦見《會要》卷四
緣祀裁製條。

三年十一月，禮儀使奏："伏准《禮經》，喪三年不
祭，惟祭天地社稷爲越紼行事，此古制也。[1]爰自漢文，
益尊神器，務徇公絕私之義，行以日易月之制，事久相
沿，禮從順變。[2]今園陵已畢，祥練既除，宗廟不可以
乏享，神祇不可以廢祀，宜遵禮意，式展孝思。[3]伏請
自貞簡太后升祔禮畢，應宗廟伎樂及群祀，並准舊施
行。"[4]從之。

[1]惟祭天地社稷爲越紼行事：中華書局本有校勘記："'惟祭'
二字原闕，據《册府》卷五九三補。按《禮記·王制》：'喪三年不
祭，唯祭天地社稷爲越紼而行事'"見《宋本册府》卷五九三
《掌禮部·奏議門二一》，《册府》"十一月"前漏"三年"二字。

亦見《會要》卷四緣祀裁製條。

[2]漢文：即西漢文帝劉恒。漢高帝劉邦第四子，漢惠帝劉盈異母弟。呂氏覆滅後，太尉周勃、丞相陳平等迎立爲帝。前180年至前157年在位。死後諡孝文皇帝，廟號太宗。紀見《史記》卷一〇、《漢書》卷四。　以日易月：依禮，子爲父服三年之喪，新君爲先帝亦當服三年（三十六個月或二十七個月）。漢文帝行"以日易月"之制，服喪三十六日或二十七日，即釋服終喪。歷代因之。

[3]祥練："祥"指父母喪後滿周年之祭；"練"指父母喪後第十一個月改素服爲練服之祭。"祥練"代指一年左右的喪期，或對應的喪服。

[4]貞簡太后：指五代後唐莊宗生母曹太后。太原（今山西太原市）人。諡貞簡。傳見本書卷四九、《新五代史》卷一四。　應宗廟伎樂及群祀：中華書局本有校勘記："'伎樂'，原作'使樂'，據本書卷三三《唐莊宗紀七》、《五代會要》卷四改。"見《會要》卷四緣祀裁製條。《輯本舊史》卷三三《唐莊宗紀七》繫此事於天成三年（928）十一月己丑。然該月庚寅朔，無己丑。按貞簡太后神主祔廟在戊申（十九日），則"己丑"應爲己酉（二十日）或癸丑（二十四日）之誤。

天成四年九月，太常寺奏："伏見大祠則差宰臣行事，中祠則差諸寺卿監行事，小祠則委太祝、奉禮。[1]今後凡小祠，請差五品官行事。"[2]從之。

[1]伏見大祠則差宰臣行事：中華書局本有校勘記："'大祠'，原作'大祀'，據殿本、本書卷四〇《唐明宗紀六》、《冊府》卷五九三、《五代會要》卷三改。"《會要》卷三係誤注，應爲卷四緣祀裁製條。《輯本舊史》卷四〇《唐明宗紀六》繫於辛未（初五），

一本作辛巳（十五）。《宋本册府》卷五九三《掌禮部·奏議門》祇云九月。　中祠則差諸寺卿監行事：亦見《會要》卷四。“中祠”，《宋本册府》卷五九三作“中祀”。　太祝：官名。太常寺屬官，掌祝辭和祈禱等事。正九品上。　奉禮：官名。即太常寺奉禮郎。掌祭祀、供奉、安設壇位祭器及贊導禮儀等事。從九品上。

[2]今後凡小祠：中華書局本有校勘記：“‘小祠’，原作‘小事’，據殿本、本書卷四〇《唐明宗紀六》、《册府》（宋本）卷五九三、《五代會要》卷四改。”然中華書局本本書卷四〇校勘記云：“‘小祠’二字原闕，據本書卷一四三《禮志下》、《五代會要》卷四、《册府》（宋本）卷五九三補。”涉嫌互引同改，不當。

其年十月，中書門下奏：[1]“太微宫、太廟、南郊壇，宰臣行事宿齋，百官皆入白事。[2]伏以奉命行事，精誠齋宿，儻徧見于朝官，涉不虔於祠祭。[3]今後宰臣行事，文武兩班，望令並不得到宿齋處者。”奉敕宜依。

[1]其年十月：《會要》卷四緣祀裁製條作“其年十月二十七日”。

[2]宿齋：祭祀期間的齋戒、住宿。宰臣如有相關禮儀職事，則當宿齋。　百官皆入白事：中華書局本有校勘記：“‘入白事’，原作‘預人事’，據殿本、劉本、《五代會要》卷四改。”

[3]涉不虔於祠祭：中華書局本有校勘記：“‘虔於’，原作‘處於’，據殿本、劉本、《册府》卷五九三、《五代會要》卷四改。”見《宋本册府》卷五九三《掌禮部·奏議門三》。

其年十二月，中書門下奏：“今後宰臣致齋内，請不押班，不知印，不起居。[1]或遇國忌，應行事官受誓戒後，並不赴行香，並不奏覆刑殺公事。[2]及大祠致齋内，請不開宴。"從之。

[1]押班：朝會時的領班。　知印：掌管宰相印章並用印，有數名宰相則輪流知印。　不起居：《會要》卷四緣祀裁製條作"不赴内殿起居"。

[2]國忌：帝、后的忌日。　應行事官受誓戒後："後"，《輯本舊史》原闕，據《會要》卷四補。　並不赴行香："行香"，《會要》卷四作"行香拜"。　奏覆：上奏、覆核。

長興二年五月，尚書左丞崔居儉奏：[1]"大祠、中祠差官行事，皇帝雖不預祭，其日亦不視朝。[2]伏見車駕其日或出，于理不便。[3]今後請每遇大祠、中祠，車駕不出。"[4]從之。

[1]尚書左丞：官名。尚書省佐貳官。唐中期以後，與尚書右丞實際主持尚書省日常政務，權任甚重。正四品上。後梁開平二年（908）改爲左司侍郎，後唐同光元年（923）復舊爲左丞。正四品。　崔居儉：人名。清河（今河北清河縣）人。五代後梁至後晉官員。傳見本書附録、《新五代史》卷五五。《輯本舊史》原作"崔儉"，中華書局本有校勘記："《五代會要》卷四作'崔居儉'。《新五代史》卷五五有《崔居儉傳》。"但未改，今據改。見《會要》卷四緣祀裁製條。

[2]崔居儉奏：大祠、中祠差官行事：中華書局本有校勘記："'居''中祠'三字原闕，據《五代會要》卷四補。"　皇帝雖不預祭："不預祭"，《會要》卷四作"不與祭"。　視朝：指天子臨朝聽政。時群臣皆列班行禮恭候，然後陳奏天下事。天子視政事之

繁簡，或每日視朝，或朔、望日視朝，或逢五日視朝等。

[3]于理不便：中華書局本有校勘記："'理'，《五代會要》卷四作'禮'。"《宋本册府》卷五九三《掌禮部·奏議門三》亦作"禮"。

[4]今後請每遇大祠、中祠：中華書局本有校勘記："'大祠中祠'，原作'大祀中祀'，據殿本、《五代會要》卷四改。"

四年二月，太常博士路航奏：[1] "比來小祠已上，公卿皆著祭服行事。近日唯郊廟、太微宮具祭服，五郊迎氣、日月諸祠，並祇常服行事，兼本司執事人等，皆著隨事衣裝，狼藉鞋履，便隨公卿升降于壇壝。[2] 按《祠部令》，中祠以上，應齋郎等升壇行事者，並給潔服，事畢收納。[3] 今後中祠已上，公卿請具祭服，執事升壇人並着履，具緋衣、幘子。[4] 又，臣檢《禮閣新儀》，太微宮使卯時行事。近年依諸郊廟例，五更初便行事，今後請依舊以卯時。"從之。

[1]路航：人名。籍貫不詳。五代後晉官員。事見《新五代史》卷一七。

[2]五郊迎氣：在四立及先立秋十八日，於五郊迎時氣，祭五方帝。據《後漢書》卷九八《祭祀中》記載：迎時氣，五郊之兆。立春之日，迎春于東郊，祭青帝句芒。立夏之日，迎夏于南郊，祭赤帝祝融。先立秋十八日，迎黃靈于中兆，祭黃帝后土。立秋之日，迎秋于西郊，祭白帝蓐收。立冬之日，迎冬于北郊，祭黑帝玄冥。　壇壝：祭祀的場所。築土曰壇，除地曰壝。

[3]齋郎：官名。太常寺、宗正寺、鴻臚寺等機構的屬官。爲祭祀時執事之官。　並給潔服：亦見《宋本册府》卷五九三《掌

禮部・奏議門二一》。《會要》卷四緣祀裁製條作"並入給潔服"。

[4]公卿請具祭服：亦見明本《册府》卷五九三。《會要》卷四作"公卿請具祭服行事"。　執事升壇人並着履：中華書局本有校勘記："'履'字原闕，據《五代會要》卷四、《册府》卷五九三補。"　具緋衣、幘子："具緋衣"，《舊五代史考異》："案：原本作'絳衣'，今據《五代會要》改正。"見《會要》卷四。亦見《册府》卷五九三。

清泰元年五月，中書門下奏：[1]"據太常禮院申，明宗聖德和武欽孝皇帝今月二十日祔廟，太尉合差宰臣攝行。緣馮道在假；[2]李愚十八日私忌，在致齋内；[3]今劉昫又奏見判三司事煩，請免祀事。[4]今與禮官參酌，諸私忌日，遇大朝會，入閣宣召，尚赴朝參。[5]今祔饗事大，忌日屬私，致齋日請比大朝會宣召例，差李愚行事。"[6]從之。《永樂大典》一萬七千五十二。(孔本)[7]

[1]清泰：五代後唐廢帝李從珂年號（934—936）。

[2]馮道：人名。瀛州景城（今河北滄州市西北）人。五代時官拜宰相，歷仕後唐至後周，亦曾臣事契丹。傳見本書卷一二六、《新五代史》卷五四。

[3]李愚：人名。渤海無棣（今山東慶雲縣）人。唐末進士，唐末、五代大臣。傳見本書卷六七、《新五代史》卷五四。

[4]劉昫：人名。涿州歸義（今河北容城縣）人。五代大臣，曾任宰相、監修國史，領銜撰進《舊唐書》。傳見本書卷八九、《新五代史》卷五五。　判三司：官名。通掌鹽鐵、度支、户部三個部門事務。地位高於三司使。

[5]大朝會：又稱受朝賀，於元正、冬至、五月朔舉行。大朝

會之日，有司排辦盛大的儀仗，在京文武百官以及地方官員在京者、藩國使人，共同向皇帝朝參、致賀、上壽，並以宴會結束典禮。如在五月朔，則禮儀稍簡。　入閤：即朔望入閤。"自正衙喚仗，由閤門而入"，故稱。唐代時，入閤於大明宮紫宸殿舉行。五代後唐時，於文明殿舉行。參見黃曉巍《唐大明宮入閤考》，《唐史論叢》第三十三輯，2021年。

[6]致齋日請比大朝會宣召例：中華書局本有校勘記："'致齋日'，原作'齋日'，據《五代會要》卷四、《冊府》卷五九四改。"見《會要》卷四緣祀裁製條、《宋本冊府》卷五九四《掌禮部·奏議門二二》。

[7]《大典》卷一七〇五二"廟"字韻"五代宗廟"事目。

晉開運三年六月，西京留司監祭使奏：[1]"以祠祭所定行事官，臨日或遇疾病，或奉詔赴闕，留司吏部郎中一人主判，有闕便依次第定名，庶無闕事。"[2]從之。[3]《永樂大典》卷一萬七千五十二。(孔本)[4]

[1]西京：即洛陽。　留司：唐、五代至宋，在陪都設留守司，簡稱"留司"。留守司也有一套行政班子，以留守爲最高長官。監祭使：官名。唐朝以監察御史一人蒞祭祀，監閱牲牢，省器服，不敬則劾祭官。

[2]吏部郎中：官名。尚書省吏部頭司吏部司長官。掌文官階品、朝集、錄賜，給其告身、假使以及選補流外官等事。從五品上。《新唐書》記正五品上。

[3]"西京留司監祭使奏"至"從之"《宋本冊府》卷五九四《掌禮部·奏議門二二》在"或奉詔赴闕"後，尚有"留司稟敕已遲乞以"八字。

[4]《大典》卷一七〇五二"廟"字韻"五代宗廟"事目。

廟制度

唐天成三年十一月，太常定唐少帝爲昭宣光烈孝皇帝，廟號景宗。[1]博士吕朋龜奏：[2]“謹按禮經，臣不誄君，稱天以諡之，是以本朝故事，命太尉率百僚奉諡册告天于圜丘，迴讀于靈座前，並在七月之内，諡册入陵。若追尊定諡，命太尉讀諡册于太廟，藏册于本廟。伏以景宗皇帝，頃負沈冤，歲月深遠，園陵已修，不祔于廟，則景宗皇帝親在七廟之外。今聖朝申冤，追尊定諡，重新帝號，須撰禮儀。又，《禮》云：君不逾年不入宗廟。且漢之殤、沖、質，君臣已成，晋之惠、懷、愍，俱負艱難，皆不列廟食，止祀於園寢。[3]臣等切詳故實，欲請立景宗皇帝廟于園所，命使奉册書寶綬，上諡于廟，便奉太牢祀之，其四時委守令奉薦。[4]請下尚書省集三省官詳議施行。”左散騎常侍蕭希甫等議：[5]“請依禮院所奏。”奉敕：“宜令本州城内選地起廟。”乃于曹州立廟。[6]

[1]唐少帝：即唐哀帝李柷。唐昭宗之子。904年至907年在位，年號天祐。爲朱温所殺。紀見《舊唐書》卷二〇下、《新唐書》卷一〇。

[2]吕朋龜：人名。籍貫不詳。五代後唐官員。事見本書本卷。

[3]殤：即東漢殤帝劉隆。漢和帝劉肇少子。元興元年（105）十二月辛未繼位，時出生僅百餘日。延平元年（106）八月辛亥去世，諡“孝殤皇帝”。紀見《後漢書》卷四。　沖：即東漢沖帝劉炳。漢順帝劉保之子。公元143年出生，建康元年（144）八月繼

位，永憙元年（145）正月初六去世。謚"孝沖皇帝"。紀見《後漢書》卷六。　　質：即東漢質帝劉纘。漢章帝劉炟玄孫，渤海孝王劉鴻之子。永憙元年，漢沖帝劉炳去世，劉纘被迎立爲帝。本初元年（146），爲大將軍梁冀毒殺，年僅九歲，謚"孝質皇帝"。紀見《後漢書》卷六。　　惠：即晉惠帝司馬衷。晉武帝司馬炎之子。290年至307年在位，期間遭逢"八王之亂"。紀見《晉書》卷四。懷：即晉懷帝司馬熾。晉武帝司馬炎第二十五子，晉惠帝司馬衷異母弟。307年至311年在位，年號永嘉，期間遭逢"永嘉之亂"，被劉聰所俘。紀見《晉書》卷五。　　愍：即晉愍帝司馬鄴。晉武帝司馬炎之孫，吳敬王司馬晏之子。313年至317年在位。前趙進攻長安，愍帝出降。紀見《晉書》卷五。

[4]其四時委守令奉薦：中華書局本有校勘記："'令'字原闕，據彭校、《册府》卷五九三、《五代會要》卷三補。"見《會要》卷三廟制度條、《宋本册府》卷五九三《掌禮部·奏議門二一》。

[5]左散騎常侍蕭希甫：中華書局本有校勘記："'左'，原作'右'，據《五代會要》卷三改。按本書卷三九《唐明宗紀五》、《册府》卷六五，天成三年十一月至天成四年六月間，蕭希甫官左散騎常侍。"《輯本舊史》卷三九《唐明宗紀五》天成三年（928）四月壬寅條："以左散騎常侍蕭希甫兼判大理卿事。"卷四〇《唐明宗紀六》天成四年二月辛酉條有《舊五代史考異》引《會要》卷五獻俘條，大理卿蕭希甫以逆賊王都首級獻於郊社。卷四一《唐明宗紀七》長興元年（930）正月丙子條："其夕，右散騎常侍蕭希甫封狀申樞密，稱得河堰衙官狀，告本都將校二十餘人預謀不軌，至旦追問無狀，斬所告人。"同卷同年三月癸未條："詔貶右散騎常侍、集賢殿學士、判院事蕭希甫爲嵐州司戶參軍，仍馳驛發遣，坐誣告之罪也。"明本《册府》卷六五《帝王部·發號令門四》天成四年六月條載左散騎常侍蕭希甫有關刑獄事奏狀。可見蕭希甫在天成三年四月前已爲左散騎常侍，至長興元年（即天成五年）三月被貶，記載則有左有右（以左爲上）。《輯本舊史》之影庫本粘籤：

“希甫，原本作‘希溥’，今從《歐陽史》改正。”見《新五代史》卷二八《蕭希甫傳》，亦作“左散騎常侍”。

[6]于曹州立廟：《會要》卷三“于曹州立廟”前有“哀帝崩”三字。

　　四年五月，中書門下奏：“先據太常寺定少帝謚昭宣光烈孝皇帝，廟號景宗者。[1]伏以景宗生曾爲帝，饗乃承祧，既號景宗，合入宗廟，如不入宗廟，難以言宗。於理而論，祧一遠廟，安少帝神主于太廟，即昭穆序而宗祀正。今或且居別廟，即請不言景宗，但云昭宣光烈孝皇帝。兼册文内有‘基’字，是玄宗廟諱，雖尋常詔勑皆不迴避，少帝是繼世之孫，不欲斥列聖之諱，今改‘基’爲‘宗’字。”從之。[2]

　　[1]廟號景宗者：中華書局本有校勘記：“‘廟’字原闕，據本書卷四〇《唐明宗紀六》，《册府》卷五九三、卷五九六，《五代會要》卷三補。”見《會要》卷三廟制度條，《輯本舊史》卷四〇《唐明宗紀六》天成四年（929）五月乙酉條，《宋本册府》卷五九三《掌禮部·奏議門二一》、卷五九六《掌禮部·謬妄門》。

　　[2]今改‘基’爲‘宗’字。從之：《舊五代史考異》：“案《五代會要》：《風俗通》：陳孔璋云：‘尊卑有敍，桑祭哀敬，各有攸終，欲令言著而可遵，事施而不犯。’《禮》云：‘卒哭之後，宰執木鐸狗于宮，曰捨故而諱新。’故，謂毀廟之主也，恩遠屬絶，名不可諱。今昭宣上去玄宗十四世，奏改册文，非典故也。”見《會要》卷三廟制度條。

　　八月戊申，明宗服袞冕，御文明殿，追册昭宣光烈孝皇帝。[1]禮畢，册使兵部尚書盧質押册出應天門登車，鹵簿鼓吹前導，入都亭驛。[2]翌日，登車赴曹州。時議者以追尊則可，立之爲宗，不入太廟，深爲失禮。夫言宗者，功業纂于祖禰，德澤被于生民，發號申令可也。且輝王纂嗣之日，國命出于賊臣，君父銜冤，母后塗炭，遭罹放逐，鼎祚覆亡，追謚易名，當循故實。[3]如漢之沖、質，晋之閔、懷，但尊稱而無廟號；前代亡國者周赧、漢獻、魏陳留，亦不稱宗；[4]中興之追謚者孺子嬰，光武竟無追宗之典。[5]設如自我作古，酌于人情，則謂之爲“景宣光烈”，深不稱也。古之周景、漢景、周宣、漢宣，皆中興再造之主。[6]至如國朝，太祖曰景皇帝，以受命而有唐室，宣宗皇帝以隔代承運，皇綱復振故也。[7]今輝王亡國墜業，謂之“宣景”，得無謬乎！先是，太常既奏，下尚書省集議，雖有智者，依違不言。至是，既立爲景宗，陵號溫陵，乃於曹州置廟，以時告享，仍以本州刺史以下爲三獻官。[8]後宰臣知其非，乃奏去廟號。

[1]追册昭宣光烈孝皇帝：《舊五代史考異》：“案：《歐陽史》作四年五月乙酉追謚，與是《志》定謚册廟月日俱不符。”見《新五代史》卷六《唐本紀六·明宗紀》。

[2]盧質：人名。河南（今河南洛陽市）人。五代大臣。傳見本書卷九三、《新五代史》卷五六。　應天門：洛陽宫城正南門。鼓吹：大型器樂合奏。演奏的樂曲、演奏鼓吹樂的樂隊也稱鼓吹。　都亭驛：中華書局本有校勘記：“原作‘都停驛’，據殿本、《册府》卷三一改。”見明本《册府》卷三一《帝王部·奉光門

四》，但《輯本舊史》卷七九《晋高祖紀五》天福五年（940）九月戊子條云："改東京上源驛爲都亭驛。"

[3]輝王：即唐哀帝李柷。唐昭宗之子。本名李祚，受封輝王。朱温殺害唐昭宗後，立輝王爲帝，改名李柷。904年至907年在位。爲朱温所殺。紀見《舊唐書》卷二〇下、《新唐書》卷一〇。

[4]周赧：即周赧王姬延。周顯王之孫，周慎靚王之子。東周最後一位君主。前315年至前256年在位。紀見《史記》卷四。漢獻：即東漢獻帝劉協。漢靈帝劉宏之子，漢少帝劉辯異母弟。東漢最後一位皇帝，189年至220年在位。紀見《後漢書》卷九。魏陳留：即三國魏陳留王曹奐。魏武帝曹操之孫，燕王曹宇之子。曹魏最後一位皇帝，260年至265年在位。司馬炎篡魏建晋，降封曹奐爲陳留王。紀見《三國志》卷四。

[5]孺子嬰：即劉嬰。漢宣帝的玄孫、楚孝王劉囂的曾孫、廣戚侯劉顯之子。元始五年（5）漢平帝死後，王莽自稱"假皇帝"，於居攝元年（6）三月己丑，立劉嬰爲皇太子，號"孺子"。初始元年（8）十二月，王莽代漢立新，劉嬰被廢。事見《漢書》卷六九《王莽傳》。

[6]周景：即周景王姬貴。周靈王之子。公元前545年至前520年在位。紀見《史記》卷四。　漢景：即東漢景帝劉啓。漢文帝劉恒嫡長子。公元前157年至前141年在位。紀見《史記》卷一一、《漢書》卷五。　周宣：即周宣王姬静，一作姬靖。周厲王之子。公元前828年至前782年在位。紀見《史記》卷四。　漢宣：即漢宣帝劉詢。原名劉病已。漢武帝劉徹曾孫，戾太子劉據之孫，史皇孫劉進之子。前74年至前49年在位。紀見《漢書》卷八。

[7]宣宗皇帝：即唐宣宗李忱。唐憲宗李純第十三子，唐穆宗李恒異母弟。846年至859年在位。紀見《舊唐書》卷一八、《新唐書》卷八。

[8]於曹州置廟：《輯本舊史》之影庫本粘籤："曹州，原本作'趙州'，今據《五代會要》改正。"《會要》卷三廟制度條無此記

載。　刺史：官名。漢武帝時始置。州一級行政長官，總掌考核官吏、勸課農桑、地方教化等事。唐中期以後，節度使、觀察使轄州而設，刺史爲其屬官，職任漸輕。從三品至正四品下。　三獻官：祭祀過程中，陳列祭品以後要三次獻酒，即初獻、亞獻、終獻，合稱"三獻"，負責三獻的官員稱三獻官。

　　晋天福四年十一月，太常禮院奏：議立唐廟，引武德年故事，祀隋三帝。今請立近朝莊宗、明宗、閔帝三廟，庶合前規。[1]詔曰："德莫盛于繼絶，禮莫重于奉先。莊宗立興復之功，明宗垂光大之業，逮乎閔帝，實繼本枝，然則丕緒洪源，皆尊唐室。繼周者須崇后稷，嗣漢者必奉高皇，將啓嚴祠，當崇茂典。[2]宜立唐高祖、太宗及莊宗、明宗、閔帝五廟。"

　　其月，太常禮院又奏："唐廟制度，請以至德宫正殿隔爲五室，三分之，南去地四尺，以石爲埒，中容二主。[3]廟之南一屋三門，門戟二十有四；東西一屋一門，門無棨戟。[4]四仲之祭，一羊一豕，如其中祠，幣帛牲牢之類，光禄主之。[5]祠祝之文，不進不署。神厨之具，鴻臚督之。[6]五帝五后，凡十主，未遷者六，未立者四，未謚者三。高祖、太宗與其后暨莊宗、明宗，凡六主，在清化里之寢宫，祭前二日，以殿中繖扇二十，迎置新廟以享祀。[7]閔皇帝、莊宗明宗二后及魯國孔夫人神主四座，請修制祔廟，及三后請定謚法。"[8]從之。《永樂大典》卷一萬七千五十二。(孔本)[9]

　　[1]明宗：即五代後唐明宗李嗣源。沙陀部人。原名邈佶烈，

李克用養子。926年至933年在位。紀見本書卷三五至卷四四、《新五代史》卷六。　閔帝：即五代後唐閔帝李從厚。明宗李嗣源第三子。934年在位。紀見本書卷四五、《新五代史》卷七。

[2]高皇：即西漢太祖高皇帝劉邦。

[3]至德宮：宮殿名。五代後唐天成元年（926）築。位於今河南洛陽市。　垎（kǎn）：同“坎”，小坑。

[4]門戟：唐代官署之門插戟，數目依官階各有等差。　棨戟：繒衣或油漆的木戟。

[5]四仲：農曆四季中，每季第二個月的合稱，即仲春（二月）、仲夏（五月）、仲秋（八月）、仲冬（十一月）。　如其中祠：“中祠”，《會要》卷三廟制度條作“中祀”。　光禄：官署名。即光禄寺。掌膳食、帳幕器物、宮殿門户等事。

[6]鴻臚：官署名。即鴻臚寺。掌四夷朝貢、宴勞、給賜、送迎之事及國之凶儀、中都祠廟、道釋籍帳除附之禁令。

[7]高祖、太宗與其后暨莊宗、明宗，凡六主：“高祖”，中華書局本有校勘記：“原作‘高宗’，據殿本、《册府》卷五九四、《五代會要》卷三改。”見《宋本册府》卷五九四《掌禮部·奏議門二二》。“凡六主”，中華書局本有校勘記：“‘六’字原闕，據《册府》卷五九四、《五代會要》卷三補。殿本作‘其’。”　繖扇：即傘扇。　迎置新廟以享祀：中華書局本有校勘記：“‘以享祀’，劉本、彭本作‘以享禮’，《五代會要》卷三、《册府》卷五九四作‘以行享禮’。影庫本批校：‘享禮之禮字，當是祀字之訛。’”

[8]魯國孔夫人：即後唐閔帝李從厚的皇后孔氏。傳見本書卷四九、《新五代史》卷一五。

[9]《大典》卷一七〇五二“廟”字韻“五代宗廟”事目。

周廣順元年二月，[1]太常禮院上言：“准敕，遷漢廟入昇平宫。[2]其唐、晋兩朝，皆止五廟遷移，今漢七廟，未審總移，爲復祇移五廟？敕：宜准前敕，並移于昇平宮。其法物、神厨、齋院、祭服、祭器、饌料，皆依中祠例，用少牢，光禄等寺給；[3] 其讀文太祝及奉禮郎，太常寺差。每仲饗，以漢宗子爲三獻。"從之。《永樂大典》卷一萬七千五十二。(孔本)[4]

[1]周廣順元年二月：中華書局本有校勘記："句上孔本有'時饗'二字。"

[2]漢廟：指後漢的宗廟。　昇平宮：宮名。位於今河南開封市。

[3]皆依中祠例：中華書局本有校勘記："'中祠'，原作'中神'，據殿本、劉本、《册府》卷一七四改。影庫本粘籤：'中神，原本作平神，今據《五代會要》改正。'按今檢《五代會要》卷三作'中祀'。"見《會要》卷三廟制度條，亦見《宋本册府》卷一七四《帝王部·修廢門》。

[4]《大典》卷一七〇五二"廟"字韻"五代宗廟"事目。

舊五代史　卷一四〇

禮志下

賓禮[1]

　　[1]此目名《輯本舊史》原無，據內容補。本卷下同。

二王三恪

　　梁開平二年三月，以唐宗子鴻臚卿李嶷封萊國公，爲二王後。[1]四月，中書門下奏：[2]"萊國公李嶷合於西都選地，建立三廟，以備四仲祠祭。[3]每祭仍令度支供給祭料。"[4]從之。其年十二月，禮儀使奏：[5]"謹按唐朝以魏元氏子孫封韓國公，爲三恪；[6]以周宇文氏子孫封介國公、隋楊氏子孫封鄘國公，爲二王後。今國家受禪，封唐李氏宗子李嶷爲萊國公。今請以介國公爲三恪，鄘國公、萊國公爲二王後。"從之。[7]

　　[1]開平：五代後梁太祖朱溫年號（907—911）。　鴻臚卿：官名。南朝梁武帝天監七年（508）改大鴻臚置，爲十二卿之一，

掌接待周邊少數民族賓客，朝會禮儀贊導等，九班。唐朝加掌喪葬禮儀。五代沿置。從三品。　李礄：人名。唐朝宗室后裔。五代後梁所封萊國公。事見本書卷四。　二王後：中國古代新王朝建立後，封前兩朝的皇室後裔，給以爵位，使奉其先祀，示繼絕之意。參見謝元魯《隋唐五代的特殊貴族——二王三恪》，《中國史研究》1994年第2期。

[2]中書門下：官署名。唐代以來爲宰相處理政務的機構。參見劉後濱《唐代中書門下體制研究——公文形態·政務運行與制度變遷》，齊魯書社2004年版。

[3]西都：即洛陽。位於今河南洛陽市。　四仲：農曆四季中，每季第二個月的合稱，即仲春（二月）、仲夏（五月）、仲秋（八月）、仲冬（十一月）。

[4]度支：財政官署。掌管天下租賦物産，歲計所出而支調之，故名。安史亂後，因軍事供應浩繁，以宰相爲度支使，由戶部尚書、侍郎或他官兼領度支事務，稱度支使或判度支、知度支事，權任極重，與鹽鐵使、判戶部或戶部使合稱"三司"。　祭料：祭祀所用物料。

[5]禮儀使：官名。爲大禮五使之一。有重大禮儀事務則臨時置使，事畢即罷。掌禮儀事務。

[6]三恪：中國古代新王朝建立後，封前三朝的皇室後裔，給以爵位，使奉其先祀，示繼絕之意。通常是"二王"加前一朝爲"三恪"。

[7]"梁開平二年三月"至"從之"：《輯本舊史》原無，據《會要》卷五"二王三恪"條補，亦見明本《冊府》卷二一一《閏位部·繼絕門》。

晉天福二年正月敕：[1]"周以杞、宋封夏、殷之後爲二王後，兼封舜之後爲三恪。唐以周、隋之後封公爲二王後，又封魏之後爲三恪。宜于唐朝宗屬中取一人封公世襲，兼隋之鄸國公爲二王後，以後周介國公備三恪。其主祀及赴大朝會，委所司具典禮申奏。[2]其唐朝宗屬中舊在朝及諸道爲官者，各據資歷，考限滿日，從品秩序遷；已有出身，任令參選。"[3]

[1]天福：五代後晋高祖石敬瑭年號（936—942）。出帝石重貴沿用至九年（944）。後漢高祖劉知遠繼位後沿用一年，稱天福十二年（947）。

[2]大朝會：又稱受朝賀，於元正、冬至、五月朔舉行。大朝會之日，有司排辦盛大的儀仗，在京文武百官以及地方官員在京者、藩國使人，共同向皇帝朝參、致賀、上壽，並以宴會結束典禮。如在五月朔，則禮儀稍簡。

[3]"晋天福二年正月敕"至"任令參選"：《輯本舊史》原無，據《會要》卷五"二王三恪"條補，亦見《輯本舊史》卷七六《晋高祖紀二》天福二年（937）正月戊寅條，《宋本冊府》卷一七三《帝王部·繼絶門》。

四年九月敕："周受龍圖，立夏、殷之祀；唐膺鳳曆，開鄸、介之封。乃睠前朝，載稽舊典，宜闢土宇，俾奉宗祧。宜以郇國三千户封唐許王李從益爲郇國公，奉唐之祀，服色旌旗，一依舊制，以西京至德宮爲廟，牲幣器祭服悉從官給。"[1]

[1]李從益：人名。沙陀部人。五代後唐明宗李嗣源幼子。傳見本書卷五一。　至德宮：宮殿名。五代後唐天成元年（926）築。位於今河南洛陽市。　"四年九月敕"至"牲幣器祭服悉從官

給”：《輯本舊史》原無，據《會要》卷五“二王三恪”條補，亦
見《輯本舊史》卷七八《晋高祖紀四》天福四年（939）九月癸未
條、《宋本册府》卷一七三《帝王部·繼絶門》天福四年九月癸
未條。

軍禮

講武

梁開平元年十月，駕幸繁臺講武。[1]二年七月，改
爲講武臺。[2]

[1]繁臺：地名。又稱禹王臺、講武臺。位於今河南開封市。

[2]“梁開平元年十月”至“改爲講武臺”：《輯本舊史》原
無，據《會要》卷四講武條補。《會要》於條末尚有小注：“按
《地理志》本西漢梁孝王所築，謂之吹臺。其後有繁氏居其側，故
里人呼爲繁臺。”“元年十月”條亦見《輯本舊史》卷三《梁太祖
紀三》轉引《大典》卷一六八○三“戰”字韻，“教戰”事目。明
本《册府》卷二一四《閏位部·訓兵門》作“幸繁臺，因農隙以
講武事”。《通鑒》卷二八七《後漢紀二》天福十二年（947）十一
月丙辰條胡注引《薛史》曰：“繁臺，即梁王吹臺，其後有繁氏居
其側，里人乃以姓呼之。”“二年七月”條亦見《宋本册府》卷一
九六《閏位部·建都門》開平二年（908）七月甲午條。

乾化元年八月庚申，幸保寧殿，閱天興、控鶴兵
事，軍使將校，各有賜。[1]丙子，閱四番將軍及親衛兵
士於天津橋南，至龍門廣化寺。[2]戊寅，幸興安鞠場，

大教閲，帝自指麾，無不踊抃，坐作進退，聲振
宮掖。[3]

　[1]乾化：五代後梁太祖朱溫年號（911—912）。末帝朱友貞
沿用（913—915）。　保寧殿：宮殿名。位於今河南洛陽市。　天
興：部隊番號。爲五代後梁所置禁軍，分左右。　控鶴：部隊番
號。唐末以來，皇帝宿衛部隊常以控鶴爲名。掌御前宿衛。
　[2]天津橋：橋名。位於今河南洛陽市。　龍門：地名。位於
今河南洛陽市。因兩山相對如闕，伊河從中流過，又名伊闕。唐以
後習稱龍門。　廣化寺：寺名。位於今河南洛陽市。
　[3]大教閲：古代軍禮。即"大閲"。用以檢閲部隊、炫耀武
力。《左傳》桓公六年："秋，大閲，簡車馬也。"《周禮・夏官・大
司馬》："中冬，教大閲。"西漢正式形成大閲禮，後世沿用。
"乾化元年八月庚申"至"聲振宮掖"：《輯本舊史》原無，據明本
《册府》卷二一四《閏位部・訓兵門》補。

　十月，帝北征，駐蹕相州。[1]癸丑，閲武於州闉之
南樓。丙子，帝御城東教場閲兵，諸軍都指揮、北面招
討使、太尉楊師厚總領鐵馬步甲十萬，廣亘十數里陳
焉。[2]士卒之雄銳，部隊之嚴肅，旌旗之雜遝，戈甲之
炤曜，屹若山嶽，勢動天地。帝甚悦焉，即命丞相洎文
武從臣列侍賜食，逮晚方歸。[3]

　[1]駐蹕：帝王出行時沿途停留暫住。　相州：州名。治所在
今河南安陽市。
　[2]都指揮：官名。即"都指揮使"。五代軍隊編制，五百人
爲一指揮，設指揮使、副指揮使；十指揮爲一軍，設都指揮使、副

都指揮使。　招討使：官名。唐貞元年間始置。戰時任命，兵罷則省。常以大臣、將帥或地方軍政長官兼任。掌招撫討伐等事務。太尉：官名。與司徒、司空並爲三公，唐後期、五代多爲大臣、勳貴加官。正一品。　楊師厚：人名。潁州斤溝（今安徽太和縣阮橋鎮斤溝村）人。唐末、五代將領。傳見本書卷二二、《新五代史》卷二三。

[3]"十月"至"逮晚方歸"：《輯本舊史》原無，據明本《册府》卷二一四《閏位部·訓兵門》補。

獻俘

　　唐天成四年二月，定州行營招討使王晏球來獻逆賊王都首級并俘馘。[1]上御咸安樓，立仗，百官就列，尚書兵部宣露布於樓前。[2]宣訖，尚書刑部侍郎張文寶奏曰：[3]"逆賊王都首級請付所司。"大理卿蕭希甫受之以出，獻于郊社。[4]其王都男并蕃將禿餒等，命磔於開封橋。[5]百官稱賀。[6]

　　[1]天成：五代後唐明宗李嗣源年號（926—930）。　定州：州名。治所在今河北定州市。　王晏球：人名。洛陽（今河南洛陽市）人。五代將領。傳見本書卷六四、《新五代史》卷四六。　王都：人名。中山陘邑（今河北定州市）人。本姓劉，後爲義武軍節度使王處直之養子。五代軍閥。傳見本書卷五四。　俘馘（guó）：泛指俘虜。馘，割取敵方戰死者左耳。

　　[2]咸安樓：開封宮城的門樓。位於今河南開封市。　立仗：排布、羅列朝會儀仗。　尚書兵部：官署名。爲尚書省六部之一，統兵部、職方、駕部、庫部四司，掌管全國武官選用和兵籍、武

器、軍令等政。　露布：指勝利報捷的文書。

　　[3]尚書刑部侍郎：官名。尚書省刑部次官。協助刑部尚書掌天下刑法及徒隸、勾覆、關禁之政令。正四品下。　張文寶：人名。唐昭宗朝諫議大夫張顗之子。五代後唐官員。傳見本書卷六八。

　　[4]大理卿：官名。大理寺長官。負責大理寺的具體事務，掌邦國折獄詳刑之事。從三品。　蕭希甫：人名。宋州（今河南商丘市睢陽區）人。五代後梁、後唐官員。傳見本書卷七一、《新五代史》卷二八。

　　[5]禿餒：人名。奚人。契丹將領。事見《通鑑》卷二七六。

　　[6]“唐天成四年二月”至“百官稱賀”：《輯本舊史》原無，據《會要》卷五獻俘條補。《輯本舊史》卷四〇《唐明宗紀六》天成四年（929）二月辛酉條載此事。

　　晋天福七年正月，鎮州行營招討使杜重威奏曰：[1]“二日收復鎮州，傳逆人安重榮首級來獻。”[2]上御乾明樓，仗衛如儀。[3]宣露布訖，大理寺受俘馘，付市狗之，百官稱賀。[4]命漆其首，傳于契丹。[5]

　　[1]鎮州：州名。治所在今河北正定縣。　杜重威：人名。其先朔州（今山西朔州市朔城區）人，後徙居太原。五代後晉、後漢將領。傳見本書卷一〇九、《新五代史》卷五二。

　　[2]安重榮：人名。朔州（今山西朔州市朔城區）人。五代後唐、後晉將領。傳見本書卷九八、《新五代史》卷五一。

　　[3]乾明樓：開封乾明門之城樓。位於今河南開封市。

　　[4]大理寺：官署名。掌邦國折獄詳刑之事。

　　[5]契丹：部族、政權名。公元4世紀中葉宇文部爲前燕攻破，始分離而成單獨的部落，自號契丹。唐貞觀中，置松漠都督府，以

其首領爲都督。唐末强盛，916 年迭剌部耶律阿保機建立契丹國（遼）。先後與五代、北宋並立，保大五年（1125）爲金所滅。參見張正明《契丹史略》，中華書局 1979 年版。 "晋天福七年正月"至"傳于契丹"：《輯本舊史》原無，據《會要》卷五獻俘條補。《輯本舊史》卷八〇《晋高祖紀六》天福七年（942）正月戊午條載此事，"大理寺受俘馘"作"大理卿受馘"。

其年九月，襄州行營都部署高行周等執逆賊安從進男宏受、判官王鼎、李光圖等四十四人來獻。[1]上御乾明門受俘。宣露布訖，百官稱賀，命狗於市。[2]

[1] 襄州：州名。治所在今湖北襄陽市。　都部署：官名。五代後唐始置，爲臨時委任的大軍區、行營統帥。掌管屯戍、攻防等事務。　高行周：人名。幽州（今北京市）人。五代名將。傳見本書卷一二三、《新五代史》卷四八。　安從進：人名。索葛部人。五代後唐、後晋將領。傳見本書卷九八、《新五代史》卷五一。宏受：人名。即安宏受。安從進之子。事見本書卷九八、《新五代史》卷五一。　判官：官名。即"節度判官"。唐末、五代藩鎮僚佐，位行軍司馬下。　王鼎：人名。籍貫不詳。五代後晋時的藩鎮官員。事見本書本卷。　李光圖：人名。籍貫不詳。五代後晋時的藩鎮官員。事見本書卷八〇。

[2] "其年九月"至"命狗於市"：《輯本舊史》原無，據《會要》卷五獻俘條補。《輯本舊史》卷八一《晋少帝紀一》天福七年（942）九月癸未條載此事。

漢乾祐二年七月，西面行營都部署露布，獻河中所獲逆賊李守貞首級并俘馘等。[1]上御明德門樓受俘，群臣稱賀。[2]

[1]乾祐：後漢高祖劉知遠、隱帝劉承祐年號（948—950）。
北漢亦用此年號。　河中：府名。治所在今山西永濟市。　李守
貞：人名。河陽（今河南孟州市）人。五代將領。傳見本書卷一〇
九、《新五代史》卷五二。

[2]明德門：汴京宮城的南面中門。　“漢乾祐二年七月”至
“群臣稱賀”：《輯本舊史》原無，據《會要》卷五獻俘條補。

三年正月，鳳翔節度使趙暉奏，請供奉官張銖押逆
賊王景崇首級并同惡周璨至闕下獻俘。[1]命狗于六街，
磔于西市。[2]

[1]鳳翔：方鎮名。治所在鳳翔府（今陝西鳳翔縣）。　節度
使：官名。唐、五代時在重要地區所設掌握一州或數州軍政、民
政、財政的長官。　趙暉：人名。澶州（今河南濮陽市）人。五代
後唐至後周將領。傳見本書卷一二五。　供奉官：泛指侍奉皇帝左
右的臣僚，亦爲東、西頭供奉官通稱。　張銖：人名。籍貫不詳。
五代後漢官員。事見本書本卷。　王景崇：人名。邢州（今河北邢
臺市）人。五代後漢時升任鳳翔節度使。後以反叛被殺。傳見本書
附錄、《新五代史》卷五三。　周璨：人名。《新五代史》卷五三
作“周璨”。籍貫不詳。五代後漢時人。事見《新五代史》卷五
三。　闕下獻俘：將士押送俘虜，至首都的宮城城樓之下，舉行獻
俘禮儀。於皇帝而言，即是登上宮城城樓，接受將士獻俘之禮。

[2]“三年正月”至“磔于西市”：《輯本舊史》原無，據
《會要》卷五獻俘條補。

嘉禮

婚

唐同光二年七月，太常禮院奏：[1]"按本朝舊儀，自一品至三品婚姻，得服袞冕、劍佩，衣九章。[2]今皇子興聖宮使繼岌，雖未封建，官是檢校太尉，合準一品婚姻施行。[3]其妃，準禮婦人從夫之爵，亦準一品命婦禮。[4]至親迎日，太常鹵簿、鼓吹前導，乘輅車，其妃花釵九枝，博鬢，褕翟衣九等。[5]其日平明，皇帝差官告親廟一室，宗正卿攝婚主行禮。[6]其夕親迎，興聖宮使乘輅車，鹵簿、鼓吹前導，至女氏之門，以結綵車御輪交車。"從之。[7]

[1]同光：五代後唐莊宗李存勖年號（923—926）。　太常禮院：官署名。簡稱"禮院"。唐代太常寺有禮院，爲太常博士議禮之處。唐後期以來，禮院逐漸成爲主管朝廷禮儀事務的機構。

[2]袞冕：袞服和冠冕。皇帝、王公大臣的禮服。參見閻步克《服周之冕——〈周禮〉六冕禮制的興衰變異》，中華書局2009年版。　劍佩：寶劍和佩飾。　九章：冕服上的九種圖案。冕服共十二章，帝后服十二章，隨著官員品級的遞降，冕服的章數也相應遞減。

[3]興聖宮使：官名。興聖宮的主管之官。興聖宮位於今河北大名縣。　繼岌：人名。即李繼岌。五代後唐莊宗長子，時封魏王。傳見本書卷五一、《新五代史》卷一四。　檢校太尉：官名。爲散官或加官，以示恩寵加此官，無實際執掌。太尉，與司徒、司空並爲三公。

[4]命婦：包括内命婦、外命婦。内命婦指内宮有封號、誥命的皇帝妃、嬪、世婦、女御等。外命婦指有封號、誥命的官員之妻。

[5]親迎：婚禮"六禮"儀節之一。即新婿親往女家迎娶新婦的儀式。　太常鹵簿：太常，即太常寺，掌宗廟祭祀禮樂及教育等。鹵簿，指帝后出行時的儀仗隊。蔡邕《獨斷》卷下："天子出，車駕次第謂之鹵簿。"　鼓吹：大型器樂合奏。演奏的樂曲、演奏鼓吹樂的樂隊也稱鼓吹。　輅車：帝后車駕。分爲大輅、玉輅、金輅、象輅、革輅、木輅等。　博鬢：假髮的一種。鬢髮下垂至耳，抱住面頰，在鬢上簪金鈿、翠葉之類的貴重首飾。與一定髮髻、花釵、服飾相配，有等級之分。　褕翟：皇后車輿之一。因以雉羽相次連接、疊壓爲車飾而得名。唐、宋、金因隋制。

[6]宗正卿：官名。秦始置宗正，南朝梁始有宗正卿之官。由宗室充任。掌皇族外戚屬籍。正三品。

[7]"唐同光二年七月"至"從之"：《輯本舊史》原無，據《會要》卷二婚禮條補，亦見《宋本册府》卷五九三《掌禮部·奏議門二一》。

　　晉天福四年八月，中書門下奏："據太常禮院定來年長安公主出降儀，太僕寺供厭翟二馬車，殿中省備團、方編扇各十六，行障三，座障三，傘一，大扇一，團大扇二。[1]今車、障、傘、扇是同光年皇后法物，欲修飾牙仗、厭翟車。[2]后以四馬，今權去二馬。"從之。[3]

[1]長安公主：五代後晉高祖石敬瑭之女，後晉將領楊承祚之妻。事見本書卷七六、卷七九。　出降：公主出嫁。又稱下降。帝王位尊，其女出嫁是貴人降臨臣家，故稱出降。　太僕寺：官署

名。秦始置太僕，至南朝梁、陳與北齊時加寺字，稱太僕寺。掌車輦、馬、牛、畜産等事。歷代沿置。　厭翟：皇后車輿之一。因以雉羽相次連接、疊壓爲車飾而得名。唐、宋因隋制。厭翟與重翟、安車、翟車、輦車合爲王后五輅。　殿中省：官署名。唐改隋殿内省爲殿中省。五代沿置。掌皇帝服御之事。　行障：可以移動的屏風。

[2]法物：帝王儀仗所用器物的統稱。《後漢書》卷一下《光武帝紀下》："益州傳送公孫述瞽師、郊廟樂器、葆車、輿輦，於是法物始備。"李賢注："法物，謂大駕鹵簿儀式也。"　牙仗：儀仗。"牙"通"衙"。

[3]"晋天福四年八月"至"從之"：《輯本舊史》原無，據《會要》卷二婚禮條補，亦見《宋本册府》卷五九四《掌禮部·奏議門二二》，《宋本册府》繫於八月乙巳。

　　五年二月，太常禮院奏："長安公主以三月出降。按唐德宗朝禮儀使顔真卿議，婚用誕馬，在禮無文。[1]《周禮》：'諸侯以璋聘女。'《禮》云：'玉以比德。'今請駙馬都尉加以璋，郡王之婿加元纁，以代用馬。[2]書函之禮，出自近代，事無正經，請廢之勿用。"詔曰："納采之時，主人再拜，使者不答，雖《開元禮》具載其儀，今宜答拜。[3]仍令鄭王重貴主其婚禮，中外不賀，餘依所奏。"[4]

[1]唐德宗：即李适。唐朝皇帝。唐代宗長子。779年至805年在位。紀見《舊唐書》卷一二、卷一三，《新唐書》卷七。　顔真卿：人名。京兆萬年（今陝西西安市長安區）人。唐代學者、官員。參與平定安史之亂。傳見《舊唐書》卷一二八、《新唐書》卷

一五三。　誕馬：儀仗隊中不施鞍轡的備用馬。

[2]駙馬都尉：官名。西漢武帝始置，魏晋以後，公主夫婿多加此稱號。從五品下。　璋：扁平板形玉器。　元纁：即"玄纁"。纁，絳色。紅黑色的幣帛。玄纁爲徵聘所用的贄禮。

[3]納采：婚禮儀節之一。男方備上采禮，去女家求婚。

[4]重貴：人名。即石重貴。沙陀部人。五代後晋高祖石敬瑭從子，後晋少帝。紀見本書卷八一至卷八五、《新五代史》卷九。

"五年二月"至"餘依所奏"：《輯本舊史》原無，據《會要》卷二婚禮條補，亦見《宋本册府》卷五九四《掌禮部·奏議門二二》。

册命

梁開平元年八月敕："朝廷之儀，封册爲重，用報勳烈，以隆恩榮，固合親臨，式光典禮。舊章久缺，自我復行。今後每封册大臣，宜令有司備臨軒之禮。"[1]

[1]臨軒：古時皇帝不坐正殿而在殿前平臺上接見臣屬，稱"臨軒"。軒，爲殿堂前檐下的平臺，因殿堂前檐之處兩邊有檻楯，如車之軒，故亦稱軒。　"梁開平元年八月敕"至"宜令有司備臨軒之禮"：本條爲《輯本舊史》卷三《梁太祖紀三》開平元年（907）八月條轉引《大典》卷一六七五一"宴"字韻。亦見《會要》卷四册命條、《宋本册府》卷一九一《閏位部·立法制門》。

唐同光二年二月，太常禮院奏："準制，尚書令秦王李茂貞備禮册命，檢詳舊儀，無不帶節度使封册之命，宜準故襄州節度使趙匡凝封楚國例施行。[1]秦王受册，自備革輅一乘，載册犢車一乘，并本品鹵簿、鼓吹如儀。"[2]從之。[3]

[1]尚書令：官名。秦始置。隋、唐前期爲尚書省長官，與中書令、侍中並爲宰相。唐後期多爲大臣加銜，不參與政務。正二品。　趙匡凝：人名。蔡州（今河南汝南縣）人。趙德諲之子，唐末將領。傳見本書卷一七、《新五代史》卷四一。

[2]革輅：天子五輅之一。因以皮革爲飾而得名。周制革輅，張材爲車，無他飾，唯漆之，馬帶及馬鞅以絛絲爲飾，車設太白旗。爲天子戎事出征所乘，有時也封賜守衛邊疆的諸侯。此後各朝革輅略異，多爲皇帝巡狩及戎事時所乘。

[3]"唐同光二年二月"至"從之"：《輯本舊史》原無，據《會要》卷四册命條補，亦見《宋本册府》卷五九三《掌禮部·奏議門二一》。《册府》"二月"作"三月"，"趙匡凝"作"趙凝"，"楚國"作"楚王"。

　　三年六月，太常禮院奏："吴越國王錢鏐將行册命，按禮文合用竹册。"[1]敕："宜令有司修製玉册，俾稱元勳。"[2]

[1]吴越：五代十國之吴越國。後梁開平元年（907），封鎮海節度使錢鏐爲吴越王，領有今浙江之地及江蘇的一部分。北宋太平興國三年（978），錢俶向北宋納土，吴越亡。　錢鏐：人名。杭州臨安（今浙江杭州市臨安區）人。五代時期吴越國的建立者。傳見本書卷一三三、《新五代史》卷六七。

[2]"三年六月"至"俾稱元勳"：《輯本舊史》原無，據《會要》卷四册命條補，亦見《輯本舊史》卷三二《唐莊宗紀六》同光三年（925）六月丁丑條。《會要》此條後有小注："議者以玉

册帝王所用，不合假諸人臣。蓋當時樞密院承旨段徊受錢鏐之賂，曲隨其請，樞密使郭崇韜不詳典禮故也。"

天成三年十一月己丑，中書奏："舊制，凡降册命，至尊臨軒。伏自陛下纂襲，繼有封崇，但申節度之儀，尚缺臨軒之禮。今後或封册，請御正衙，雖勞萬乘之尊，冀重九天之命。如此則行之時禮備，受之者感深，寧唯轉耀于皇猷，實亦永標於青史。"從之。仍付所司。[1]

[1]"天成三年十一月己丑"至"仍付所司"：《輯本舊史》原無，據《會要》卷四册命條補，亦見《輯本舊史》卷三九《唐明宗紀五》、《宋本册府》卷五九三《掌禮部·奏議門二一》。天成三年（928）十一月壬申朔，《會要》原繫於十一月十八日，爲己丑。

清泰元年六月，[1]中書門下奏："據太常禮院申，册拜王公，如在京城，所司備鹵簿車輅法物，皇帝臨軒行册禮；如在外鎮，正衙命使押册赴本道行禮。[2]車輅法物，故事不出都城，禮無明文。今奉制命幽州趙德鈞封北平王，青州房知温封東平王，皆備禮册命。[3]其合用車輅法物，在兵部、太常、太僕寺，請載往本州行禮後，送納本司。"[4]從之。[5]

[1]清泰：五代後唐廢帝李從珂年號（934—936）。
[2]正衙：即正殿。五代後唐時的正殿爲洛陽宮城中的文明殿（貞觀殿）。

[3]幽州：方鎮名。治所在幽州（今北京市）。　趙德鈞：人名。幽州（今北京市）人。初爲幽州節度使劉守光部將，再爲五代後唐將領，最後投降遼國。傳見本書卷九八。　青州：州名。治所在今山東青州市。　房知溫：人名。兗州瑕丘（今山東濟寧市兗州區）人。五代後唐將領。傳見本書卷九一、《新五代史》卷四六。

[4]太常：官署名。即太常寺。掌禮樂祭祀活動。隋、唐時下設郊廟、太廟、諸陵、太樂、鼓吹、太醫、太卜、廩犧等八署。

[5]"清泰元年六月"至"從之"：《輯本舊史》原無，據《會要》卷四册命條補，亦見《宋本册府》卷五九四《掌禮部·奏議門二二》。

受朝賀

唐天成三年十月壬戌，中書奏：

冬至日，文武百寮詣東上閣門拜表稱賀儀注：[1]前一日，所司於閣門外量地之宜，設中書令捧表位、禮部郎中押表案位及文武常參官位，如常儀。[2]其日，文武百寮依時刻俱詣闕門外列班如式。次通事舍人贊引中書門下入就位，立定。[3]典儀曰'再拜'，應在位官俱再拜訖。[4]禮官通事舍人引中書令詣捧表位。禮部郎中取表，授中書令跪受，復置於案。[5]前導至位。中書令搢笏捧表跪授，閣門使跪捧表側立，候中書令退，歸本班立定。[6]典儀曰"再拜"，應在位官俱再拜舞蹈，三稱萬歲，又再拜訖。[7]閣門使捧表以進。次閣門使宣答，出詣中書門下班前，曰"有敕"。典儀曰"再拜"，應在位官俱再拜。宣曰："履長之慶，與卿等同之。"宣訖，典儀曰"再拜"，應在位官俱再拜舞蹈，三稱萬歲，又再拜訖。相次退如常式。

右太常禮院狀，准禮例修撰如前。[8]案：開元八年，中書奏：[9]"冬至一陽生，萬物潛動，所以自古聖帝明王，皆此日朝萬國，觀雲物，禮之大者，莫踰是時。[10]其日祀圜丘，皆令攝官行事。[11]質明既畢，日出視朝，有國已來，更無改易。若親拜南郊，受朝須改。"因敕："自今已後，冬至受朝，永爲常式。"至永泰二年十一月詔：[12]"冬至，令有司祭南郊，于含元殿受朝賀。"[13]至建中二年敕：[14]"宜以冬至日受朝賀。"貞元四年，中書侍郎李泌奏：[15]"冬至受朝賀，請准元日中書令讀諸方表。"[16]敕旨："宜依。"

准《六典》，殿中侍御史，凡冬至、元正大朝賀升殿者。[17]伏以天運四時，節分二至，陰勝則臣道熾，陽盛則君德興。且一家之尊，祭先祖畢，受子孫之賀，豈萬國之主祀圜丘，止臣下之朝？宜按舊章，以光令節。冬至日望准本朝前後明敕處分。奉敕："宜依。"[18]

[1]東上閣門：唐大明宮之正殿（宣政殿）、内殿（紫宸殿）以東、西上閣門相連，閣門遂爲外朝、内朝之分界。因設閣門使，掌内外通報、宣旨。五代、宋相沿設置閣門、閣門使。　拜表稱賀：大朝會禮儀的一種特殊形態。百官向皇帝進賀表。逢元正、冬至當舉行大朝會之日，有詔不受朝賀，即行"拜表稱賀"儀。

[2]中書令：官名。漢代始置，隋、唐前期爲中書省長官，屬宰相之職，唐後期多爲授予元勳大臣的虛銜。正二品。 禮部郎中：官名。尚書省禮部頭司禮部司長官。掌禮樂、學校、衣冠、符印、表疏、圖書、册命、祥瑞、鋪設，及百官、宫人喪葬贈賻之數。從五品上。 常參官：唐制，文官五品以上及兩省供奉官、監察御史、員外郎、太常博士，每日朝參，稱爲常參官。

[3]通事舍人：官名。東晋始置。唐代爲中書省屬官，全稱中書通事舍人。掌殿前承宣通奏。從六品上。

[4]典儀：官名。爲禮儀行事官，掌殿上贊唱之節及殿廷版位次序。從九品。

[5]復置於案：《會要》此句後有小注："其案禮部令史二人對异。"

[6]搢笏：插笏。笏指象牙所製的笏版。 閣門使：官名。唐代中期始置，掌供朝會、贊引百官。初以宦官充任，五代改用武階。

[7]舞蹈：臣僚對君主的朝參禮儀。典儀官贊"舞蹈"，臣僚做出有節奏的動作，司樂官以樂伴之。

[8]狀：政府公文的一種。多用於下級機關對上級機關的陳奏、呈報公事。

[9]開元：唐玄宗李隆基年號（713—741）。

[10]雲物：天象雲氣等天候。《周禮·春官·保章氏》："以五雲之物，辨吉凶水旱。"凡春分、秋分、夏至、冬至，有司即觀察雲物並記載下來。

[11]祀圜丘：即圜丘祭天典禮。

[12]永泰：唐代宗李豫年號（765—766）。

[13]含元殿：宫殿名。唐代大明宫的大殿。位於今陕西西安市。

[14]建中：唐德宗李适年號（780—783）。

[15]貞元：唐德宗李适年號（785—805）。 中書侍郎：官

名。中書省副長官。唐後期三省長官漸爲榮銜，中書侍郎、門下侍郎却因參議朝政而職位漸重，常常用爲以"同三品"或"同平章事"任宰相者的本官。正三品。　李泌：人名。其先遼東襄平（今遼寧遼陽市）人，後居京兆（今陝西西安市）。唐玄宗至唐德宗朝官員、學者。傳見《舊唐書》卷一三〇、《新唐書》卷一三九。

[16]諸方表：地方、藩國進獻的賀表。

[17]殿中侍御史：官名。三國魏始置。唐前期屬御史臺之殿院，掌宮門、庫藏及糾察殿庭供奉朝會儀式，及分掌左、右巡，負責京師治安、京畿軍兵。唐後期常爲外官所帶憲銜。從七品下。

[18]"唐天成三年十月壬戌"至"宜依"：《輯本舊史》原無，據《會要》卷五受朝賀條補。原作"十月二十一日"，天成三年（928）十月壬寅朔。故換算爲"壬戌"。

　　四年四月戊辰，中書門下奏："五月一日入閣起居，准貞元七年四月二十八日敕：[1]'昔者聖賢仰觀法象，因天地交會之次，爲父子相親之儀，沿襲成風，古今不易。王者制事，在于因人，酌其情而用中，順其俗以爲禮。咸覿之禮，既行父子之間；資事之情，豈隔君臣之際。自今後每年五月一日御宣政殿，與文武百寮相見。[2]京官九品已上，外官因朝奏在京者，並聽就列。宜令所司量定儀注，頒示天下，仍編禮式，永著常規者。'伏以本朝舊典，近代不行，方當開泰之朝，難曠會同之禮，宜興墜典，以耀明廷。五月一日，應在京九品以上官，及諸道進奉使，並准貞元七年敕，就位起居。[3]自此每年永爲常式者。"奉敕："宜依。"[4]

[1]入閣：即朔望入閣。因舉行此朝會時，"自正衙唤仗，由

閣門而入”，故稱。唐代時，入閣於大明宮紫宸殿舉行。五代後唐時，於文明殿舉行。參見黃曉巍《唐大明宮入閣考》，《唐史論叢》第三十三輯，2021年。　起居：即“五日起居”。每月逢一逢五日舉行，一月六次。五代後唐明宗天成元年（926）創置。後唐時於洛陽中興殿舉行。所謂“五月一日入閣起居”，蓋因初一日既逢入閣，又逢起居。

[2]宣政殿：宮殿名。唐代大明宮之正殿。位於今陝西西安市。

[3]進奉使：地方派遣向朝廷進奉的使者。

[4]“四年四月戊辰”至“宜依”：《輯本舊史》原無，據《會要》卷五受朝賀條補。“四年四月戊辰中書門下奏五月一日入閣起居准貞元”，《會要》原作“又”，據《册府元龜》卷一〇八《帝王部·朝會第二》、本書卷四〇《唐明宗紀六》改。

晋天福四年十二月，太常禮院申：“奉敕，約《開元禮》重定正旦朝會。”按《開元禮》，三品以上升殿，群官在下。請沿近禮，依内宴列坐。據《開元禮》，稱賀後皇帝戴通天冠，服絳紗袍；[1]百官朝服侍坐，解劍履于樂府之西北。[2]今京邑新造，殿廷隘狹，請皇帝冠烏紗巾，服赭黃袍；[3]百寮具公服。俟朝堂宏敞，即舉舊儀。二舞鼓吹《熊羆之樂》，工師樂器等事，因久廢不可卒備，請且設《九部樂》，用教坊伶人。”[4]詔曰：“三品之官，尚書方得升殿，餘依所奏。”[5]

[1]通天冠：皇帝專用的禮冠，始於秦代。　絳紗袍：皇帝的朝服和禮服，有的朝代亦爲皇太子及親王之服。

[2]解劍履：臣子見君，需解劍脱履。如蒙皇帝特許不解劍履，即爲“劍履上殿”。

[3]烏紗巾：即烏紗帽。又稱唐巾。官吏所戴，於帝王爲常服。赭黄袍：天子袍服。因顏色赭黄，故稱。

[4]二舞：宮廷樂舞分文舞、武舞兩大類，用於祭祀天地、宗廟及朝會享宴。文舞執羽鑰，武舞執干戚。　教坊伶人：隸屬於教坊的樂人。教坊，唐於京都置左右教坊，掌俳優雜技，以宦官爲教坊使。伶人，《國語・周語下》：“鐘成，伶人告和。”韋昭注：“伶人，樂人也。”

[5]“晋天福四年十二月”至“餘依所奏”：《輯本舊史》原無，據《會要》卷五受朝賀條補。

朔望朝參

梁開平元年十月，中書門下奏：“請每月初入閣，望日延英聽政，永爲常式。”[1]從之。[2]

[1]延英聽政：又稱“延英奏對”。延英殿爲唐、五代、宋時皇宮常設之便殿，宰相以下在延英殿奏事，稱爲延英奏對、延英聽政。參見袁剛《延英奏對制度初探》，《北京大學學報》1989年第5期。

[2]“梁開平元年十月”至“從之”：《輯本舊史》原無，據《會要》卷五朔望朝參條補，亦見《宋本冊府》卷一九七《閏位部・朝會門》。

唐天成元年五月戊午敕：“今後宰臣文武百官，除常朝外，每五日一度入内起居。[1]其中書非時有急切公事請開延英，不在此限。”[2]

[1]常朝：泛指皇帝每日或每幾日御殿聽政的朝會。此處特指唐以來的"正衙常參"。參見《宋史》卷一一六《禮志·常朝》。

[2]開延英：相對於常規的"延英奏對"而言，"開延英"屬於非常規的奏對，包括宰相請對、皇帝召對兩種形式。 "唐天成元年五月戊午敕"至"不在此限"：《輯本舊史》原無，據《會要》卷五朔望朝參條補。

晋天福二年十一月，中書門下奏："準唐貞元二年九月五日敕：'文官充翰林學士及皇太子諸王侍讀，武官充禁軍職事，並不常朝參；[1]其在三館等諸職事者，並朝參訖，各歸所務'者，自累朝已來，文武在内廷充職兼判三司，或帶職額及六軍判官等，例不赴常朝。[2]元無正敕，準近敕，文武職事官未升朝者，按舊制並赴朔望朝參。其翰林學士、侍讀，三館諸執事官，望準元敕處分。其諸在内廷諸司使等，每受正官之時，來赴正衙謝後，不赴常朝；[3]大朝會，不離禁廷。位次三司職官，免常朝，唯赴大朝會。其京師未升朝官，祇赴朔望朝參；帶諸司職掌者，不準此例。文官除端明殿翰林學士、樞密院學士、中書省知制誥外，有兼官兼職者，仍各發遣本司公事。"[4]可之。[5]

[1]翰林學士：官名。由南北朝始設之學士發展而來，唐玄宗改翰林供奉爲翰林學士，備顧問、代王言。掌拜免將相、號令征伐等詔令的起草。 侍讀：官名。陪侍帝王、皇子、諸王讀書論學。此處特指東宮及諸王侍讀。

[2]三館：指弘文館、集賢館、史館。 判三司：官名。通掌鹽鐵、度支、户部三個部門事務。 判官：官名。爲長官的佐吏，

協理政事，或備差遣。

[3]諸司使：唐五代設置使、司以專掌某項事務，隨著使、司設置的增多，遂統稱諸司、諸司使。

[4]端明殿翰林學士：官名。即以翰林學士充任的端明殿學士。五代後唐明宗時始置，負責誦讀四方書奏。　樞密院學士：官名。即樞密直學士。五代後唐莊宗同光元年（923）改直崇政院置，選有政術文學者充任。備顧問應對。　中書省知制誥：官名。掌起草皇帝的詔、誥之事，原爲中書舍人之職。唐開元末置學士院，翰林學士入院一年，則加知制誥銜，專掌任免宰相、册立太子、宣布征伐等特殊詔令，稱爲内制。而中書舍人所撰擬的詔敕稱爲外制。兩種官員總稱兩制官。

[5]“晋天福二年十一月”至“可之”：本條《輯本舊史》原無，據《册府》卷一〇八《帝王部·朝會門》補。亦見本書卷七六《晋高祖紀二》。

其月，中書門下奏：“應供奉官、常參官朔望朝參。按《六典》，凡京百司有常參官，謂五品已上職事官、八品已上供奉官、員外郎、監察御史、太常博士。[1]諸司長官謂三品以上。若敕喚諸司長官及賜物者，太子賓客、尚書左右丞、諸司侍郎、中書門下五品以上官、御史中丞，並同長官例。[2]若別賜物，中書門下正三品准二品，四品准三品，五品准四品，同中書門下平章事並同中書門下正三品官。[3]按《會要》，侍中舊是正三品，大曆二年改爲正二品，中書令同。[4]今中書門下平章事，望同中書門下正二品。按《六典·禮部》，凡京百司文武職事，九品已上每朔望朝參，五品已上及供奉官、員外郎、監察御史、太常博士每日朝參。”從之。[5]

[1]員外郎：官名。尚書省六部二十四司的屬官，爲各司郎中的副職。協助郎中掌各司事務。從六品上。　監察御史：官名。屬御史臺之察院，掌監察中央機構、州縣長官及祭祀、庫藏、軍旅等事。唐中期以後，亦作爲外官所帶之銜。正八品下。　太常博士：官名。掌撰五禮儀注。大禮時，導引乘輿，贊相祭祀，定誄謚以及守陵廟等。從七品上。

[2]太子賓客：官名。爲太子官屬。唐高宗顯慶元年（656）始置。掌侍從規諫、贊相禮儀。正三品。　尚書左右丞：尚書左丞、右丞的合稱。左右丞爲尚書省佐貳官。唐中期以後，實際主持尚書省日常政務，權任甚重。正四品上。　御史中丞：官名。如不置御史大夫，則爲御史臺長官。掌司法監察。正四品下。

[3]中書門下平章事：官名。即“同中書門下平章事”。唐高宗以後，凡實際任宰相之職者，常在其本官後加同平章事的職銜。後成爲宰相專稱。後晋天福五年（940），升中書門下平章事爲正二品。

[4]侍中：官名。秦始置。隋、唐前期爲門下省長官。唐後期多爲大臣加銜，不參與政務，實際職務由門下侍郎執行。正二品。
大曆：唐代宗李豫年號（766—779）。

[5]“其月”至“從之”：《輯本舊史》原無，據《會要》卷五朔望朝參條補。

常朝

梁開平三年八月甲午，敕：“朕以干戈尚熾，華夏未寧，宜循卑菲之言，用致雍熙之化，起八月一日，常朝不御金鑾、崇勳兩殿，只於便殿聽政。”[1]

[1]金鑾：宮殿名。五代後梁開平三年（909）正月，改思政

殿爲金鑾殿。位於今河南開封市。　崇勳：宮殿名。五代後唐時即有崇勳殿，後唐同光二年（924）改名中興殿。位於今河南洛陽市。

"三年八月甲午"至"只於便殿聽政"：《輯本舊史》原無，據明本《冊府》卷一九七《閏位部·朝會門》補。

貞明中，中書門下奏：[1]"文武常參官自今月日連三日常朝訖。先准宣旨，每三日後放一日朝參者。右臣等商量，望准進止放今月日朝參，以便宜行訖。"[2]

[1]貞明：五代後梁末帝朱友貞年號（915—921）。

[2]"貞明中，中書門下奏"至"以便宜行訖"：《輯本舊史》原無，據《會要》卷六常朝條補。四庫所收《會要》於本段後有小注："檢年月日不獲。"

唐同光元年十二月，中書門下奏："每日常朝，百官皆拜，獨兩省官不拜。[1]准本朝故事，朝退于廊下賜食，謂之'廊餐'，百官遂有謝食拜，唯兩省官本省有厨，不赴廊餐，故不拜。伏自僖宗幸蜀迴，以多事之後，遂廢廊餐，百官拜儀，至今未改，將五十載，禮恐難停，唯兩省官獨尚不拜。[2]豈可終日趨朝，曾不一拜，獨于班列有所異同。若言官是近臣，於禮尤宜肅謹。起今後逐日常朝，宣'不坐'，除職事官押班不拜外，其兩省官與東西班並齊拜。"[3]從之。[4]

[1]兩省官：又稱"兩省班"。舉行朝會時，中書省、門下省的官員有單列的班次，橫向排列於文武兩班之前。

[2]僖宗：即唐朝皇帝李儇，873年至888年在位。紀見《舊

[3]東西班：文武百官分兩班縱向排列於殿庭，一左一右，合稱"東西班"，又稱"文武兩班"。

[4]"唐同光元年十二月"至"從之"：《輯本舊史》原無，據《會要》卷六常朝條補。

天成元年五月甲戌敕："本朝舊日趨朝官置待漏院，候子城門開，便入立班。[1]如遇不坐，前一日晚便宣'來日兩衙不坐'。[2]其日纔明，閤門立班，便宣'不坐'。百官各退歸司。近年已來，雖遇不坐正殿，或是延英對宰臣，或是內殿親決機務，所司不循舊制，往往及辰巳之時，尚未放班，既日色已高，致人心咸倦。[3]今後若遇不坐日，未御內殿前，便令閤門使宣'不坐'，放朝退班。"[4]

[1]待漏院：百官晨集等候，準備朝拜之所。

[2]不坐：唐末以來，舉行"正衙常參"的朝會時，皇帝並不臨朝，而是由宦官宣"皇帝不坐"，百官行禮後退出。

[3]內殿親決機務：皇帝不出御正殿受朝，而是御便殿、內殿，召見少數大臣，商議並處理政務。　辰巳之時：辰時相當於早上七點至九點，巳時相當於早上九點至十一點。早朝往往在卯時（早上五點至七點）開始。

[4]"天成元年五月甲戌敕"至"放朝退班"：《輯本舊史》原無，據《會要》卷六常朝條補。"甲戌"，《會要》原作"十九日"。

三年十二月，中書門下奏："逐日常朝，宣'奉敕不坐'，兩省官與東西兩班並拜，押班宰相不拜。或聞班行所論，承前日有廊餐，百官謝食，兩省即各有常廚，從來不拜。或云‘侍臣不拜’。檢尋故實，不見明規，百僚拜爲有廊餐，即承旨合宣‘有敕賜食’，供奉官不拜，亦恐非儀。且左右前後之臣，日面天顔，豈可不拜。臣等商量，今後常朝，押班宰相亦拜，通事舍人亦拜，閤門外放仗亦拜。”從之。[1]

[1]“三年十二月”至“從之”：《輯本舊史》原無，據《會要》卷六常朝條補。

晋開運元年十一月，尚書吏部侍郎張昭遠奏：[1]“文武常參官日於正衙立班，閤門使宣‘不坐’後，百僚俱拜。舊制唯押班宰相、押樓御史、通事舍人，各緣提舉贊揚，所以不隨庶官俱拜。[2]自唐天成末，議者不悉朝儀，遽違舊典，遂令押班之職，一例折腰，此則深忽禮文，殊乖故實。且宰臣居庶僚之首，御史持百職之綱，嚴肅禁廷，糾繩班列，慮于拜揖之際，或爽進退之宜，於是凝立静觀，檢其去就。若令旅拜旅揖，實恐非儀。況事要酌中，恭須近禮，人臣愛主，不在于斯。其通事舍人，職司贊導，比者兩班進退，皆相其儀，今則在文班、武班之前，居一品、二品之上，端笏齊拜，禮實未聞。其押班宰相、押樓御史、通事舍人，並請依天成三年已前禮例施行。”殿中侍御史賈玄珪奏：[3]“除押樓御史、通事舍人請依張昭遠奏，其宰臣押班，請依舊設拜。”從之。[4]

[1]尚書吏部侍郎：官名。尚書省吏部次官。協助吏部尚書掌文選、勳封、考課之政。正四品上。　張昭遠：人名。因避後漢高祖劉知遠諱，止稱張昭。濮州范縣（今河南范縣）人。五代後唐至宋初官員。傳見《宋史》卷二六三。

[2]押班：朝會時領班，管理百官朝會位次。初以監察御史押班，後由宰執負責。或御樓受朝，則有"押樓"之官，由御史充任。

[3]賈玄珪：人名。籍貫不詳。五代後晉官員。事見本書本卷。

[4]"晉開運元年十一月"至"從之"：《輯本舊史》原無，據《會要》卷六常朝條補。

凶禮

服紀

唐同光三年七月，貞簡皇太后遺令曰：[1]"皇帝以萬機至重，八表所尊，勿衣粗衰，勿居諒闇，三年之制，以日易月，過三日便親朝政。[2]皇后、諸妃及諸王、公主，並制齊衰本服，以日易月，十三日除。[3]中書門下、翰林學士、在朝文武百官、內諸使司，及諸道節度觀察防禦使、刺史、監軍，及前資官并寮佐官吏、士庶、僧道、百姓，並准本朝故事，降服施行，勿使過制。[4]皇帝釋服後，未御八音，勿廢群祀，勿斷屠宰，勿禁宴游，園陵喪制，皆從簡省。故申遺令，奉而行之。"其月，太常禮院奏："案故事，中書門下、翰林學士、在朝文武百官、內諸使司供奉官已下，從成服三日，每日赴長壽宮朝臨，自後不臨。[5]其服，以日易月，三十日除。至小祥，合釋服。[6]每至月朔月望，小祥大祥，釋服日，未除服者縗服臨，已除服者則素服不臨，並赴長壽宮，先拜靈訖，移班近東，進名奉慰。[7]又准奏：故事，文武前資官及六品已下未升朝官并士庶等，各於本家素服一臨。禁衛諸軍使已下，各於本軍廳事素服一臨。[8]僧尼道士，各於本寺觀一臨。外命婦，各於本家素服朝臨三日。諸道節度、觀察、防禦、團練、刺史及寮佐等，聞哀後當日成服，三日改鬖，十三日除。"[9]從之。[10]

[1]貞簡皇太后：指莊宗生母曹太后。太原（今山西太原市）人。諡貞簡。傳見本書卷四九、《新五代史》卷一四。

[2]粗衰：用粗麻布製成的喪服，有斬衰、齊衰兩種形式，是兩種最重的喪服等級。　諒闇：也作"亮陰""梁闇""凉陰"。初以諒闇爲天子、諸侯居喪之稱，有時也稱居喪之所爲諒闇。隋唐以後僅指爲皇帝居喪。　以日易月：依禮，子爲父服三年之喪，新君爲先帝亦當服三年（三十六個月或二十七個月）。漢文帝行"以日易月"之制，服喪三十六日或二十七日，即釋服終喪。歷代因之。

[3]齊衰：五等喪服之一。穿粗麻布包邊製成的喪服，服期是一年，稱爲"服周"。

[4]節度觀察防禦使：即節度使、觀察使、防禦使的合稱。三者皆爲唐後期方鎮或州的軍政長官。　刺史：官名。西漢武帝時始置。州一級行政長官，總掌考核官吏、勸課農桑、地方教化等事。唐中期以後，節度使、觀察使轄州而設，刺史爲其屬官，職任漸輕。從三品至正四品下。　監軍：官名。爲臨時差遣，代表朝廷協理軍務，督察將帥。五代時常以宦官爲監軍。　前資官：唐制，官

員任滿或因故解任而待選者，以任職經兩考以上爲"成資"，未經兩考者銓選時按前一任官資授官，稱爲"前資"。　降服：降低服等。

[5]長壽宮：宮名。位於今河南洛陽市。

[6]小祥：亦稱"練祭"。父母喪滿一周年的祭禮。

[7]大祥：父母喪滿兩周年的祭禮。

[8]軍使：官名。部隊統兵官。

[9]黲（cǎn）：灰黑色。此處指灰黑色的衣服。

[10]"唐同光三年七月"至"從之"：《輯本舊史》原無，據《會要》卷八服紀條補，亦見《通考》卷一二二《王禮考一七·國恤》。

　　清泰三年二月，太常禮院奏："據尚書兵部侍郎馬縞上疏言：[1]'古禮嫂叔無服，蓋推而遠之。案《五禮精義》，貞觀十四年，魏徵等議，親兄弟之妻請服小功五月。[2]今所司給假差謬爲大功九月。'[3]太常博士段顒稱：[4]'自來給假，元依令式。若云違古，不獨嫂叔一條。舊爲親姨服小功，令式今服大功；爲親舅舊服小功，今服大功；妻父母緦服，今服小功；[5]爲女婿爲外甥緦服，今並服小功。此五條，在令式與古不同，未審依馬縞所奏爲復且依令式？'"

　　右贊善大夫趙咸乂議曰：[6]"臣聞三代之制，禮無降減之文；五服之容，喪有寧戚之義。此蓋聖人隨時設教，稱情立文，沿革不同，吉凶相交，或服由恩制，或喪以禮加。太宗文皇帝弘被至仁，推大其義，因覽同爨有緦之義，遂制嫂叔小功之服，列尊聖賢已爲故事，傳於令式，加以大功。今馬縞奏論以爲錯繆，況縞昔事本朝，暨至梁室，曾爲博士，累歷歲年，今始奏陳，未爲允當。謹按《儀禮》，凡制五服，或以名加，或以尊制，或推恩而有服，或引義而當喪。故嫂叔大功，良有以也。其如叔以嫂之子爲猶子，爲猶子之妻，叔服大功，今嫂氏猶子之母，安可服小功。若以名加，嫂豈疏於猶子之婦；若以尊制，嫂豈卑於猶子之妻。論恩則有生同骨肉之情，引義則有死同宅兆之理，若以推而遠之爲是，即令式兼無小功，既有稱情制宜之文，何止大功九月？請依令式，永作彝倫。"

敕下尚書省集議。[7]尚書左僕射劉昫等議曰：[8]"伏以嫂叔服小功五月，《開元禮》《會要》皆同，其令式正文內，元無喪服制度，只一本編在假寧令後，又不言奉敕編附年月。除此一條，又檢七八條令式，與《開元禮》相違者，所司行已多年，固難輕改。若當議事，須按舊章。今若鄙宣父之前經，紊周公之往制，隳太宗之故事，廢開元禮之禮文，而欲取差誤之近規，行編附之新意，稱制度且爲大典，言令式又非正文，若便改更，恐難經久。[9]臣等集議：嫂叔服并諸服紀，請依《開元禮》爲定，如要給假，即請下太常依《開元禮》內五服制度，錄出一本，編附令文。"從之。[10]

[1]尚書兵部侍郎：官名。兵部副長官，與尚書分掌武官銓選、勳階、考課之政。正四品下。　馬縞：人名。籍貫不詳。五代後梁、後唐官員、學者。傳見本書卷七一、《新五代史》卷四三。
[2]貞觀：唐太宗李世民年號（627—649）。　魏徵：人名。一說曲陽（今河北曲陽縣）人，一說館陶（今河北館陶縣）人。

唐初大臣，以直言敢諫而聞名。傳見《舊唐書》卷七一、《新唐書》卷九七。　小功：五等喪服之一。用稍粗的熟麻布做成喪服，服期五個月。

［3］大功：五等喪服之一。重於小功，用粗的熟麻布製成喪服，服期九個月。

［4］段顒：人名。籍貫不詳。五代後唐、後晋官員。事見本書卷一三九。

［5］緦服：五等喪服之一。其服用疏織細麻布做成。服期三個月。

［6］右贊善大夫：官名。即太子右贊善大夫。掌規諫太子過失、贊相禮儀等事。正五品。　趙咸乂：人名。籍貫不詳。五代後唐官員。事見本書本卷。

［7］尚書省集議：集議的一種。尚書省召集百官討論相關國家政務，商定後寫成“議狀”，上奏皇帝裁斷。集議是漢唐決策制度的重要組成部分。參見〔日〕渡邊信一郎《天空の玉座——中國古代帝國の朝政と儀禮》，柏書房1996年版。

［8］尚書左僕射：官名。秦始置。隋、唐前期，以左、右僕射佐尚書令總理六官、綱紀庶務；如不置尚書令，則總判省事，爲宰相之職。唐後期多爲大臣加銜。從二品。　劉昫：人名。涿州歸義（今河北容城縣）人。五代大臣，曾任宰相、監修國史，領銜撰進《舊唐書》。傳見本書卷八九、《新五代史》卷五五。

［9］宣父：即孔子。《新唐書·禮樂志五》載，貞觀“十一年，詔尊孔子爲宣父，作廟於兗州”。

［10］“清泰三年二月”至“從之”：《輯本舊史》原無，據《會要》卷八服紀條補，亦見《宋本册府》卷五九四《掌禮部·奏議門二二》。

周廣順元年正月敕：[1]“漢高祖爲義帝舉喪，魏明帝正禪陵尊號，一時達禮，千古所稱。[2]況朕久事前朝，常參大政。雖遷虞事夏，見奪於群情；而四海九州，咸知予宿志。宜令所司擇日爲故主舉喪，仍備山陵葬禮。"[3]有司上言："皇帝爲故主舉喪日，服縞素、直領、深衣、腰絰等。[4]成服畢，祭奠，不視朝七日。[5]坊市禁音樂，文武內外臣寮成服後，每日赴太平宮臨，三日止，七日釋服。[6]至山陵啓攢塗日，仍服初服，送輴車出城，班辭釋服。"[7]從之。[8]

[1]廣順：五代後周太祖郭威年號（951—953）。

[2]漢高祖：即劉邦。沛縣豐邑（今江蘇豐縣）人。西漢王朝建立者。廟號太祖，謚高皇帝。紀見《史記》卷八。　義帝：即楚義帝熊心。秦二世二年（前208）項梁立爲楚懷王。三年，項羽自立爲西楚霸王，尊懷王爲義帝。漢高祖元年（前206），義帝爲項羽命人弒殺。事見《史記》卷七、卷八。　魏明帝：即曹叡。三國魏皇帝。魏文帝曹丕長子。226年至239年在位。紀見《三國志》卷三。　禪陵：漢獻帝劉協陵墓。位於今河南修武縣。

[3]山陵：古代帝王墳墓的代稱。

[4]縞素：用白絹製成的素色喪服。　深衣：上衣、下裳相連而合縫的一種長衣。　絰（dié）：服喪時繫在頭上與腰間的麻帶。

[5]祭奠：置供品於靈前或墓前祭祀。

[6]太平宮：宮殿名。位於今河南開封市。

[7]攢塗：即"欑塗"。聚木於棺的四周，以泥塗之，謂之欑塗。　輴（chūn）車：運載靈柩的車。

[8]"周廣順元年正月敕"至"從之"：《輯本舊史》原無，據《會要》卷八服紀條補，亦見《輯本舊史》卷一一〇《周太祖紀一》，《輯本舊史》作"正月辛未"。

喪葬

唐天成元年十二月庚戌，御史臺奏：[1]“京城坊市士庶工商之家，有婢僕自經投井、非理物故者，近年已來，凡是死亡，皆是臺司左右巡舉勘檢驗，施行已久，仍恐所差人吏及街市胥徒，同於民家因事邀頡。[2]臣詢訪故事，凡京城民庶之家死喪委府縣檢舉，軍家委軍巡，商旅委戶部。[3]然諸司檢舉後，具事由申臺，其間或枉濫情故，臺司訪聞，即行舉勘。如是文武兩班官吏之家，即是臺司檢舉。臣請自今已後，並準故事施行者。”詔曰：“今後文武兩班及諸道商旅，凡有喪亡，即準臺司所奏施行。其坊市民庶、軍士之家，凡死喪及婢僕非理物故，依臺司奏，委府縣、軍巡同檢舉，仍不得縱其吏卒，於物故之家妄有邀頡。或恐暑月屍柩難停，若待申聞檢舉，縱無邀頡，亦須經時日。今後仰本家喚四鄰檢察，若無佗故，逐便葬埋。如後別聞枉濫，妄有保證，官中訪知，勘詰不虛，本戶、鄰保並行科罪。如聞諸道州府，坊市死喪，取分巡院檢舉，頗致淹停，人多流怨，亦仰約京城事例處分。”[4]

[1]御史臺：官署名。爲中央監察機構。負責糾察、彈劾官員，肅正綱紀。

[2]近年已來：“年”原作“者”。在《輯本舊史》卷三七《唐明宗紀三》中，中華書局本據明本《册府》卷四七五、卷五一七，《五代會要》卷八改。今從。　左右巡：官署名。即左右軍巡院。五代於都城設左右軍巡院，掌巡警捕盜諸事。　舉勘檢驗：“驗”

字原闕。中華書局本據明本《册府》卷四七五、卷五一七補。今從。 因事邀頡：“頡”原作“脅”。中華書局本據明本《册府》卷四七五、卷五一七改。今從。下同。 同於民家因事邀頡：中華書局本有校勘記並云：“按《册府》卷九二載同光二年制：‘僞朝已來恣爲掊斂……邀頡人户，分外誅求。’‘邀頡’謂阻截克扣。影庫本粘籤：‘邀脅’，原本作‘邀頡’，今從《册府元龜》改正。”

[3]户部：官署名。唐末五代稱鹽鐵、度支、户部爲三司，掌管統籌國家財政之事。户部掌户口、財賦等事務。

[4]“唐天成元年十二月庚戌”至“亦仰約京城事例處分”：《輯本舊史》原無，據《輯本舊史》卷三七《唐明宗紀三》補。亦見《會要》卷八喪葬條上、《宋本册府》卷四七五《臺省部·奏議門》。

　　二年六月，詔喪葬之家，送終之禮不得過度。[1]如過制度，不計尺寸事數，其假賃行人徒二年，喪葬之家即不問罪，仍付所司。[2]

[1]“二年六月”至“送終之禮不得過度”：《輯本舊史》原無。據《輯本舊史》卷三八《唐明宗紀四》補。

[2]假賃行：租賃喪葬用具的商户。 “如過制度”至“仍付所司”：《輯本舊史》原無。據《會要》卷八喪葬條上補。

　　長興元年十月己酉敕：“太常禮院例，凡賻匹帛，言段不言端、匹，每二丈爲段，四丈爲匹，五丈爲端。[1]近日三司支遣，每段全支端匹，此後凡支賻贈匹帛，祇言合支多少段，庫司臨時併蠲丈尺給付，不得剩有支破。”[2]

　　[1]賻：贈給喪家辦理喪事的錢財。《公羊傳》隱公元年："車馬曰賵，貨財曰賻。"賻的意思是輔、助，助生送死。

　　[2]庫司：官署名。即倉庫管理機構。　支破：支離破碎。"長興元年十月己酉敕"至"不得剩有支破"：《輯本舊史》原無，據《會要》卷八喪葬條上補，亦見《輯本舊史》卷四一《唐明宗紀七》。

　　二年四月敕："朝臣居喪終制，委御史臺具姓名申奏。諸道賓從除喪後，合宣行恩命。州縣官纔授新命及到任一考前丁憂者，服闋日除官。"[1]其月五日，中書門下復奏："尚書都官員外郎、知制誥張昭遠丁母憂。[2]伏以大臣枕凷，有弔祭之恩；[3]群寮寢苫，無慰問之例。高下之位有間，君臣之事無偏。況卿士之甚多，有父母者極少，固於孝道上軫聖懷，張昭遠望量與恩賜。自此朝臣或有丁憂，亦乞頒賚。其狀尋已印出，今具官資等第，支給數目如後。文班左右常侍、諫議、給事、舍人、諸部尚書、太子賓客、諸寺大卿、監察御史、中丞、國子祭酒、詹事、左右丞、諸部侍郎，絹三十匹，布二十匹，粟、麥各二十五石。[4]起居、補闕、拾遺、侍御史、殿中監察御史、左右庶子、諸寺少卿、國子監司業、河南少尹、左右諭德、諸部郎中員外郎、太常博士，絹二十匹，布一十五匹，粟、麥各一十五石。[5]國子博士、五經博士、兩縣令、著作郎、太常、宗正、殿中丞、諸局奉御、大理寺、太子中允、洗馬、左右贊善、太子中舍、司天五官正，絹、布各一十五匹，粟、麥各一十石。[6]左右諸衛大將軍、左右諸衛將軍，絹二十匹，布一十五匹，粟、麥各一十五石。^[7]左右率府副帥，絹、布各一十五匹，粟、麥各一十石。"^[8]奉敕："宜依。其張昭遠所支絹、布、粟、麥，仍依所定官資頒給。"^[9]

[1]一考：唐、宋官員考課，一年爲一考。　丁憂：官員父母亡故，需辭去官職，守喪三年，是爲丁憂。　服闋：爲父母服三年之喪，期滿除服。

[2]尚書都官員外郎：官名。尚書省刑部都官司副長官。爲都官郎中的副職，協助都官郎中掌俘隸簿錄，給衣糧醫藥，而理其訴免。從六品上。

[3]枕凷（kuài）：子女居父母之喪，頭枕土塊、身臥草墊以示哀痛。代指爲父母服喪。

[4]左右常侍：指左、右散騎常侍。分隸門下省、中書省。掌侍奉規諷，備顧問應對。正三品下。　諫議：指左、右諫議大夫。唐代置左、右諫議大夫各四人，分隸門下省、中書省。掌諫諭得失、侍從贊相。正四品下。　給事：官名。即給事中。秦始置。隋唐以來，爲門下省屬官。掌讀署奏抄，駁正違失。正五品上。　舍人：官名。即中書舍人。中書省屬官。掌起草文書、呈遞奏章、傳宣詔命等。正五品上。　諸部尚書：指尚書省六部尚書。爲尚書省六部的主官，掌所部事務。正三品。　諸寺大卿：寺監機構的長官爲"卿"。掌所司事務。正三品。　國子祭酒：官名。國子監長官。從三品。　詹事：官名。即太子詹事。掌領太子之詹事府，爲太子官屬之長。正三品。　諸部侍郎：尚書省六部的副長官。佐本部尚書處理本部事務。正四品下。

[5]起居：起居郎、起居舍人的合稱。起居郎隸門下省，起居舍人隸中書省。二者同掌起居注，記皇帝言行。從六品上。　補闕：左、右補闕的合稱。唐代諫官。武則天時始置。左補闕隸門下

省，右補闕隸中書省。掌規諫諷諭，大事可以廷議，小事則上封奏。從七品上。　拾遺：左、右拾遺的合稱。唐武則天於垂拱元年（685）置拾遺。左拾遺隸門下省，右拾遺隸中書省，與左、右補闕共掌諷諫，大事廷議，小事則上封事。從八品上。　左右庶子：太子府屬官。掌侍從太子左右，獻納啓奏，宣傳令言。正四品下。諸寺少卿：諸寺監的副長官。通判本寺事務。從四品上。　國子監司業：官名。隋始置。國子監次官。佐祭酒掌監事。從四品下。河南少尹：官名。河南次長官。唐、五代於三京、鳳翔等府均置少尹，爲尹的副職，協助尹通判列曹諸務。從四品下。　左右諭德：官名。東宮屬官，隸太子左、右春坊。掌侍從贊諭。正四品下。諸部郎中員外郎：尚書省六部二十四司郎中、員外郎的合稱。郎中爲各司長官，從五品上；員外郎爲各司郎中的副職，從六品上。

[6]國子博士：官名。即國子監博士。掌教三品以上及國公子孫、從二品以上曾孫爲生者。正五品上。　五經博士：官名。國子監屬官。掌五經教授。《新唐書》記正五品上。　兩縣令：河南縣、洛陽縣爲五代後唐首都洛陽的附郭縣，其縣令爲京縣令，正五品上。　著作郎：官名。屬中書省，爲著作局長官。掌編修國史。從五品上。　太常：指太常丞。太常寺的佐官。從五品下。　宗正：指宗正丞。宗正寺的佐官。從五品下。　殿中丞：指殿中丞。殿中監的佐官。從五品上。　奉御：官名。唐代殿中省尚食、尚藥、尚衣、尚舍、尚乘、尚輦六局的主管官員，各置二至四人。品秩爲正、從五品不等。　大理寺：官署名。掌決正刑獄。　太子中允：官名。太子左春坊次官。佐太子左庶子掌侍從贊相，駁正啓奏，監省封題。正五品。　洗馬：官名。即太子洗馬。太子屬官。掌經籍，出入侍從。從五品。　左右贊善：官名。即左右贊善大夫，分屬東宮左右春坊。掌傳令、諷諫、贊禮儀。正五品上。　太子中舍：官名。與太子中庶子共掌東宮文翰，侍從規諫太子，糾正違闕，儐相威儀，綜典奏事文書，監督醫藥，檢奏更直名册。佐太子右庶子侍從、獻納、啓奏。正五品下。　司天五官正：即司天監的

春官正、夏官正、秋官正、冬官正與中官正。掌候四方四時天文之變。正五品上。

[7]左右諸衛大將軍：唐代置十六衛，即左右衛、左右驍衛、左右武衛、左右威衛、左右領軍衛、左右金吾衛、左右監門衛、左右千牛衛，各置上將軍，從二品；大將軍，正三品；將軍，從三品。

[8]左右率府副帥："副帥"即"副率"。唐代東宮置十率，官署稱率府，長官爲率府率，副率爲副長官。

[9]"二年四月敕"至"仍依所定官資頒給"：《輯本舊史》原無，據《會要》卷八喪葬條上補，亦見明本《册府》卷六一《帝王部‧立制度門》。

十二月己卯，御史臺奏："先奉敕，前守亳州譙縣主簿盧茂謙進策內一事。[1]竊見京城內偶遭凶喪者，身不居於爵禄，葬有礙於條流，須使鼈甲車殯送者，事雖該於往制，敕已著於前文。[2]或值炎鬱所拘，偶緣留駐，利便須期於時日，貧窮旋俟於告投，停日既多，塋園又遠，伏乞特付所司，別令詳定，權免鼈甲車送葬者。奉敕：'送葬之儀，雖防越制；令文之設，亦許便時。其或候歷炎天，事從遠日，停留既久，遷送有期，車中便苦于撼搖，陌上可量于凶穢。人情所病，物議僉同，宜在酌中，庶成惻隱。應喪葬自五品已下至庶人，自春夏秋，宜並許第等置轝，其餘儀式，一切仍舊。[3]兼喪車亦不全廢，如要令陳於靈輿之前，其轝大小制度及結絡遮蔽，所使匹帛顏色并擎舁人數次第，仍令御史臺詳核，據品秩等級，士庶高低，各定規制施行。兼空城內，舊制比無居人，近日許人户逐便居止，或有喪死，旋須遷送。其出時并昇遣次第，亦可穩便制置，務在得宜者。’今臺司准敕追到兩市葬作行人白望、李温等四十七人，責得狀稱：[4] 一件，於梁開平年中，應京城海例不以高例，及庶人使錦繡車轝，並是行人自將狀於臺巡判押。一件，至同光三年中，有敕著斷錦繡，祇使常式素車轝。其轝，稍有力百姓之家，十二人至八人，魂車、虚喪車、小轝子不定人數。[5] 或是貧下，四人至兩人。迴使素紫白絹帶額遮幃，轝上使白粉掃木珠節子，上使白絲，其引魂車、小轝子使結麻網幕。後至天成三年中有敕，條流庶人斷使轝，祇令別制造鼈甲車載，亦是紫油素物，至今行内見使者。今臺司按葬作行人李温等通到狀，并於令内及天成四年六月敕内詳，穩便制置，定到五品至八品升朝官，六品至九品不升朝官等，及庶人喪葬儀制，謹具逐件如後：

五品至六品升朝官，使二十人昇轝車，竿高七尺，長一丈三尺，闊五尺，以白絹全幅爲帶額，婦人以紫絹爲帶額，並畫雲氣，周迴遮蔽，上安白粉掃木珠節子二十道。魂車一，小香轝子一，並使結麻網幕。魁頭車一，輓歌八人，練布深衣，披、引、鐸、翣各一，不得著錦繡。[6] 明器三十事，四神十二時在内，四神不得過一尺，餘不得過七寸。[7] 園宅一，方三尺。其明器物，不得以金銀毛髮裝飾。共置八轝，内許兩箇紗籠，已上並不得使結絡錦繡裝飾。如事力不辦，任自取便。

七品至八品升朝官，使一十六人昇轝車，竿高七尺，長一丈三尺，闊五尺，以白絹全幅爲帶額，婦人以紫絹全幅爲帶額，周迴遮蔽，上安白粉掃木珠節子二十道。魂車、香轝子各一，並使結麻網幕。魌頭車一，明器二十事，以木爲之，四神十二時在內，四神不得過一尺，餘不得過七寸。不得使金銀雕鏤、帖毛髮裝飾。園宅一，方二尺五寸，共置六舁。輓歌一十六人，練布深衣，披、引、鐸、翣各一，已上並不得著錦繡結絡裝飾。如事力不辦，任從所便。

六品至九品不升朝官，使一十二人舁轝車，竿高六尺，長一丈一尺，闊四尺，以白絹全幅爲帶額，婦人以紫絹爲帶額，周迴遮蔽，上安白粉掃木珠節子一十六道。魂車一，香轝子一，並使結麻網幕。明器一十五事，並不得過七寸，以木爲之，不得使金銀雕鏤、帖毛髮裝飾，共置五轝。輓歌四人，練布深衣，鐸、翣各一，不得著錦繡及別有結絡裝飾。如事力不辦，任自取便。檢校兼試官並依此例。

庶人使八人舁轝車，竿高五尺五寸，長一丈，闊四尺，男子以白絹半幅爲帶額，婦人以紫絹半幅爲帶額，周迴遮蔽。魂車一，香轝子一，並使結麻網幕。明器一十四事，以木爲之，不得過五寸，共置五轝，不得使紗籠、金銀、帖毛髮裝飾。除此外，已上不得使結絡錦繡等物色，如人戶事力不便，八人已下，任自取便。其喪轝車已准敕不全廢，任陳靈轝之前者。

已上每有喪葬，行人具所供行李單狀，申知臺巡，不使別給判狀。如所供賃不依狀內及踰制度，仍委兩巡御史勒驅使官與金吾司并門司所由，同加覺察。如有違犯，追勘行人。請依天成二年六月三十日敕文，行人徒二年，喪葬之家即不問罪者。皇城內近已降敕命指揮，每有喪葬，以色服蓋身，出城外任自逐便，如迴來不得立引魂旛子，却著孝衣入皇城內者。今請再降敕命，指揮皇城內此後每有人戶喪葬，令至晚淨後取便出門，不得取內外諸色趨朝官。右謹具定到五品至八品升朝官、六品至九品不升朝官及檢校兼試官，并庶人喪葬儀制如。"

奉敕："宜依。"[8]

[1]亳州：州名。治所在今安徽亳州市。　譙縣：縣名。治所在今安徽亳州市。　主簿：官名。縣衙佐官。掌管文書簿籍及監守印信。隨縣等級高低而品秩不同。　盧茂謙：人名。籍貫不詳。五代後唐官員。事見本書本卷。

[2]鼈甲車：靈車。顏之推《顏氏家訓·終制》："載以鼈甲車，襯土而下，平地無墳。"

[3]轝（yú）：通"輿"。

[4]葬作行：喪葬業行業組織。參見崔世平《唐五代時期的凶肆與喪葬行業組織考論》，《暨南史學》第八輯，2013 年。白望、李温爲洛陽的葬作行人。

[5]魂車：死者衣冠之車。像死者生時乘坐之形，供出喪時用。

[6]魌頭：打鬼驅疫時用的面具。　輓歌：追悼死者的哀歌，亦指送葬時的哀樂隊。　翣（shà）：殯車棺旁的羽扇裝飾。

[7]明器：陪葬器物。

[8]"十二月己卯"至"宜依"：《輯本舊史》原無，據《會要》卷九喪葬條下補。

四年五月庚子，御史中丞龍敏奏：[1]"京城士庶喪葬，近有起請條流，臣等參詳，恐未允當。伏見天成二年敕內，事節分明。凡有喪葬，行人須稟定規，據其官秩高卑，合使人數物色，先經本巡使判狀，自後別有更改，不令巡使判狀，衹遣行人具其則例申臺巡。今欲却勒行人，依舊先經兩巡使判狀，其品秩物色定制，不得輒違。別欲指揮行人，於喪葬之家，除已得本分工價錢外，保無內外邀難，乞覓文狀，送到臺巡，如有故違，必加懲責。"

敕："從之。"[2]

[1]龍敏：人名。幽州永清（今河北永清縣）人。五代後唐、後晉大臣。傳見本書卷一〇八、《新五代史》卷五六。

[2]"四年五月庚子"至"從之"：《輯本舊史》原無，據《會要》卷九喪葬條下補。

應順元年三月敕："今後藩侯帶平章事已上薨謝者，差官撰神道碑文宣示；[1]未帶平章事及刺史准令式合立碑者，其文任自製撰，不在奏聞限。"[2]

[1]神道碑：立於墓道前記載死者生平事跡的石碑。神道即墓道。

[2]"應順元年三月敕"至"不在奏聞限"：《輯本舊史》原無，據《會要》卷九喪葬條下補，亦見《輯本舊史》卷四五《唐閔帝紀》、明本《冊府》卷六一《帝王部·立制度門》。

清泰二年十月，中書門下奏："奉長興二年四月五日敕：'朝臣居喪終制，委御史臺具名申奏，諸道幕府職事除喪後，宜行恩命，州縣官纔授官，及到任一考前丁憂服闋，並與除授。'依長定格，自有節文。[1]應州縣官新授及到任一考前丁憂服闋，准格取文解南曹磨勘，申中書門下，當與除授，不得經堂陳狀。"[2]從之。[3]

[1]長定格：官吏銓選的相關法規。

[2]南曹：官署名。唐吏部員外郎掌選院，因在尚書省之南，謂之南曹。

[3]"清泰二年十月"至"從之"：《輯本舊史》原無，據《會要》卷九喪葬條下補，亦見《宋本冊府》卷六三三《銓選部·條制門》。

周廣順二年十一月丙子，詔曰："應內外文武臣僚、幕職、州縣官、舉選人等，今後有父母、祖父母亡殁未經遷葬者，其主家之長不得輒求仕進，所由司亦不得申舉解送。[1]如是卑幼在下者，不在此限。"[2]

[1]舉選人：舉人和選人。舉人爲由地方推薦，獲得參加科舉會試資格的人。選人爲候選補闕的官員。

[2]"周廣順二年十一月丙子"至"不在此限"：《輯本舊史》原無，據《宋本冊府》卷五九《帝王部·興教化門》補；亦見《會要》卷九喪葬條下廣順三年十一月條及《輯本舊史》卷一一二《周太祖紀三》廣順二年（952）十一月丙子條。《會要》繫於廣順三年。

舊五代史　卷一四一

樂志上

　　古之王者，理定制禮，功成作樂，所以昭事天地，統和人神，歷代已來，舊章斯在。洎唐季之亂，咸、鎬爲墟；梁運雖興，《英》《莖》掃地。[1]莊宗起於朔野，經始霸圖，其所存者，不過邊部鄭聲而已，先王雅樂，殆將泯絕。[2]當同光、天成之際，或有事清廟，或祈祀泰壇，雖簨簴猶施，而宮商孰辨？[3]遂使磬襄、鼗武，入河漢而不歸；湯《濩》、舜《韶》，混陵谷而俱失。[4]洎晉高祖奄登大寶，思迪前規，爰詔有司，重興二舞。[5]旋屬烽火爲亂，明法罔修，漢祚幾何，無暇制作。[6]周顯德五年冬，將立歲仗，有司以崇牙樹羽，宿設於殿庭。[7]世宗因親臨樂懸，試其聲奏，見鐘磬之類，有設而不擊者，訊於工師，皆不能對。[8]世宗惻然，乃命翰林學士、判太常寺事竇儼參詳其制，又命樞密使王朴考正其聲。[9]朴乃用古累黍之法，以審其度，造成律準，其狀如琴而巨，凡設十三弦以定六律、六呂旋相爲宮之義。[10]世宗善之，申命百官議而行之。[11]今亦備紀於後，以志五代雅樂沿革之由焉。

[1]咸、鎬爲墟：唐末喪亂，都城如秦之咸陽、周之鎬京一樣淪爲廢墟。　《英》《莖》掃地：意爲雅樂敗壞。據《漢書·禮樂志》：“昔黃帝作《咸池》，顓頊作《六莖》，帝嚳作《五英》，堯作《大章》，舜作《招》，禹作《夏》，湯作《濩》。”後以“英”“莖”泛指先王雅樂。《招》即《韶》。

[2]莊宗：即五代後唐莊宗李存勗。李克用之子，後唐開國皇帝。923 年至 926 年在位。紀見本書卷二七至卷三四、《新五代史》卷四至卷五。　鄭聲：春秋戰國時鄭國的音樂。《論語·衛靈公》：“放鄭聲，遠佞人。鄭聲淫，佞人殆。”

[3]同光：五代後唐莊宗李存勗年號（923—926）。　天成：五代後唐明宗李嗣源年號（926—930）。　有事清廟：指在宗廟祭祀祖先。　祈祀泰壇：泰壇爲祭天之所。泛指祭祀天地神祇。　簨（sǔn）簴（jù）：即編鐘編磬。鐘磬的架稱簨虡，橫爲簨，豎爲簴。編鐘一架也作一簨。　宮商：傳統樂理中的“五音”，爲宮、商、角、徵、羽。此處舉宮商以代指五音。

[4]磬襄、鼗（táo）武：即擊磬襄、播鼗武。傳説中的音樂家，分別名襄、武。事見《論語·微子》：“太師摯適齊，亞飯干適楚，三飯繚適蔡，四飯缺適秦，鼓方叔入於河，播鼗武入於漢，少師陽、擊磬襄入於海。”

[5]晉高祖：即五代後晉高祖石敬瑭。沙陀部人。五代後唐將領、後晉開國皇帝。936 年至 942 年在位。紀見本書卷七五至卷八〇、《新五代史》卷八。　二舞：宮廷樂舞分文舞、武舞兩大類，用於祭祀天地、宗廟及朝會享宴。

[6]明法罔修：中華書局本有校勘記：“‘明’上原有‘聲’字，據殿本、劉本刪。”

[7]顯德：五代後周太祖郭威年號（954）。世宗柴榮、恭帝柴宗訓沿用（954—960）。　歲仗：指正月初一日舉行元正大朝會時所立的儀仗。　崇牙樹羽：語出《詩·周頌·有瞽》：“有瞽有瞽，在周之庭。設業設虡，崇牙樹羽。”

[8]世宗：即五代後周世宗柴榮。邢州龍岡（今河北邢臺市）人。郭威養子。954年至959年在位。紀見本書卷一一四至卷一一九、《新五代史》卷一二。　樂懸：鐘、磬等樂器懸掛於架子上，稱爲樂懸。泛指陳設的樂器。　工師：指樂工、樂師。

[9]翰林學士：官名。由南北朝始設之學士發展而來，唐玄宗改翰林供奉爲翰林學士，備顧問，代王言。掌拜免將相、號令征伐等詔令的起草。　判太常寺事：官名。太常寺長官。掌祭祀禮儀等事。　竇儼：人名。薊州漁陽（今天津市薊州區）人。五代、宋初大臣。傳見《宋史》卷二六三。　樞密使：官名。樞密院長官。五代時以士人爲之，備顧問，參謀議，出納詔奏，權侔宰相。參見李全德《唐宋變革期樞密院研究》，國家圖書館出版社2009年版。王朴：人名。東平（今山東東平縣）人。五代後周大臣，官至樞密使。傳見本書卷一二八、《新五代史》卷三一。

[10]累黍之法：用黍粒來計量的方法。用一定的方式排列黍粒，作爲分、寸、尺的長度單位，以此確定律管的長度以定音。六律、六吕：以竹管製成的定音器。樂律分陰陽各六，共十二樂律。六律即六陽律，六吕即六陰律。《周禮·春官·大師》：“大師掌六律六同，以合陰陽之聲。陽聲：黃鐘、大蔟、姑洗、蕤賓、夷則、無射。陰聲：大吕、應鐘、南吕、函鐘、小吕、夾鐘。”

[11]“周顯德五年冬”至“申命百官議而行之”：《通鑑》卷二九四《後周紀五》世宗顯德六年正月條載：“初，有司將立正仗，宿設樂縣於殿庭，帝觀之，見鐘磬有設而不擊者，問樂工，皆不能對。乃命竇儼討論古今，考正雅樂。王朴素曉音律，帝以樂事詢之，朴上疏，以爲：‘禮以檢形，樂以治心；形順於外，心和於內，然而天下不治者未之有也。是以禮樂脩於上，萬國化於下，聖人之教不肅而成，其政不嚴而治，用此道也。夫樂生於人心而聲成於物，物聲既成，復能感人之心。昔黃帝吹九寸之管，得黃鍾正聲，半之爲清聲，倍之爲緩聲，三分損益之以生十二律。十二律旋相爲宮以生七調，爲一均。凡十二均、八十四調而大備。遭秦滅學，歷

代治樂者罕能用之。唐太宗之世，祖孝孫、張文收考正大樂，備八十四調。安、史之亂，器與工什亡八九；至于黃巢，蕩盡無遺。時有太常博士殷盈孫，按《考工記》，鑄鎛鍾十二，編鍾二百四十。處士蕭承訓校定石磬，今之在縣者是也。雖有鍾磬之狀，殊無相應之和，其鎛鍾不問音律，但循環而擊，編鍾、編磬徒懸而已。絲、竹、匏、土僅有七聲，名爲黃鍾之宮，其存者九曲。考之三曲協律，六曲參涉諸調。蓋樂之廢缺，無甚於今。陛下武功既著，垂意禮樂，以臣嘗學律呂，宣示古今樂録，命臣討論。臣謹如古法，以秬黍定尺，長九寸徑三分爲黃鍾之管，與今黃鍾之聲相應，因而推之，得十二律。以爲衆管互吹，用聲不便，乃作律準，十有三弦，其長九尺，皆應黃鍾之聲，以次設柱，爲十一律，及黃鍾清聲，旋用七律以爲一均。爲均之主者，宮也，徵、商、羽、角、變宮、變徵次焉。發其均主之聲，歸于本音之律，迭應不亂，乃成其調。凡八十一調。此法久絶，出臣獨見，乞集百官校其得失。詔從之，百官皆以爲然，乃行之。"

梁開平初，太祖受禪，始建宗廟，凡四室，每室有登歌、酌獻之舞：[1]

蕭祖宣元皇帝室曰《大合之舞》。[2]

敬祖光獻皇帝室曰《象功之舞》。[3]

憲祖昭武皇帝室曰《來儀之舞》。[4]

烈祖文穆皇帝室曰《昭德之舞》。[5]

登歌樂章各一首。[6]

[1]開平：五代後梁太祖朱温年號（907—911）。　太祖：即五代後梁太祖朱温。宋州碭山（今安徽碭山縣）人。唐末軍閥、後梁開國皇帝。907年至913年在位。紀見本書卷一至卷七、《新五代

史》卷一。　宗廟：供奉皇帝祖宗神主牌位，帝王、太子等皇族祭祀祖宗的處所。此處所設宗廟即後梁的太廟。　登歌：古代祭典、大朝會以及宴饗時登堂而歌。　酌獻：酌酒設樂以祀天供神。登歌、酌獻時皆有相應的舞蹈。

[2] 肅祖宣元皇帝：五代後梁太祖朱溫的四世祖朱黯。廟號“肅祖”，謚號“宣元皇帝”。

[3] 敬祖光獻皇帝：五代後梁太祖朱溫的曾祖朱茂琳。廟號“敬祖”，謚號“光獻皇帝”。中華書局本有校勘記：“‘獻’，原作‘憲’，據《五代會要》卷七、《册府》卷一八九改。按本書卷三《梁太祖紀三》：‘皇曾祖宣惠王上謚曰光獻皇帝。’”“光憲”，《會要》卷七廟樂條、《宋本册府》卷一八九《閏位部·奉先門》均作“光獻”，《册府》卷五七〇《掌禮部·作樂門六》作“光憲”。中華書局本所引《梁太祖紀三》之文，録自《册府》卷一八七，非録自《大典》，不能引以爲據。

[4] 憲祖昭武皇帝：五代後梁太祖朱溫的祖父朱信。廟號“憲祖”，謚號“昭武皇帝”。

[5] 烈祖文穆皇帝室曰昭德之舞：烈祖文穆皇帝，即五代後梁太祖朱溫的父親朱誠。廟號“烈祖”，謚號“文穆皇帝”。中華書局本有校勘記：“‘文穆’原作‘文祖’，據殿本及《五代會要》卷七、《册府》卷五七〇改。”《册府》卷一八九《閏位部·奉先門》亦作“文穆”。昭德，《輯本舊史》之影庫本粘籤：“昭德，原本作‘曉往’，今據《五代會要》改正。”見《會要》卷七廟樂條。《册府》卷五七〇亦作“昭德”。

[6] 登歌樂章各一首：《舊五代史考異》：“案《五代會要》云：‘太常少卿楊焕撰。’”見《會要》卷七。

二年春，梁祖將議郊禋，有司撰進樂名、舞名：[1]
樂曰《慶和之樂》。

　　舞曰《崇德之舞》。[2]

　　皇帝行，奏《慶順》。

　　奠玉帛、登歌，奏《慶平》。[3]

　　迎俎，奏《慶肅》。[4]

　　酌獻，奏《慶熙》。

　　飲福酒，奏《慶隆》。[5]

　　送文舞、迎武舞，奏《慶融》。

　　亞獻，奏《慶和》。[6]

　　終獻，奏《慶休》。[7]

　　樂章各一首。

　　太廟迎神，舞名《開平》。

　　皇帝行、盥手、登歌、飲福酒、徹豆、送神，皆
奏樂。[8]

　　樂章各一首。

　　[1]郊禋：即南郊祭天。在一系列祭天儀式之後，在燎壇上以
柴火焚燒犧牲玉幣等祭品，煙氣升騰於天，故稱“郊禋”。

　　[2]舞曰《崇德之舞》：《輯本舊史》之影庫本粘籤：“崇德，
原本作‘崇釋’，今據《五代會要》改正。”見《會要》卷七雅樂
條。《宋本冊府》卷五七〇《掌禮部·作樂門六》同《會要》。

　　[3]奠玉帛：將玉器、幣帛置放在案上以祀天。“帛”，《會要》
卷七雅樂條同，《冊府》卷五七〇作“幣”。

　　[4]迎俎：古代置肉的几、切肉用的砧板、祭祀和設宴時陳置
牲口的器具，均稱俎。迎俎，指獻官迎俎以進獻於天。

　　[5]飲福酒：簡稱“飲福”。酒被進獻給天之後成爲“福酒”，
祭祀完畢獻官飲下福酒，是爲“飲福”。

　　[6]亞獻：祭祀過程中，一般要在陳設祭品以後三次獻酒，即

初獻、亞獻、終獻。

［7］"亞獻"至"奏慶休"：《會要》卷七雅樂條載："亞獻、終獻，奏慶休之曲。送神，奏慶和之曲。"《册府》卷五七〇載："亞獻、終獻，奏《慶休》之曲。"

［8］徹豆：豆爲竹製的禮器，用於盛放肉或其他食品。徹豆是祭祀完成階段的一個環節。　皆奏樂：《輯本舊史》之影庫本粘籤："奏樂，原本脱'奏'字，今從《文獻通考》增入。"見《通考》卷一四三《樂考十六·樂歌》。

唐莊宗光聖神閔孝皇帝廟室酌獻，舞《武成之舞》。[1]

登歌樂章一首。[2]

明宗聖德和武欽孝皇帝廟室酌獻，舞《雍熙之舞》。[3]

登歌樂章一首。[4]

［1］舞《武成之舞》："武成"，《舊五代史考異》："原本脱'成'字，今據《五代會要》增入。"見《會要》卷七廟樂條，《輯本舊史》卷三七《唐明宗紀三》天成元年（926）八月乙酉條、《宋本册府》卷五七〇《掌禮部·作樂門六》天成元年八月條、《通考》卷一二九《樂考二·歷代樂制》均作"成"。

［2］登歌樂章一首：《舊五代史考異》："案《五代會要》云：尚書兵部侍郎崔君儉撰。"崔君儉爲崔居儉之誤。《會要》卷七廟樂條實作"居"，本不誤。

［3］明宗：即五代後唐明宗李嗣源。沙陀部人。原名邈佶烈，李克用養子。926年至933年在位。紀見本書卷三五至卷四四、《新五代史》卷六。

［4］"明宗聖德和武欽孝皇帝廟室酌獻"至"登歌樂章一首"：

《舊五代史考異》：“案《五代會要》云：太常卿盧文紀撰。”見《會要》卷七廟樂條。

晋高祖聖文章武明德孝皇帝廟室酌獻，舞《咸和之舞》。

　　登歌樂章一首。[1]

　　[1]登歌樂章一首：《舊五代史考異》：“案《五代會要》云：太子賓客、判太常寺事趙光輔撰。”見《會要》卷七廟樂條。

漢文祖明元皇帝廟室酌獻，舞《靈長之舞》。[1]

德祖恭僖皇帝廟室酌獻，舞《積善之舞》。[2]

翼祖昭獻皇帝廟室酌獻，舞《顯仁之舞》。[3]

顯祖章聖皇帝廟室酌獻，舞《章慶之舞》。[4]

　　登歌樂章各一首。[5]

高祖睿文聖武昭肅孝皇帝廟室酌獻，舞《觀德之舞》。[6]

　　登歌樂章一首。

　　[1]漢文祖明元皇帝：五代後漢高祖劉知遠的四代祖劉湍。廟號“文祖”。謚號“明元皇帝”。事見本書卷九九。

　　[2]德祖恭僖皇帝：五代後漢高祖劉知遠的曾祖劉昂。廟號“德祖”。謚號“恭僖皇帝”。事見本書卷九九。

　　[3]翼祖昭獻皇帝：五代後漢高祖劉知遠的祖父劉僎。廟號“翼祖”，謚號“昭獻皇帝”。事見本書卷九九。

　　[4]顯祖章聖皇帝：五代後漢高祖劉知遠之父劉琠。廟號“顯祖”，謚號“章聖皇帝”。事見本書卷九九。

　　[5]"漢文祖明元皇帝廟室酌獻"至"登歌樂章各一首"：《舊五代史考異》："案《五代會要》云：太常卿張昭撰。"見《會要》卷七廟樂條。

　　[6]高祖睿文聖武昭肅孝皇帝：五代後漢高祖劉知遠。沙陀部人，後世居於太原。五代後唐、後晉將領，後漢開國皇帝。947年至948年在位。廟號"高祖"，謚號"睿文聖武昭肅孝皇帝"。紀見本書卷九九至卷一〇〇、《新五代史》卷一〇。　酌獻：《輯本舊史》之影庫本粘籤："酌獻，原本脫'獻'字，今從《五代會要》增入。"見《會要》卷七廟樂條。

　　周信祖睿和皇帝廟室酌獻，舞《肅雍之舞》。[1]
　　僖祖明憲皇帝廟室酌獻，舞《章德之舞》。[2]
　　義祖翼順皇帝廟室酌獻，舞《善慶之舞》。[3]
　　慶祖章肅皇帝廟室酌獻，舞《觀成之舞》。[4]
　　登歌樂章各一首。
　　太祖聖神恭肅文武孝皇帝廟室酌獻，舞《明德之舞》。[5]
　　世宗睿武孝文皇帝廟室酌獻，舞《定功之舞》。[6]
　　登歌樂章各一首。[7]

　　[1]周信祖睿和皇帝：五代後周太祖郭威的四世祖郭璟。廟號"信祖"，謚號"睿和皇帝"。

　　[2]僖祖明憲皇帝：五代後周太祖郭威的曾祖郭諶。廟號"僖祖"，謚號"明憲皇帝"。中華書局本有校勘記："'僖祖'，原作'僖宗'，據殿本、《五代會要》卷七、《冊府》卷五七〇改。按本書卷一一〇《周太祖紀一》：'曾祖諱諶。追尊爲明憲皇帝，廟號僖祖。'"見《會要》卷七廟樂條。

〔3〕義祖翼順皇帝：五代後周太祖郭威的祖父郭蘊。廟號"義祖"，謚號"翼順皇帝"。

〔4〕慶祖章肅皇帝：五代後周太祖郭威的父親郭簡。廟號"慶祖"，謚號"章肅皇帝"。

〔5〕太祖聖神恭肅文武孝皇帝：五代後周太祖郭威。邢州堯山（今河北隆堯縣）人。五代後周開國皇帝。廟號"太祖"，謚號"聖神恭肅文武孝皇帝"。951年至954年在位。紀見本書卷一一〇至卷一一三、《新五代史》卷一一。　舞明德之舞：《輯本舊史》之影庫本粘籤："明德，原本脱'明'字，今從《五代會要》增入。"見《會要》卷七廟樂條。明本《册府》卷五七〇、《通考》卷一四五《樂考》亦作"明德"。

〔6〕世宗睿武孝文皇帝廟室酌獻，舞《定功之舞》：此條亦見《册府》卷五七〇，文字稍異。

〔7〕登歌樂章各一首：《舊五代史考異》："案《五代會要》云：'太祖廟室樂章，太常卿田敏撰。世宗廟室樂章，翰林學士、判太常寺事竇儼撰。'"見《會要》卷七廟樂條，"翰林學士"後有"中書舍人"四字。

樂章詞多不録。
右樂章

晋天福四年十二月，禮官奏：[1]"來歲正旦，王公上壽，皇帝舉酒，請奏《玄同之樂》；[2]再舉酒，奏《文同之樂》。"從之。[3]

〔1〕天福：五代後晋高祖石敬瑭年號（936—942）。出帝石重貴沿用至九年（944）。後漢高祖劉知遠繼位後沿用一年，稱天福十二年（947）。

[2]正旦：又稱"元正""元旦"。即農曆正月初一日。　上壽：在大朝會禮儀之"會"的環節中，群臣依次向皇帝敬酒、祝壽。

[3]"晋天福四年十二月"至"從之"：《會要》卷七雅樂條，"來歲正旦王公上壽"作"正、至王公上壽"，"再舉酒，奏《文回之樂》"作"再拜受酒，皇帝三獻，皆奏《文同樂》"。《宋本册府》卷五七〇《掌禮部·作樂門六》十二月庚戌條甚詳，"再舉酒，奏《文同之樂》"作"再飲、三飲並奏《文同之樂》"。《輯本舊史》卷七八《晋高祖紀四》繫此事於該月庚戌（十四），"再舉酒奏文同之樂"作"再飲，奏文同之樂；三飲，奏同前"。

五年，始議重興二舞，詔曰："正、冬二節，朝會舊儀，廢於離亂之時，興自和平之代。將期備物，全繫用心；須議擇人，同爲定制。其正冬朝會禮節、樂章、二舞行列等事宜，差太常卿崔梲、御史中丞竇貞固、刑部侍郎呂琦、禮部侍郎張允與太常寺官一一詳定。[1]禮從新意，道在舊章，庶知治世之和，漸見移風之善。"

[1]正冬朝會：元正大朝會、冬至大朝會的合稱。　太常卿：官名。西漢置太常，南朝梁始置太常卿，唐、五代沿置。太常寺長官。掌宗廟祭祀禮樂及教育等。正三品。　崔梲（zhuō）：人名。博陵安平（今河北安平縣）人。五代後梁進士，歷仕後梁、後唐、後晋。傳見本書卷九三、《新五代史》卷五五。　御史中丞：官名。如不置御史大夫，則爲御史臺長官。掌司法監察。正四品下。　竇貞固：人名。同州白水（今陝西白水縣）人。五代後唐至宋初大臣，後唐進士，後漢宰相。傳見《宋史》卷二六二。　刑部侍郎：官名。尚書省刑部次官。協助刑部尚書掌天下刑法及徒隸、勾覆、關禁之政令。正四品下。　呂琦：人名。幽州安次（今河北廊坊市）人。五代後唐、後晋官員。傳見本書卷九二、《新五代史》卷

五六。《輯本舊史》之影庫本粘籤："呂琦，原本作'呂嶇'，今從《歐陽史》改正。"《宋本册府》卷五七〇《掌禮部·作樂門六》、《會要》卷六論樂條上亦作"呂琦"。　禮部侍郎：官名。尚書省禮部次官。協助禮部尚書掌禮儀、祭享、貢舉之政。正四品下。　張允：人名。鎮州束鹿（今河北辛集市）人。五代後唐至後漢官員。傳見本書卷一〇八、《新五代史》卷五七。　太常寺：官署名。掌禮樂、郊廟、社稷、祠祀之事。

　　其年秋，梲等具述制度上奏云：

　　"按《禮》云：'天子以德爲車，以樂爲御。'[1]'大樂與天地同和，大禮與天地同節。'[2]又曰：'安上治人，莫善於禮；移風易俗，莫善於樂。'[3]故《樂書·議舞》云：[4]'夫樂在耳曰聲，在目曰容。聲應乎耳，可以聽知；容藏於心，難以貌覩。故聖人假干戚羽旄，以表其容，發揚蹈厲，以見其意，聲容和合，則大樂備矣。[5]

　　又按《義鏡》，問：[6]'鼓吹十二按合於何所？'[7]答云：'《周禮》鼓人掌六鼓四金，漢朝乃有黄門鼓吹。'[8]崔豹《古今注》云：[9]因張騫使西域，得《摩訶兜勒》一曲。[10]李延年增之，分爲二十八曲。[11]梁置鼓吹清商令二人。[12]唐又有搄鼓、金鉦、大鼓、長鳴、歌簫、笳、笛，合爲鼓吹十二按，大享會則設於懸外。[13]此乃是設二舞及鼓吹十二按之由也。

　　今議一從令式，排列教習。文舞郎六十四人，分爲八佾，每佾八人。[14]左手執籥。《禮》云：'葦籥，伊耆氏之樂也。'[15]《周禮》有'籥師，教國子'。[16]爾雅曰：籥如笛，三孔而短，大者七孔，謂之籈。[17]歷代已來，文舞所用，凡用籥六十有四。右手執翟，《周禮》所謂羽舞也。[18]《書》云：‘舞干羽於兩階。’[19]翟，山雉也，以雉羽分析連攢而爲之。[20]二人執蠹前引，數於舞人之外。舞人冠進賢冠，服黃紗袍，白紗中單，皂領褾，白練襈襠，白布大口袴，革帶，烏皮履，白布襪。[21]武舞郎六十四人，分爲八佾。左手執干。干，楯也，今之旁牌，所以翳身也，其色赤，中畫獸形，故謂之朱干。[22]《周禮》所謂兵舞，取其武象，用楯六十有四。[23]右手執戚。戚，斧也，上飾以玉，故謂之玉戚。[24]二人執旌前引，旌似旗而小，絳色，畫升龍。二人執鼗鼓，二人執鐸。[25]《周禮》有四金之奏，其三曰金鐸，以通鼓，形如大鈴，仰而振之。金錞二，每錞二人舉之，一人奏之。[26]《周禮》四金之奏，一曰金錞，以和鼓，銅鑄爲之，其色玄，其形圓，若椎，上大下小，高三尺六寸有六分，圍二尺四寸，上有伏虎之狀，旁有耳，獸形銜環。[27]二人執鐃以次之。[28]《周禮》四金之奏，二曰金鐃，以止鼓，如鈴無舌，搖柄以鳴之。[29]二人掌相在左，《禮》云：‘理亂以相。’制如小鼓，用皮爲表，實之以糠，撫之以節樂。二人掌雅在右，《禮》云：‘訊疾以雅。’以木爲之，狀如漆筒而揜口，大二圍，長五尺六寸，以羖皮鞔之，旁有二紐，髤畫，賓醉而出，以器築地，明行不失節。[30]武舞人服弁，平巾幘，金支緋絲布大袖，緋絲布裲襠，甲金飾，白練襈襠，錦騰蛇起梁帶，豹文大口布袴，烏皮靴。[31]

工人二十，數於舞人之外。武弁朱褠，革帶，烏皮履，白練襠襠，白布襪。殿庭仍加鼓吹十二按。^[32]《義鏡》云：‘帝設氈桉，以氈爲牀也。’^[33]今請制大牀十二，牀容九人，振作歌樂，其牀爲熊羆貙豹騰倚之狀以承之，象百獸率舞之意。分置於建鼓之外，各三桉，每桉羽葆鼓一，大鼓一，金錞一，歌二人，簫二人，笳二人。^[34]十二桉，樂工百有八人，舞郎一百三十有二人，取年十五已上弱冠已下，容止端正者。其歌曲名號、樂章詞句，中書條奏，差官修撰。”^[35]

從之。^[36]

[1]天子以德爲車，以樂爲御：語出《禮記·禮運》。

[2]大樂與天地同和，大禮與天地同節：語出《禮記·樂記》。

[3]“安上治人”至“莫善於樂”：語出《孝經·廣要道章》“孔子曰”。原文作“移風易俗，莫善於樂；安上治民，莫善於禮”。

[4]《樂書·議舞》：《議舞》當爲《樂書》中的某一篇章。此《樂書》當爲五代以前的音樂理論書籍，今已佚。

[5]干戚羽旄：樂舞時所執之具。干，盾；戚，斧；羽，雉羽；旄，旄牛尾。 聲容和合：中華書局本有校勘記：“‘容’字原無，據殿本及《會要》卷六補。”見《會要》卷六論樂條上。《册府》卷五七〇亦無“容”字。

[6]義鏡：書名。今已佚。

[7]鼓吹：大型器樂合奏。演奏的樂曲、演奏鼓吹樂的樂隊也稱鼓吹。

[8]《周禮》鼓人掌六鼓四金：語出《周禮·地官司徒·鼓人》。原文爲“鼓人掌教六鼓四金之音聲”。 黃門鼓吹：官署名。

即黃門鼓吹署。漢置，掌燕樂舞蹈。有時亦以黃門鼓吹指代樂隊、音樂。

[9]崔豹《古今注》：崔豹所撰《古今注》。今已佚。

[10]張騫：人名。西漢漢中成固（今陝西城固縣）人。二次出使西域，使西域諸國與漢通好。傳見《漢書》卷六一。

[11]李延年：人名。中山（今河北定州市）人。西漢武帝時的樂師、外戚、官員。傳見《史記》卷一二五。

[12]鼓吹清商令：官名。掌鼓吹音樂。《晋書》卷二載，三國魏正元元年（254），“清商令令狐景諫帝，帝燒鐵炙之。太后遭合陽君喪，帝嬉樂自若。清商丞龐熙諫帝，帝勿聽。”則三國魏時已置清商令。

[13]摑鼓：一種小鼓，奏樂時常先擊此鼓作爲前奏，引出大鼓。中華書局本有校勘記：“‘摑鼓’原作‘堝鼓’，據《通鑑》卷一八九胡注引《薛史》改。”見《通鑑》卷一八九武德四年（621）七月甲子條胡注引薛居正史。　金鉦：或稱“丁寧”，形似鐘而狹長，有長柄，用時口向上，以槌敲擊。　長鳴：號筒。　歌簫：排簫。　篍：管樂器。與篳篥相似，又名胡笳。　大享會：大型祭祀、宴會典禮。

[14]八佾：古代天子專用樂舞。佾，舞列。《左傳》隱公五年杜預注：“天子用八，八八六十四人。”

[15]葦籥，伊耆氏之樂也：語出《禮記·明堂位》。

[16]籥師，教國子：語出《周禮·春官宗伯·籥師》。原文爲“籥師，掌教國子舞羽龡籥”。

[17]“籥如笛”至“謂之簜”：語出《爾雅·釋樂》。原文爲“大籥謂之産”，郭璞注曰：“籥如笛，三孔而短小。《廣雅》云：七孔其中謂之仲，小者謂之箹。”

[18]羽舞：《周禮·春官宗伯·樂師》：“凡舞，有帗舞，有羽舞，有皇舞，有旄舞，有干舞，有人舞。”

[19]舞干羽於兩階：語出《尚書·大禹謨》。

[20]連攢：《舊五代史考異》："案：原本訛'運攢'，今據《五代會要》改正。"見《會要》卷六論樂條上。《册府》卷五七〇亦作"連攢"。

[21]進賢冠：儒生、官員戴的黑布冠，以"進賢"爲名。服黃紗袍，白紗中單：中單亦作"中襌"，是朝服、祭服的里衣。以單層白色紗羅製成，穿於外袍之下的"中衣"，故名。中華書局本有校勘記：" '袍白紗'三字原闕，據《樂府詩集》卷五二引《五代史·樂志》、《五代會要》卷六、《册府》卷五七〇補。"見《會要》卷六論樂條上、《册府》卷五七〇。亦見《新五代史》卷五五《崔梲傳》。　皂領襟：黑色的衣領、衣袖、衣邊。　白練襦襠：以白色熟絹製成的大袖上襦。即袖子寬大的短衣。參見譚蟬雪《襦襠探析》，《敦煌研究》2006年第3期。　白布大口袴："袴"同"褲"。以白布製成，口沿寬大的褲子。　革帶：皮革製成的束衣帶。　烏皮履：履黑色皮革製成的鞋履。　白布襪：以白布製成的襪子。

[22]干，楯也：中華書局本有校勘記：" '也'字原闕，據《五代會要》卷六、《册府》卷五七〇補。"見《會要》卷六論樂條上、《册府》卷五七〇。

[23]取其武象：中華書局本有校勘記：" '其'字原闕，據《五代會要》卷六、《册府》卷五七〇補。"見《會要》卷六論樂條上、《册府》卷五七〇。

[24]戚，斧也："戚"，中華書局本有校勘記："此字原闕，據《五代會要》卷六、《册府》卷五七〇補。"見《會要》卷六論樂條上、《册府》卷五七〇。

[25]鼗鼓：有柄的小鼓。以木貫之，搖之作聲。　鐸：有柄、有舌的大鈴，振舌發聲。

[26]金錞（chún）：以青銅製作的筒狀樂器。形如圓筒，上大下小，頂上多爲虎形鈕，可懸掛，擊之而鳴。

[27]若椎：中華書局本有校勘記：" '椎'原作'權'，據劉

本、《册府》卷五七〇改。《五代會要》卷六作‘碓頭’。"《册府》卷五七〇作"若椎"。

[28]鐃（náo）：銅質圓形的樂器。鄭玄注《周禮·鼓人》："鐃如鈴無舌，有秉，執而鳴之，以止擊鼓。"

[29]以止鼓：中華書局本有校勘記："‘止’原作‘上’，據殿本、劉本、《五代會要》卷六、《册府》卷五七〇改。"見《會要》卷六、《册府》卷五七〇。按《周禮·鼓人》云："以金鐃止鼓。"

[30]大二圍：中華書局本有校勘記："原作‘大二尺圍’，據《五代會要》卷六、《册府》卷五七〇改。按《周禮·笙師》注云：‘雅狀如漆筩而弇口，大二圍。’"今從。

[31]弁：冠帽的一種。用赤黑色布製作的叫爵弁，是文冠；白鹿皮製作的叫皮弁，是武冠。武舞人所服當爲皮弁。　平巾幘：亦稱"平上幘"，一種平頂頭巾。漢代興起，至魏晉時爲武官所戴。隋唐時亦爲武官公事通服，天子、皇太子乘馬則服之。後其用漸寬泛。歷代形制多有變化。　金支緋絲布大袖：以紅色絲綫織成，以金支爲飾，袖子寬大的舞服。金支是一種黄金飾品。中華書局本有校勘記："‘布’字原闕，據《樂府詩集》卷五二引《五代史·樂志》、《册府》卷五七〇補。"亦見《新五代史》卷五五《崔梲傳》。《會要》卷六亦無"布"字。　裲襠：裲襠又稱襠服、兩當。《釋名·釋衣服》："裲襠，其一當胸，其一當背也。"王念孫《釋名疏證補》："今俗謂之背心，當背當心，亦兩當之義也。"裲襠的構造與現代的背心近似，一般分爲前後片，以布帛製成。肩部以皮制襻聯綴，腰間以皮帶係紮。　錦騰蛇起梁帶：以帶鐍爲端首的革製腰帶，以錦騰蛇爲飾。《新唐書·車服志》："起梁帶之制：三品以上，玉梁寶鈿，五品以上，金梁寶鈿。"

[32]武弁朱褠：《舊五代史考異》："案：原本‘褠’訛‘構’，今據《五代會要》改正。"　《會要》卷六作"韝"。《册府》卷五七〇亦作"褠"。

[33]帝設氈桉：中華書局本有校勘記："‘帝’，《册府》卷

五七〇同，《五代會要》卷六作‘常’。”見《會要》卷六論樂條上。

[34]建鼓：樂器名。鼓的一種，用於祭祀、軍事。《儀禮·大射禮》：“建鼓在阼階西。”鄭玄注：“建猶樹也。以木貫而載之，樹之跗也。”《漢書》卷七七《何並傳》：顏師古曰：“建鼓，一名植鼓。建，立也。謂植木而旁懸鼓焉。縣有此鼓者，所以召集號令，爲開閉之時。”　羽葆鼓：以羽毛裝飾的鼓。　金錞一：“金錞”，《輯本舊史》之影庫本粘籤：“金錞，原本作‘金釦’，今從《五代會要》改正。”見《會要》卷六論樂條上、《新五代史》卷五五《崔梲傳》。《册府》卷五七〇亦作“錞”。

[35]中書：官署名。“中書門下”的簡稱。唐代以來爲宰相處理政務的機構。參見劉後濱《唐代中書門下體制研究——公文形態·政務運行與制度變遷》，齊魯書社 2004 年版。

[36]從之：《輯本舊史》之編者在此下以小注形式詳引《新五代史》卷五五《崔梲傳》。其可供校證者已在校勘記中引用，其餘不録。《高祖紀》天福五年（940）八月己亥條載：“詳定院以先奉詔詳定冬正朝會禮節、樂章、二舞行列等事上之，事具《樂志》。”本條所載即爲《高祖本紀》之詳述。

　　漢高祖受命之年，秋九月，太常卿張昭上疏，奏改一代樂名，其略曰：[1]昔周公相成王，制禮作樂，殿庭徧奏六代舞，所謂《雲門》《大咸》《大韶》《大夏》《大濩》《大武》也。周室既衰，王綱不振，諸樂多廢，唯大韶、大武二曲存焉。秦、漢以來，名爲二舞：文舞，韶也；武舞，武也。漢時改爲《文始》《五行之舞》，歷代因而不改。貞觀作樂之時，祖孝孫改隋文舞爲《治康之舞》，武舞爲《凱安之舞》。[2]貞觀中，有

《秦王破陣樂》《功成慶善樂》二舞，樂府又用爲二舞，是舞有四焉。前朝行用年深，不可遽廢，俟國家偃伯靈臺，即別召工師，更其節奏，今改其名，具書如左：[3] 祖孝孫所定二舞名，文舞曰《治康之舞》，請改爲《治安之舞》；[4] 武舞曰《凱安之舞》，請改爲《振德之舞》。貞觀中二舞名，文舞《功成慶善樂》，前朝名《九功舞》，請改爲《觀象之舞》；[5] 武舞《秦王破陣樂》，前朝名爲《七德舞》，請改爲《講功之舞》。[6] 其《治安》《振德》二舞，請依舊郊廟行用，以文舞降神，武舞送神。其《觀象》《講功》二舞，請依舊宴會行用。

[1]太常卿："太常卿"前原有"權"字。天福十二年（947）九月壬子朔，《輯本舊史》卷一〇〇《漢高祖紀下》天福十二年九月甲戌（二三）條亦載"權太常卿張昭上疏，奏改一代樂名"。但同卷同年同月九月丁卯（十六）條已載："以吏部侍郎、權判太常卿事張昭爲太常卿。"故此"權"字及卷一〇〇之九月甲戌條之"權"字均應删。《會要》卷七雅樂條作"判守太常寺"，亦無"權"字。中華書局本未删。　張昭：人名。原名張昭遠，五代後漢時避高祖劉知遠諱，去"遠"字。濮州范縣（今河南范縣）人。五代後唐至宋初官員。傳見《宋史》卷二六三。

[2]貞觀：唐太宗李世民的年號（627—649）。　祖孝孫：人名。幽州范陽（今河北涿州市）人。隋、唐初官員，博學曉曆算。傳見《舊唐書》卷七九。

[3]偃伯靈臺：中華書局本有校勘記："原作'偃武於靈臺'，據殿本、《册府》卷五七〇改。影庫本批校：'"偃武于靈臺"句，原本作"偃伯靈臺"，是，誤改作"偃武"，非。'"

[4]《治康之舞》：《輯本舊史》之影庫本粘籤："治康，原本

作'治廣'，今從五代會要改正。"見《會要》卷七雅樂條。《册府》卷五七〇亦作"治康"。

[5]文舞《功成慶善樂》：中華書局本有校勘記："'文舞'原作'文武'，據殿本、《五代會要》卷七、《册府》卷五七〇改。"見《會要》卷七雅樂條。

[6]武舞《秦王破陣樂》：中華書局本有校勘記："'武舞'二字原闕，據《册府》卷五七〇補。按《册府》卷二七：'初太宗在藩，樂工爲《秦王破陣樂》，舞以歌用兵之妙，貞觀初以爲武舞。'"見明本《册府》卷二七《帝王部·孝德門》永徽二年（651）十一月辛酉條。亦見《會要》卷七雅樂條。

又請改《十二和樂》云：

昔周朝奏六代之樂，即今二舞之類是也。其賓祭常用，別有《九夏之樂》，即《肆夏》《皇夏》等是也。[1]梁武帝善音樂，改《九夏》爲《十二雅》，前朝祖孝孫改"雅"爲"和"，示不相沿也。[2]臣今改"和"爲"成"，取《韶》樂九成之義也。《十二成樂曲》名：祭天神奏《豫和之樂》，請改爲《禋成》；祭地祇奏《順和》，請改爲《順成》；祭宗廟奏《永和》，請改爲《裕成》；祭天地、宗廟，登歌奏《肅和》，請改爲《肅成》；皇帝臨軒奏《太和》，請改爲《政成》；[3]王公出入奏《舒和》，請改爲《弼成》；皇帝食舉及飲宴奏《休和》，請改爲《德成》；皇帝受朝、皇后入宮奏《正和》，請改爲《宸成》；皇太子軒懸出入奏《承和》，請改爲《胤成》；[4]元日、冬至皇帝禮會，登歌奏《昭和》，請改爲《慶成》；[5]郊廟俎入奏《雍和》，請改爲

《騂成》；^[6]皇帝祭享、酌獻、讀祝文及飲福、受胙奏《壽和》，請改爲《壽成》。^[7]

祖孝孫元定《十二和曲》，開元朝又奏《三和》，遂有《十五和》之名。^[8]凡制作禮法，動依典故，梁置《十二雅》，蓋取十二天之成數，契八音十二律之變，輒益《三和》，有乖稽古。又緣祠祭所用，不可盡去，臣取其一焉。祭孔宣父、齊太公廟降神奏《宣和》，請改爲《師雅之樂》；^[9]三公升殿、會訖下階履行奏《祴和》，請廢，同用《弼成》；享先農、耕籍田，奏《豐和》，請廢，同用《順成》。^[10]

已上四舞、《十二成》《雅樂》等曲，今具録合用處所及樂章首數，一一條列在下。其歌詞文多不録。

[1]其賓祭常用：中華書局本有校勘記：“‘賓祭’，原作‘兵祭’，據殿本、劉本、《五代會要》卷七、《册府》（宋本）卷五七〇改。”見《會要》卷七雅樂條、《宋本册府》卷五七〇《掌禮部・作樂門六》天福十二年（947）九月條。

[2]梁武帝：即蕭衍。南蘭陵中都里（今江蘇丹陽市）人。南齊宗室，南朝梁開國皇帝。紀見《梁書》卷一至卷三。

[3]臨軒：古時皇帝不坐正殿而在殿前平臺上接見臣屬，稱“臨軒”。軒，爲殿堂前檐下的平臺，因殿堂前檐之處兩邊有檻楯，如車之軒，故亦稱軒。　請改爲政成：《輯本舊史》之影庫本粘籤：“政成，原本作‘征成’，今從《文獻通考》改正。”見《通考》卷一二九《樂考二・歷代樂制》，但《會要》卷七雅樂條、《册府》卷五七〇即作“政成”。《會要》卷七雅樂條“請改爲”均作“今改爲”。

[4]軒懸：亦作“軒縣”。鐘磬等樂器三面懸掛爲軒懸。古代

用樂制度規定，皇帝用宮懸（四面排列），太子用軒懸。

[5]元日、冬至皇帝禮會：即元正、冬至大朝會典禮。大朝會之日，有司排辦盛大的儀仗，在京文武百官以及地方官員在京者、藩國使人，共同向皇帝朝參、致賀、上壽，並以宴會結束典禮。

[6]俎入：即"迎俎"。

[7]祭享：陳設祭品，敬神供祖。　受胙：也稱享胙。將祭祀用的牲肉賜給三獻官以下貴族稱"賜胙"，三獻官以下貴族接受祭祀用的牲肉，稱"受胙"。

[8]開元：唐玄宗李隆基年號（713—741）。

[9]孔宣父：即孔子，此處指孔廟。《漢書》卷一二《平帝紀》載，元始元年（1）六月，"追謚孔子曰襃成宣尼公"。《漢書》卷九九《王莽傳下》顏師古注稱："莽追謚孔子爲襃成宣尼公。"因稱孔子爲"宣父"。孔廟爲文廟。　齊太公廟：即武廟。唐肅宗時追封齊太公呂尚爲武成王，置武成廟而祀之。　請改爲師雅之樂：中華書局本有校勘記："'改'字原闕，據《五代會要》卷七、《宋本冊府》卷五七〇補。"見《會要》卷七雅樂條、《冊府》卷五七〇。

[10]享先農：祭祀農神。先農通常指神農或后稷。　耕籍田：春耕時天子親耕籍田，是表現重視農業生產的禮儀。中華書局本有校勘記："'田'字原闕，據《五代會要》卷七、《冊府》卷五七〇補。"見《會要》卷七雅樂條，亦見《冊府》卷五七〇。

舊五代史　卷一四二

樂志下

　　周廣順元年，太祖初即大位，惟新庶政，時太常卿邊蔚上疏請改舞名，其略云：[1]"前朝改祖孝孫所定二舞名，文舞曰《治安之舞》，武舞曰《振德之舞》，今請改《治安》爲《政和之舞》，《振德》爲《善勝之舞》。[2]前朝改貞觀中二舞名，文舞曰《觀象之舞》，武舞曰《講功之舞》，今請改《觀象》爲《崇德之舞》，《講功》爲《象成之舞》。[3]又議改《十二成》，今改爲《順》。[4]《十二順樂曲》名：祭天神奏《禋成》，請改爲《昭順之樂》；祭地祇奏《順成》，請改爲《寧順之樂》；祭宗廟奏《裕成》，請改爲《肅順之樂》；祭天地、宗廟，登歌奏《肅成》，今請改爲《感順之樂》；[5]皇帝臨軒奏《政成》，請改爲《治順之樂》；[6]王公出入奏《弼成》，請改爲《忠順之樂》；皇帝食舉奏《德成》，請改爲《康順之樂》；皇帝受朝、皇后入宮奏《宸成》，請改爲《雍順之樂》；皇太子軒懸出入奏《胤成》，請改爲《溫順之樂》；[7]元日、冬至皇帝禮會，登歌奏《慶成》，請改爲《禮順之樂》；[8]郊廟俎入奏《騂成》，請改爲《禋順之樂》；[9]皇帝祭享、酌獻、讀祝及飲福、受胙奏《壽成》，請改爲《福順之樂》。[10]梁武帝改《九夏》爲《十二雅》，以協陽律、陰呂、十二管旋宮之義，祖孝孫改爲《十二和》。[11]開元中，乃益三和，前朝去二和，改一雅。[12]今去雅，只用《十二順》之曲。祭孔宣父、齊太公廟降神奏《師雅》，請同用《禮順之樂》；[13]三公升殿、會訖下階履行同用《弼成》，請同用《忠順之樂》；[14]享先農及籍田同用《順成》，請同用《寧順之樂》。"[15]曲詞文多不載。[16]

[1]廣順：五代後周太祖郭威年號（951—953）。　太祖：即五代後周太祖郭威。邢州堯山（今河北隆堯縣）人。五代後周開國皇帝。951年至954年在位。紀見本書卷一一〇至卷一一三、《新五代史》卷一一。　太常卿：官名。太常寺長官。西漢置太常，南朝梁始置太常卿。掌宗廟祭祀禮樂及教育等。正三品。　邊蔚：人名。長安（今陝西西安市）人。五代後唐至後周官員。傳見本書卷一二八。　時太常卿邊蔚上疏請改舞名：《輯本舊史》卷一一一《周太祖紀二》廣順元年（951）七月己丑條載："是日（二九），太常卿邊蔚奏，議改郊廟舞名，事具《樂志》。"

[2]祖孝孫：人名。幽州范陽（今河北涿州市）人。隋、唐初官員，博學曉曆算。傳見《舊唐書》卷七九。　二舞：宮廷樂舞分文舞、武舞兩大類，用於祭祀天地、宗廟及朝會享宴。文舞執羽鑰，武舞執干戚。　前朝改祖孝孫所定二舞名："所定二舞名"，中華書局本有校勘記："原作'所更定十二成之名'，據《冊府》卷五七〇改。《五代會要》卷七作"所定二舞'，殿本作'所定十二和之名'。"分見《會要》卷七雅樂條、《宋本冊府》卷五七〇《掌禮部·作樂門六》。

[3]貞觀：唐太宗李世民的年號（627—649）。　講功爲象成

之舞："象成"，《輯本舊史》之影庫本粘籤："象成，原本作'相成'，今據《五代會要》改正。"見《會要》卷七雅樂條。《册府》卷五七〇亦作"象成"。

[4]十二成：五代後漢樂名。唐樂爲"十二和"，後漢高祖劉知遠即位後，改"十二和"爲"十二成"。

[5]登歌：古代祭典、大朝會以及宴饗時登堂而歌。

[6]臨軒：古時皇帝不坐正殿而在殿前平臺上接見臣屬，稱"臨軒"。軒，爲殿堂前檐下的平臺，因殿堂前檐之處兩邊有檻楯，如車之軒，故亦稱軒。

[7]軒懸：亦作"軒縣"。鐘磬等樂器三面懸掛爲軒懸。古代用樂制度規定，皇帝用宫懸（四面排列），太子用軒懸。

[8]元日、冬至皇帝禮會：即元正、冬至大朝會典禮。大朝會之日，有司排辦盛大的儀仗，在京文武百官以及地方官員在京者、藩國使人，共同向皇帝朝參、致賀、上壽，並以宴會結束典禮。

[9]俎入：即"迎俎"。古代置肉的几、切肉用的砧板、祭祀和設宴時陳置牲口的器具，均稱俎。迎俎，指獻官迎俎以進獻於天。　請改爲禋順之樂："禋順"，《輯本舊史》之影庫本粘籤："禋順，原本作'福順'，今從《五代會要》、《文獻通考》改正。"見《會要》卷七雅樂條、《通考》卷一二九《樂考二》。《册府》卷五七〇亦作"禋順"。

[10]祭享：陳設祭品，敬神供祖。　酌獻：酌酒設樂以祀天供神。　讀祝：朗讀祝版上所書祝辭。　飲福：酒被進獻給天之後成爲"福酒"，祭祀完畢獻官飲下福酒，是爲"飲福"。　受胙：也稱"享胙"。將祭祀用的牲肉賜給三獻官以下貴族稱"賜胙"，三獻官以下貴族接受祭祀用的牲肉，稱"受胙"。

[11]梁武帝：即南朝梁開國皇帝蕭衍。南蘭陵中都里（今江蘇丹陽市）人。南齊宗室。紀見《梁書》卷一至卷三。　陽律、陰呂：陽律、陰呂相對。樂律分陰陽各六，六律即六陽律，六呂即六陰律，共十二樂律。《周禮·春官·大師》："大師掌六律六同，

以合陰陽之聲。陽聲：黄鐘、大蔟、姑洗、蕤賓、夷則、無射。陰聲：大吕、應鐘、南吕、函鐘、小吕、夾鐘。"

[12]開元：唐玄宗李隆基年號（713—741）。

[13]孔宣父：即孔子，此處指孔廟。《漢書》卷一二《平帝紀》載，元始元年（1）六月，"追謚孔子曰襃成宣尼公"。《漢書》卷九九《王莽傳下》顔師古注稱："莽追謚孔子爲襃成宣尼公。"因稱孔子爲"宣父"。孔廟爲文廟。　齊太公廟：即武廟。唐肅宗時追封齊太公吕尚爲武成王，置武成廟而祀之。　降神：神從天而降。此指請神與迎神。　師雅：唐樂有"十二和"，開元中益三和，後漢去所益之二和，存一和，改稱"雅"，即此"師雅"是也。

[14]三公：太尉、司徒、司空爲三公，唐後期、五代多爲大臣、勳貴加官。正一品。　會訖下階履行：中華書局本有校勘記："'會訖'二字原闕，據本書卷一四四《樂志上》、《册府》卷五七〇、《五代會要》卷七補。"見本書卷一四一《樂志上》。

[15]享先農：祭祀農神。先農通常指神農或后稷。　籍田：春耕時天子親耕籍田，是表現重視農業生産的禮儀。　享先農及籍田同用順成，請同用寧順之樂：中華書局本有校勘記："'先農及'、'順成請同用'八字原闕，據《册府》卷五七〇補。《五代會要》卷七略同。"

[16]曲詞文多不載：《輯本舊史》原輯者案語："案《五代會要》：邊蔚請添召樂師，令在寺習樂。勅：'太常寺見管兩京雅樂節級樂工共四十人外，更添六十人，内三十八人，宜抽教坊貼部樂官兼充，餘二十二人，宜令本寺照名充塡。仍令三司定支春冬衣糧，月報聞奏。其舊管四十人，亦量添請。'"然此實爲《會要》卷七雜録條晉開運二年（945）十一月因太常丞劉涣之奏請所作之敕文；《册府》卷五七〇晉開運二年少帝因太常丞劉涣上表所作之敕文同。《輯本舊史》之案語誤晉之劉涣爲周之邊蔚；誤晉開運二年爲周廣順元年（951）。

世宗顯德元年即位，有司上太祖廟室酌獻，奏《明德之舞》。[1]

[1]世宗：即五代後周世宗柴榮。邢州龍岡（今河北邢臺市）人。郭威養子。954 年至 959 年在位。紀見本書卷一一四至卷一一九、《新五代史》卷一二。　顯德：五代後周太祖郭威年號，世宗柴榮、恭帝柴宗訓沿用（954—960）。

五年六月，命中書舍人竇儼參詳太常雅樂。[1]十一月，翰林學士竇儼上疏論禮樂刑政之源，其一曰：[2]“請依《唐會要》所分門類，上自五帝，迄于聖朝，凡所施爲，悉命編次，凡關禮樂，無有闕漏，名之曰《大周通禮》，俾禮院掌之。”[3]其二曰：[4]“伏請命博通之士，上自五帝，迄於聖朝，凡樂章沿革，總次編録，繫於歷代樂録之後，永爲定式，名之曰《大周正樂》，俾樂寺掌之。依文教習，務在齊肅。”詔曰：“竇儼所上封章，備陳政要，舉當今之急務，疾近世之因循，器識可嘉，辭理甚當，故能立事，無愧蒞官。所請編集《大周通禮》《大周正樂》，宜依。仍令於内外職官前資前名中，選擇文學之士，同共編集，具名以聞。委儼總領其事。所須紙筆，卜有司供給。”

[1]中書舍人：官名。中書省屬官。掌起草文書、呈遞奏章、傳宣詔命等。正五品上。　竇儼：人名。薊州漁陽（今天津市薊州區）人。五代、宋初大臣。傳見《宋史》卷二六三。　太常雅樂：宮廷中典禮及祭祀所用之音樂。由太常寺主管。

[2]翰林學士：官名。由南北朝始設之學士發展而來，唐玄宗
改翰林供奉爲翰林學士，備顧問，代王言。掌拜免將相、號令征伐
等詔令的起草。

[3]五帝：傳説中上古的五位帝王。《世本》《史記·五帝本
紀》等書以黃帝、顓頊、帝嚳、唐堯、虞舜爲“五帝”；《禮記·
月令》以太皞（伏羲）、炎帝（神農）、黃帝、少皞、顓頊爲“五
帝”；《帝王世紀》以少昊（皞）、顓頊、高辛（帝嚳）、唐堯、虞
舜爲“五帝”；《皇王大世》以伏羲、神農、黃帝、堯、舜爲“五
帝”。　　《大周通禮》：書名。與《大周正樂》皆爲五代後周寶儼
撰。參見張文昌《制禮以教天下：唐宋禮書與國家社會》，臺大出
版中心 2012 年版，第 134—138 頁。　　禮院：官署名。唐代太常寺
有禮院，爲太常博士議禮之處。唐後期以來，禮院逐漸成爲朝廷禮
儀事務的主管機構。

[4]其二曰：中華書局本有校勘記：“‘二’原作‘三’，據
《册府》卷五七〇改。”見《宋本册府》卷五七〇《掌禮部·作樂
門六》。邊蔚之疏，祇有二條，並無其三。

六年春正月，樞密使王朴奉詔詳定雅樂十二律旋相
爲宮之法，並造律準，上之。[1]其奏疏略曰：

“夫樂作於人心，成聲於物，聲氣既和，反感於人
心者也。所假之物，大小有數。九者，成數也，是以黃
帝吹九寸之管，得黃鍾之聲，爲樂之端也。半之，清聲
也。倍之，緩聲也。三分其一以損益之，相生之聲也。
十二變而復黃鍾，聲之總數也。[2]乃命之曰十二律。旋
迭爲均，均有七調，合八十四調，播之於八音，著之於
歌頌。[3]宗周而上，率由斯道，自秦而下，旋宮聲廢。
洎東漢，雖有大予丞鮑鄴興之，人亡而音息，無嗣續之

者。[4]漢至隋垂十代，凡數百年，所存者黃鍾之宮一調而已。[5]十二律中，唯用七聲，其餘五律，謂之啞鍾，蓋不用故也。唐太宗復古道，乃用祖孝孫、張文收考正雅樂，而旋宮八十四調復見於時，在懸之器，方無啞者。[6]安、史之亂，京都爲墟，器之與工，十不存一，所用歌奏，漸多紕繆。逮乎黃巢之餘，工器都盡，購募不獲，文記亦亡，集官詳酌，終不知其制度。[7]時有太常博士殷盈孫，按《周官·考工記》之文，鑄鎛鍾十二，編鍾二百四十。[8]處士蕭承訓校定石磬，今之在懸者是也。[9]雖有樂器之狀，殊無相應之和。逮乎朱梁、後唐，歷晉與漢，皆享國不遠，未暇及於禮樂。[10]以至於十二鎛鍾，不問聲律宮商，但循環而擊，編鍾、編磬徒懸而已。[11]絲、竹、匏、土，僅有七聲，作黃鍾之宮一調，亦不和備，其餘八十三調，於是乎泯絕，樂之缺壞，無甚於今。

陛下天縱文武，奄宅中區，思復三代之風，臨視樂懸，親自考聽，知其亡失，深動上心。乃命中書舍人竇儼參詳太常樂事，不踰月調品八音，粗加和會。[12]以臣嘗學律曆，宣示古今樂録，令臣討論，臣雖不敏，敢不奉詔。遂依周法，以秬黍校定尺度，長九寸，虛徑三分，爲黃鍾之管，與見在黃鍾之聲相應。[13]以上下相生之法推之，得十二律管。以爲衆管互吹，用聲不便，乃作律準，十三絃宣聲，長九尺張絃，各如黃鍾之聲。[14]以第八絃六尺，設柱爲林鍾；第三絃八尺，設柱爲太簇；第十絃五尺三寸四分，設柱爲南呂；第五絃七尺一寸三分，設柱爲姑洗；[15]第十二絃四尺七寸五分，設柱爲應鍾；第七絃六尺三寸三分，設柱爲蕤賓；第二絃八尺四寸四分，設柱爲大吕；第九絃五尺六寸三分，設柱爲夷則；[16]第四絃七尺五寸一分，設柱爲夾鍾；第十一絃五尺一分，設柱爲無射；第六絃六尺六寸八分，設柱爲中吕；[17]第十三絃四尺五寸，設柱爲黄鍾之清聲。十二律中，旋用七聲爲均，爲均之主者，宫也，徵、商、羽、角、變宫、變徵次焉。[18]發其均主之聲，歸乎本音之律，七聲迭應而不亂，乃成其調。均有七調，聲有十二均，合八十四調，歌奏之曲，由之出焉。

伏以旋宫之聲久絶，一旦而補，出臣獨見，恐未詳悉，望下中書門下集百官及内外知音者較其得失，然後依調制曲。[19]八十四調，曲有數百，見存者九曲而已，皆謂之黄鍾之宫。今詳其音，數内三曲即是黄鍾宫聲，其餘六曲，錯雜諸調，蓋傳習之誤也。[20]唐初雖有旋宫之樂，至於用曲，多與禮文相違。既不敢用唐爲則，臣又懼學獨力，未能備究古今，亦望集多聞知禮文者，上本古曲，下順常道，定其義理。[21]於何月行何禮，合用何調何曲，聲數長短，幾變幾成，議定而制曲，方可久長行用。所補雅樂旋宫八十四調，并所定尺、所吹黄鍾管、所作律準，謹同上進。"[22]

　　[1]樞密使：官名。樞密院長官。五代時以士人爲之，備顧問，參謀議，出納詔奏，權侔宰相。參見李全德《唐宋變革期樞密院研究》，國家圖書館出版社2009年版。　王朴：人名。東平（今山東東平縣）人。五代後周大臣，官至樞密使。傳見本書卷一二八、

《新五代史》卷三一。 律準：五代後周王朴按古法所製標準樂器，當爲弦樂器，長九尺，有十三弦，用以核定音律。 "六年春正月"至"上之"：《輯本舊史》卷一一九《周世宗紀六》顯德六年（959）春正月載："是月，樞密使王朴詳定雅樂十二律旋相爲宮之法，並造律準，上之。詔尚書省集百官詳議，亦以爲可。語在《樂志》。"

[2]聲之總數也：中華書局本有校勘記："'聲'字原闕，據《册府》卷五七〇、《五代會要》卷七補。"見《會要》卷七論樂條下、《宋本册府》卷五七〇《掌禮部·作樂門六》。

[3]八音：樂器的統稱。古代樂器通常以金、石、絲、竹、匏、土、革、木八種質材所製。《尚書·舜典》曰："八音克諧，無相奪倫，神人以和。" 著之於歌頌：《會要》卷七論樂條下、《册府》卷五七〇在其下尚有"將以奉天地，事祖宗，和君臣，接賓旅，恢政教，厚風俗，以其功德之形容告於神明，俾百代之後，知邦國之所由興，風教之所由行者也。"但《會要》卷七在前"所由"下無"興風教之所由"六字。

[4]大予丞：官名。即大予樂丞。西漢太常的屬官有太樂令、丞，東漢改稱大予樂令、丞。大予丞爲大予樂令的副貳長官，助令掌伎樂。中華書局本有校勘記："原作'太子丞'，據《五代會要》卷七、《通鑑》卷二九四注改。"見《會要》卷七論樂條下、《通鑑》卷二九四《後周紀五》世宗顯德六年春正月癸丑條胡注。鮑鄴：人名。籍貫不詳。東漢人，曾任待詔，掌律曆。事見《後漢書》卷一二。《舊五代史考異》："案：原本訛'鮑節'，今據《五代會要》及《文獻通考》改正。"見《會要》卷七論樂條下、《通考》一三一《樂考四·歷代製造律呂》。 人亡而音息：中華書局本有校勘記："'音'原作'政'，據《五代會要》卷七、《通鑑》卷二九四胡注改。"見《會要》卷七論樂條下、《通鑑》卷二九四《後周紀五》世宗顯德六年春正月癸丑條胡注。

[5]黃鍾：樂律名，爲十二律之陽聲之首。

[6]唐太宗復古道：《會要》卷七論樂條下及《册府》卷五七〇在"唐太宗"之下有"有知人之明善"六字。　張文收：人名。貝州（今河北清河縣）人。唐初音樂家，曾任協律郎、太子率更令。事見《舊唐書》卷二八、《新唐書》卷二一。

[7]黃巢：人名。曹州冤句（今山東菏澤市）人。唐末農民起義領袖。傳見《舊唐書》卷二〇〇下、《新唐書》卷二二五下。

[8]太常博士：官名。漢代始置。爲太常寺屬官。掌辨五禮，討論謚法，贊相導引。從七品上。　殷盈孫：人名。陳州（今河南淮陽縣）人。唐僖宗時太常博士。傳見《舊唐書》卷一六五、《新唐書》卷一六四。《輯本舊史》原作"商盈孫"，並有影庫本粘籤："商盈孫，原本作文盈孫，今據《五代會要》改正。"中華書局本沿之。但《會要》卷七論樂條下實作"殷盈孫"，《通鑑》卷二九四《後周紀五》世宗顯德六年春正月癸丑條同《會要》，今據改。　鎛（bó）鍾：樂器名。鐘的一種。鎛，多爲青銅製作，形似鐘而口緣平，有鈕可以懸掛，以槌叩之而鳴。　編鍾：樂器名。爲編懸於同一鐘架上的一組銅鐘。其數有十二、十四、十六、二十四、二十八、三十二等不同説法，而以主十六枚者居多。

[9]處士：指居家不仕的士人。　蕭承訓：人名。籍貫不詳。唐末士人、音樂家。事見《舊唐書》卷二九、《新唐書》卷二一。　磬：樂器名。《爾雅·釋樂》邢昺疏："磬，樂器名也，以玉石爲之。"以石爲之者稱石磬。

[10]朱梁：《會要》卷七論樂條下及《册府》卷五七〇均作"偽梁"。

[11]鎛鍾：中華書局本有校勘記："原作'鍾鎛'，據殿本、劉本、邵本、彭本、《册府》卷五七〇、《五代會要》卷七及本卷上文乙正。影庫本批校：'"鎛鍾"訛作"鍾鎛"。'《舊五代史考異》卷五：'案原本訛作"鍾鎛"，考《隋書·樂志》，宮懸各設十二鎛鍾於其辰位，則知"鍾鎛"之爲"鎛鍾"耳，今改正。'"見《會要》卷七論樂條下、《册府》卷五七〇。　宮商：傳統樂理中的

"五音"，爲宫、商、角、徵、羽。此處舉宫商以代指五音。

[12]粗加和會：粗，《册府》卷五七〇作"初"。

[13]遂依周法：中華書局本有校勘記："'依'原作'以'，據《册府》卷五七〇、《五代會要》卷七、《通鑑》卷二九四胡注改。"見《會要》卷七論樂條下、《通鑑》卷二九四《後周紀五》世宗顯德六年春正月癸丑條胡注。　秬黍：《爾雅》曰："秬，黑黍。"《説文》曰："黍，禾屬而黏也。"此處指用黍粒來計量的方法。用一定的方式排列黍粒，作爲分、寸、尺的長度單位，以此確定律管的長度以定音。

[14]絃：同"弦"。

[15]第五絃七尺一寸三分：三分，《會要》卷七論樂條下作"二分"。《册府》卷五七〇同本志。

[16]第九絃五尺六寸三分：《輯本舊史》之影庫本粘籤："第九絃，原本作'第八絃'，今據《五代會要》、《文獻通考》改正。"《册府》卷五七〇、《通鑑》卷二九四《後周紀五》世宗顯德六年春正月癸丑條胡注亦作"第九絃"。

[17]第六絃六尺六寸八分：中華書局本有校勘記："'八分'，《五代會要》卷七作'六分'。"《册府》卷五七〇、《通鑑》卷二九四《後周紀五》世宗顯德六年春正月癸丑條胡注均作"八分"。

[18]十二律中：律，《會要》卷七論樂條下及《册府》卷五七〇均作"聲"。　變宫：音階名。宫、商、角、徵、羽五音，加上變宫、變徵"二變"，合爲七音。

[19]望下中書門下集百官："下中書門下"五字原無，據《會要》卷七論樂條下、《册府》卷五七〇補。中書門下爲唐代以來爲宰相處理政務的機構。參見劉後濱《唐代中書門下體制研究——公文形態·政務運行與制度變遷》，齊魯書社2004年版。

[20]數內三曲即是黄鍾宫聲：《輯本舊史》之影庫本粘籤："數內三曲，原本作'一曲'，今據《五代會要》改正。"見《會要》卷七論樂條下，《册府》卷五七〇亦作"三曲"。

[21]亦望集多聞知禮文者：禮文，《會要》卷七論樂條下作"禮樂"。　上本古曲：中華書局本有校勘記："'古曲'，《册府》卷五七〇、《五代會要》卷七均作'古典'。"

[22]並所定尺：中華書局本有校勘記："'尺'字下《五代會要》卷七、《册府》卷五七〇有'寸'字。"《會要》卷七有"寸"字，《册府》卷五七〇無。

　　世宗善之，詔尚書省集百官詳議。[1]兵部尚書張昭等議曰：[2]"昔帝鴻氏之制樂也，將以範圍天地，協和人神，候八節之風聲，測四時之正氣。[3]氣之清濁不可以筆授，聲之善否不可以口傳，故㑺氏鑄金，伶倫截竹，爲律呂相生之算，宮商正和之音。[4]乃播之於管絃，宣之於鐘石，然後覆載之情訢合，陰陽之氣和同，八風從律而不奸，五色成文而不亂。[5]空桑、孤竹之韻，足以禮神；[6]《雲門》《大夏》之容，無虧觀德。[7]然月律有旋宮之法，備於太師之職。[8]經秦滅學，雅道凌夷。漢初制氏所調，惟存鼓舞，旋宮十二均更用之法，世莫得聞。[9]漢元帝時，京房善易、別音，探求古義，以周官均法，每月更用五音，乃立準調，旋相爲宮，成六十調。[10]又以日法析爲三百六十，傳於樂府，而編懸復舊，律呂無差。遭漢中微，雅音淪缺，京房準法，屢有言者，事終不成。錢樂空記其名，沈重但條其說，六十律法，寂寥不傳。[11]梁武帝素精音律，自造四通十二笛，以鼓八音。[12]又引古五正、二變之音，旋相爲宮，得八十四調，與律準所調，音同數異。[13]侯景之亂，其音又絶。[14]隋朝初定雅樂，群黨沮議，歷載不成。而沛公鄭譯，因龜茲琵琶七音，以應月律，五正、二變，七調克諧，旋相爲宮，復爲八十四調。[15]工人萬寶常又減其絲數，稍令古淡。[16]隋高祖不重雅樂，令儒官集議。[17]博士何妥駁奏，其鄭、萬所奏八十四調並廢。[18]隋氏郊廟所奏，唯黃鍾一均，與五郊迎氣，雜用蕤賓，但七調而已；[19]其餘五鍾，懸而不作。三朝宴樂，用縵樂九部，迄於革命，未能改更。[20]唐太宗爰命舊工祖孝孫、張文收整比鄭譯、萬寶常所均七音八十四調，方得絲管並施，鍾石俱奏，七始之音復振，四廂之韻皆調。[21]自安、史亂離，咸秦盪覆。崇牙樹羽之器，掃地無餘；[22]戞擊搏拊之工，窮年不嗣。[23]郊廟所奏，何異南箕，波蕩不還，知音殆絕。

　　"臣等竊以音之所起，出自人心，夔、曠不能長存，人事不能常泰，人亡則音息，世亂則樂崩，若不深知禮樂之情，安能明制作之本。[24]陛下心苞萬化，學富三雍。觀兵耀武之功，已光鴻業；尊祖禮神之致，尤軫皇情。乃睠奉常，痛淪樂職，親閱四懸之器，思復九奏之音，爰命廷臣，重調鍾律。臣等據樞密使王朴條奏，採京房之準法，練梁武之通音，考鄭譯、寶常之七均，校孝孫、文收之九變，積黍累以審其度，聽聲詩以測其情，依權衡嘉量之前文，得備數和聲之大旨，施於鍾簴，足洽簫韶。[25]臣等今月十九日於太常寺集，命太樂令賈峻奏王朴新法黃鍾調七均，音律和諧，不相凌越。[26]其餘十一管諸調，望依新法教習，以備禮寺施用。[27]其五郊天地、宗廟、社稷、三朝大禮，合用十二管諸調，並載唐史、《開元禮》，近代常行。[28]廣順中，太常卿邊蔚奉勅定前件祠祭朝會舞名、樂曲、歌詞，寺司合有簿籍，伏恐所定與新法曲調聲韻不協，請下太常寺檢詳校試。如或乖舛，請本寺依新法聲調，別撰樂章舞曲，令歌者誦習，永爲一代之法，以光六樂之書。"[29]

[1]尚書省集百官詳議：集議的一種。尚書省召集百官討論相關國家政務，商定後上奏皇帝裁斷。集議是漢唐決策制度的重要組成部分。參見〔日〕渡邊信一郎《天空の玉座——中國古代帝國の朝政と儀禮》，柏書房1996年版。

[2]兵部尚書：官名。尚書省兵部主官。掌兵衛、武選、車輦、甲械、厩牧之政令。正三品。　張昭：人名。原名張昭遠，五代後漢時避高祖劉知遠諱，去"遠"字。濮州范縣（今河南范縣）人。五代後唐至宋初官員。傳見《宋史》卷二六三。

[3]帝鴻氏：傳說中上古帝王。一說即黃帝，《左傳》文公十八年"帝鴻氏有不才子"，杜預注："帝鴻，黃帝。"

[4]氣之清濁不可以筆授：中華書局本有校勘記："氣'原作'器'，據《册府》卷五七〇、《五代會要》卷七、《通鑑》卷二九四胡注改。"見《會要》卷七論樂條下、《册府》卷五七〇、《通鑑》卷二九四《後周紀五》世宗顯德六年（959）春正月條胡注。

鳧氏鑄金：鳧氏，職官名。屬攻金之工。《周禮·考工記》："鳧氏爲鍾。"掌鑄鐘鼎之職。"金"，《會要》卷七論樂條下作"鍾"。

伶倫：傳說中黃帝的樂官，十二音律的發明者。　爲律吕相生之算：算，《册府》卷五七〇作"管"。

[5]八風：一說八方之風；一說二分、二至、四立這八個節氣各有其風。《通鑑》卷二九四胡注作"八氣"。　五色：青、赤、黃、白、黑五種色彩。中華書局本有校勘記："'五色'，《册府》卷

五七〇、《五代會要》卷七、《通鑑》卷二九四胡注作‘五聲’。”
見《會要》卷七論樂條下、《册府》卷五七〇、《通鑑》卷二九四
《後周紀五》世宗顯德六年春正月癸丑條胡注。

[6]空桑：代指琴瑟。《周官》曰：“古者弦空桑而爲瑟。”《漢
書·禮樂志》引《景星》曰：“空桑琴瑟結信成。”顏師古注：“空
桑，地名也，出善木，可爲琴瑟也。” 孤竹：指用孤生的竹子製
作的管樂器。

[7]《雲門》：周公制禮作樂，作六代舞，即雲門、大咸、大
韶、大夏、大濩、大武。“雲門”爲黃帝之舞，“大夏”爲夏禹
之舞。

[8]然月律有旋宮之法：中華書局本有校勘記：“‘旋’，原作
‘還’，據殿本、《五代會要》卷七、《通鑑》卷二九四胡注改。”見
《會要》卷七論樂條下。 太師：西周時的大臣。《尚書·周官》
曰：“立太師、太傅、太保，兹惟三公，論道經邦，燮理陰陽。”

[9]漢初制氏所調：《舊五代史考異》：“案：原本訛‘知氏’，
今據《漢書》改正。”《會要》卷七論樂條下、《册府》卷五七〇、
《通鑑》卷二九四《後周紀五》世宗顯德六年春正月癸丑條胡注亦
作“制氏”。

[10]漢元帝：即劉奭。漢宣帝之子。公元前49年至前33年在
位，廟號高宗。紀見《漢書》卷九。 京房：人名。本姓李，推律
自定爲京氏。東郡頓丘（今河南清豐縣）人。西漢易學家、音律學
家。傳見《漢書》卷七五。 探求古義：中華書局本有校勘記：
“‘義’原作‘議’，據《册府》卷五七〇、《五代會要》卷七、
《通鑑》卷二九四胡注改。”

[11]錢樂：中華書局本有校勘記：“‘錢樂’，原作‘錢襃’，
據《册府》卷五七〇、《五代會要》卷七、《通鑑》卷二九四胡注
改。按《隋書》卷一六《律曆志上》：‘宋錢樂之衍京房六十律，更
增爲三百六十；梁博士沈重述其名數。’” 錢樂即錢樂之，因與下
句沈重對偶，故省稱錢樂。見《會要》卷七論樂條下、《通鑑》卷

二九四《後周紀五》世宗顯德六年春正月癸丑條胡注。　沈重：人名。吳興武康（今浙江湖州市）人。南朝梁、陳，北周，隋時經學家。傳見《周書》卷四五、《北史》卷八二。

[12]梁武帝：即蕭衍。南蘭陵中都里（今江蘇丹陽市）人。南齊宗室，南朝梁開國皇帝。紀見《梁書》卷一至卷三。　以鼓八音：中華書局本有校勘記：“‘鼓’，《五代會要》卷七、《通鑑》卷二九四胡注作‘敍’，《册府》（宋本）作‘飲’。”

[13]五正、二變：即宫、商、角、徵、羽五音，相對於變宫、變徵“二變”爲正音。

[14]侯景：人名。北魏六鎮之懷朔鎮（今内蒙古固陽縣）人。東魏、南朝梁將領。事散見《梁書》《陳書》《魏書》《北齊書》《周書》《南史》《北史》。

[15]鄭譯：人名。滎陽開封（今河南開封市）人。北周、隋代官員、音樂理論家。傳見《隋書》卷三八。　龜兹：西域國名。位於今新疆庫車縣一帶。龜兹國人擅長音樂歌舞。　琵琶：撥弦樂器。原作“批把”“推手前曰批，引手却曰把”。

[16]萬寶常：人名。江南人。北齊、隋代樂户，音樂家，曾參與隋代定樂。傳見《隋書》卷七八。　稍令古淡：中華書局本有校勘記：“‘令’原作‘全’，據《册府》卷五七〇、《五代會要》卷七、《通鑑》卷二九四胡注改。”見《會要》卷七論樂條下、《册府》卷五七〇、《通鑑》卷二九四《後周紀五》世宗顯德六年春正月癸丑條胡注。

[17]隋高祖：即楊堅。出身弘農楊氏。北周大臣，隋朝開國皇帝，謚文帝，廟號高祖。紀見《隋書》卷一、卷二。

[18]博士：官名。此處指國子博士。西晋始置，其後歷代沿置。國子監屬官。掌教授國子學生。　何妥：人名。西城（今陝西安康市）人。南朝梁至隋時官員。隋文帝時曾任國子博士。傳見《隋書》卷七五。

[19]隋氏郊廟所奏：隋氏，《會要》卷七論樂條下、《册府》

卷五七〇、通鑑卷二九四胡注均作“隋代”。　五郊迎氣：在四立及先立秋十八日，於五郊迎時氣，祭五方帝。《後漢書》卷九八《祭祀志中》載：“迎時氣，五郊之兆。……立春之日，迎春于東郊，祭青帝句芒。……立夏之日，迎夏于南郊，祭赤帝祝融。……先立秋十八日，迎黃靈于中兆，祭黃帝后土。……立秋之日，迎秋于西郊，祭白帝蓐收。……立冬之日，迎冬于北郊，祭黑帝玄冥。”

[20]縵樂：雜樂，與雅樂不同。《周禮·磬師》：“教縵樂、燕樂之鍾磬。凡祭祀奏縵樂。”鄭玄注：“縵讀爲縵錦之縵，謂雜聲之和樂者也。”　革命：政權鼎革易代。李唐代隋立國，革楊隋之命。

[21]爰命舊工：中華書局本有校勘記：“‘爰’原作‘受’，據《册府》卷五七〇、《五代會要》卷七、《通鑑》卷二九四胡注改。”見《會要》卷七論樂條下、《册府》卷五七〇、《通鑑》卷二九四《後周紀五》世宗顯德六年春正月癸丑條胡注。　方得絲管並施：“並施”，《册府》卷五七〇作“並懸”。　四庿之韻皆調：中華書局本有校勘記：“‘庿’原作‘廟’，據《册府》卷五七〇、《五代會要》卷七、《通鑑》卷二九四胡注改。”見《會要》卷七論樂條下、《册府》卷五七〇、《通鑑》卷二九四《後周紀五》世宗顯德六年春正月癸丑條胡注。

[22]崇牙樹羽：語出《詩·周頌·有瞽》：“有瞽有瞽，在周之庭。設業設虡，崇牙樹羽。”崇牙，指鐘磬木架上的鋸齒。樹羽，崇牙上面裝飾的羽毛。

[23]戛擊搏拊：語出《尚書·皋陶謨》：“戛擊鳴球，搏拊琴瑟以詠。”戛，擊也，擊打樂器。搏拊，亦稱“拊搏”，單稱“拊”，以韋盛糠，形如鼓，以手拊拍之。

[24]夔：相傳爲上古舜帝時代主掌舞樂的樂師，其所作樂律能引發鳥獸相和。　曠：即師曠。相傳爲春秋時著名的音樂家。夔、曠不能長存，人事不能常泰：中華書局本有校勘記：“‘不能長存人事’六字原闕，據《册府》卷五七〇、《五代會要》卷七、《通鑑》卷二九四胡注補。”《會要》卷七“長”作“常”。

[25]臣等據樞密使王朴條奏：《輯本舊史》原作“樞密使王朴”，中華書局本有校勘記：“《册府》卷五七〇、《五代會要》卷七、《通鑑》卷二九四胡注作‘臣等據樞密使王朴條奏’。”但未補，今據上述諸書補。　考鄭譯、寶常之七均：“寶常”，《輯本舊史》之影庫本粘籤：“寶常，原本作‘寶富’，今據《五代會要》改正。”見《會要》卷七論樂條下。《册府》卷五七〇、《通鑑》卷二九四《後周紀五》世宗顯德六年春正月癸丑條胡注亦作“寶常”。　積黍累以審其度，聽聲詩以測其情：《册府》卷五七〇及《通鑑》卷二九四胡注同。“積黍累”，《會要》卷七論樂條下作“積累黍”；“聲詩”，《會要》卷七論樂條下作“音詩”。　簴（jù）：懸掛鐘磬之木架。　簫韶：韶，舜樂名。《尚書·益稷》曰：“簫韶九成，鳳凰來儀。”

[26]太常寺：官署名。掌禮樂、郊廟、社稷、祠祀之事。　太樂令：官名。掌調鐘律，以供祭饗。從七品下。　賈峻：人名。籍貫不詳。五代後周官員。事見本書本卷。

[27]以備禮寺施用：中華書局本有校勘記：“‘施用’，原作‘視用’，據《册府》卷五七〇、《五代會要》卷七、《通鑑》卷二九四胡注改。”見《會要》卷七論樂條下、《册府》卷五七〇、《通鑑》卷二九四《後周紀五》世宗顯德六年春正月癸丑條胡注。

[28]《開元禮》：即《大唐開元禮》。唐玄宗時官修禮書，唐蕭嵩等奉敕撰。

[29]以光六樂之書：中華書局本有校勘記：“‘光’，原作‘先’，據殿本、劉本、邵本校、彭本、《册府》卷五七〇改。影庫本批校：‘以先六樂之書，“先”應作“光”。’”

世宗覽奏，善之。乃下詔曰：“禮樂之重，國家所先，近朝以來，雅音廢墜，雖時運之多故，亦官守之因循。遂使擊拊之音，空留梗概；旋相之法，莫究指歸。

樞密使王朴，博識古今，懸通律呂，討尋舊典，撰集新聲，定六代之正音，成一朝之盛事。[1]其王朴所奏旋宮之法，宜依張昭等議狀施行。[2]仍令有司，依調制曲，其間或有疑滯，更委王朴裁酌施行。”自是雅樂之音，稍克諧矣。

　　右雅樂製作。《永樂大典》卷二萬一千六百七十八。[3]

　　[1]討尋舊典：中華書局本有校勘記：“‘舊典’，原作‘書典’，據殿本、《册府》卷五七〇改。”　定六代之正音：中華書局本有校勘記：“‘定’，《册府》卷五七〇作‘復’。”

　　[2]其王朴所奏旋宮之法：之法，《册府》卷五七〇作“新詞”。　宜依張昭等議狀施行：中華書局本有校勘記：“‘施’字原闕，據《册府》卷五七〇補。”

　　[3]《大典》卷二一六七八“樂”字韻“五代樂”事目。

舊五代史　卷一四三

歷志[1]

[1]歷志：清輯本《舊五代史》（以下稱《輯本舊史》）之原輯者案語："五代修歷法，如晉馬重績《調元歷》、周王朴《欽天歷》，《五代會要》所載甚略，蓋因知歷者稀，莫能是正也。《薛史》載《欽天歷》用數，爲《歐陽史》所本，其字句異同，彼此可互證云。"唐末，社會動蕩，朝廷名存實亡，朱溫代唐建立後梁（907—923），接續又有後唐（923—936）、後晉（936—946）、後漢（947—950）和後周（951—960）等短命王朝，以及907—979年間在中原周邊先後建立的十個地方政權，史稱"五代十國"。這裏所說的"薛史"（即《舊五代史》）的歷志，記述了五代時期的歷法沿革。新、舊《五代史》皆有歷志（《舊五代史》稱之爲歷志，《新五代史》則爲司天考），二者所記載的歷法沿革稍有區別，且可互相補充。其中王朴的《欽天歷》，《舊五代史》僅錄其主要用數，《新五代史》的記載則相對完整。

在後梁和後唐時期，仍沿用唐代邊岡的《崇玄歷》，並以徐昂的《宣明歷》參用。直到後晉，司天監馬重績始造新歷。馬重績，字洞徹，少學數術，研明歷法。先仕後唐，入後晉，任太子右贊善大夫，遷司天監。後晉高祖天福三年（938），馬氏上《調元歷》，他在表文中指出後晉應有一部新的歷法，方顯一國之主治歷明時、受命理國的天意。馬重績的《調元歷》共計"新歷一部二十一卷，七章上下經二卷，算草八卷，立成十二卷。取唐天寶十四載乙未，立爲上元，以雨水正月朔爲歲首"。後晉高祖於是"命司天少監趙仁錡、張文皓、秋官正徐皓，天文參謀趙延乂、杜昇、杜崇龜等，以新曆與《宣明》《崇玄》考核得失"。趙仁錡等的核驗結果爲"皆合無舛"。"乃下詔頒行之，號《調元曆》"。從馬重績自己的表文所述來看，馬氏是以唐代曹士蒍的《符天曆》爲基礎，吸取《宣明》《崇玄》二曆的長處，而編成《調元曆》的。也就是説，經由馬重績的努力，曾"行於民間"的《符天》小曆，得以登堂入室，見用於朝廷，這是一件十分有意義的事情。古代曆家編制曆法必須先推求日、月、五星皆會合於甲子、夜半、朔旦、冬至的上元，"曆家之術，雖世多不同，而未始不本於此"。馬重績則指出，用上元積年法，"積歲彌多，差闊至甚"。這説明他對上元有深刻認識，且果斷地仿照《符天曆》在其《調元曆》中採用近距曆元法。但由於其曆法自身存在的差失（也或許因爲他不用在當時大多數人看來已成定法的上元積年法的因素），《調元曆》僅"行之五年，則差不可用，而復用《崇玄曆》"。馬重績《調元曆》的編制和檢驗，是經過了認真實測的。北宋周琮曾説："今司天監圭表乃石晉時參謀趙延乂所建，表既敧傾，圭亦墊陷，其於天度無所取正。"趙延乂是受命考驗《調元曆》的主要人物之一，他所建立的圭表應該與考驗工作直接有關。這圭表的建成大約在馬重績製成《調元曆》之前。趙延乂圭表前後使用了 100 多年，其歷史功績當不可没。

後周太祖廣順（951—953）中，"國子博士王處訥，私撰《明玄曆》於家"。也許自認還不成熟，故藏而不露。大約十年以後，他纔編成《應天曆》。此間，在民間和一些自立爲王的地區，另有若干曆法在行用。"民間又有《萬分曆》，而蜀有《永昌曆》《正象曆》，南唐有《齊政曆》"。在十國中的其他地方政權也當各行其曆，但詳情已不可考。這些事實本身則説明政權與曆法之間存在着密切關係。有國者必行曆法以自重，這在中國古代已成爲天經地義的事情。

　　五代十國時期，最重要的曆法之作，當推王朴的《欽天曆》。王朴（906—959），字文伯，東平（今山東東平縣）人，後漢隱帝乾祐（948—950）中進士，任校書郎、開封府推官等。後周世宗年間，官至左諫議大夫知開封府事。"顯德二年，世宗以端明殿學士、左散騎常侍王朴明於曆數，乃命朴考而正之。"王朴經過一年多的測量布算，上表稱撰成"步日、步月、步星、步發斂爲四篇。合爲曆經一卷，曆十一卷，草三卷，顯德三年七政細行曆一卷，以爲《欽天曆》"。"世宗嘉之。詔司天監用之，以明年正月朔旦爲始。"其後，王朴更得到重用，曾負責擴建京城，歷任東京副留守、户部侍郎兼樞密副使、樞密使檢校太保、東京留守等要職，不幸於四十五歲即英年早逝。

　　古先哲王，受命而帝天下者，必先觀象以垂法，治曆以明時，使萬物服其化風，四海同其正朔，然後能允釐下土，欽若上天。故虞舜之紹唐堯，先齊七政；武王之得箕子，首敘九疇。皇極由是而允興，人時以之而不忒。歷代已降，何莫由斯。粤自軒黄，肇正天統，歲躔辛卯，曆法時成。故黄帝始用《辛卯曆》，顓頊次用《乙卯曆》，虞用《戊午曆》，夏用《丙寅曆》，商用《甲寅曆》，周用《丁巳曆》，魯用《庚子曆》，秦用《乙卯曆》。[1]漢用《太初曆》《四分曆》《三統曆》，[2]凡三本。魏用《黄初曆》《景初曆》，凡二本。晋用《元始曆》《合元萬分曆》，凡二本。宋用《大明曆》《元嘉曆》，[3]凡二本。齊用《天保曆》《同章曆》《正象曆》，凡三本。後魏用《興和曆》《正光曆》《正元曆》，[4]凡三本。梁用《大同曆》《乾象曆》《永昌曆》，凡三本。後周用《天和曆》《丙寅曆》《明玄曆》，凡三本。隋用《甲子曆》《開皇曆》《皇極曆》《大業曆》，[5]凡四本。唐用《戊寅曆》、《麟德曆》、《神龍曆》、《大衍曆》、元和《觀象曆》、長慶《宣明曆》、《寶應曆》、《正元曆》、景福《崇玄曆》，[6]凡九本。[7]

　　[1]"古先哲王"至"秦用《乙卯曆》"：按照傳統，《輯本舊史》曆志開篇即宏論曆法與帝王統治的關係——"皇極由是而允興，人時以之而不忒！"接着追溯曆法的起源，列舉了所謂的"古六曆"。據考證，古六曆爲《黄帝曆》《顓頊曆》《夏曆》《殷曆》《周曆》《魯曆》的合稱，乃從春秋戰國到秦朝時期制定的，並非黄帝、顓頊、夏禹等時代編訂的。其特點是以 $365\frac{1}{4}$ 日爲一回歸年（故又稱爲《四分曆》），$29\frac{499}{940}$ 日爲一朔望月，19 年 7 閏。古六曆的區别主要是曆元、施行地區和所用的歲首。各曆的歲首是：《黄帝》《周》《魯》三曆皆以子爲歲首（即以包含冬至的那个月份，今天農曆的十一月），《殷曆》以丑爲歲首，《夏曆》以寅爲歲首，《顓頊曆》以亥月爲歲首。古六曆的原文早已遺失，今皆祇留存一些片段資料。

　　[2]漢用《太初曆》：漢初沿用秦朝曆法（即《顓頊曆》），一直到漢武帝改曆（前104）。武帝改曆時頒行鄧平等編制的《太初曆》，但《史記》卷二六《曆書》没有記載當時頒行的《太初曆》，所記乃是司馬遷自己編制的未頒行的《曆術甲子篇》。　《四分曆》：漢代所用《四分曆》當指東漢元和二年（85）時所頒編訢、李梵等編制的新四分曆法，一般稱作《後漢四分曆》。

　　[3]宋用《大明曆》：南朝宋大明六年（462），祖沖之編制成《大明曆》，但當時由於遭到權臣戴法興等的反對，並未頒行。直到梁武帝天監九年（510）經由祖沖之兒子祖暅的請求，纔修訂頒行。

[4]《正元曆》：對於此《正元曆》，《舊五代史考異》云：
"《玉海》作《正統》，《五代會要》作《正元》。"查《會要》卷
一〇曆條作"正統"，《玉海》卷一〇《律曆·總曆代曆名》引薛
居正撰《五代史·曆志》亦作"正統"，"正元"誤。中華書局本
仍作"正元"，當據《會要》《玉海》改。其實，北魏朝頒行的曆
法僅《正光》《興和》兩種，見諸《魏書》卷一〇七上《律曆志三
上》記載但未行用的曆法還有公孫崇《景明曆》（500）、崔光《神
龜曆》（518）和李業興《九宮曆》（547）。

[5]《皇極曆》：根據《隋書》卷一八《律曆志》記載，劉焯
於隋開皇二十年（600）編制成《皇極曆》，但未被頒行，劉焯因
此於大業四年（608）抱憾而終。所幸《隋書》卷一八《律曆志
下》全文收錄了該曆的曆經部分。

[6]《寶應曆》："寶應曆"，中華書局本有校勘記："'寶應'，
《玉海》卷一〇引《五代史·曆志》作'寶應五紀'。按《新唐書》
卷二五《曆志一》、卷二九《曆志五》記此曆，名亦作'寶應五
紀'。"此《寶應曆》當指唐寶應（762—763）元年郭獻之編制的
《五紀曆》，於寶應二年頒行，行用至建中四年（783）。《正元
曆》："正元曆"，中華書局本有校勘記："'正元'，《玉海》卷一〇
引《五代史·曆志》作'建中正元'。按《新唐書》卷二五《曆志
一》、卷二九《曆志五》記此曆名亦作'建中正元'。"此曆當是由
唐代天文學家徐承嗣於建中四年編成，行用於784年至806年間。

[7]"漢用《太初曆》"至"凡九本"：《輯本舊史》用一大
段文字來回顧秦漢以來曆法沿革的總體情況。這一段文字可冠以
"曆法的意義及其起源與流變"這樣的標題。

洎梁氏之應運也，乘唐室陵遲之後，黃巢離亂之
餘，衆職未修，三辰孰驗。故當時歲曆，猶用《宣明》
《崇玄》二法，參而成之。及晉祖肇位，司天監馬重績

始造新曆，奉表上之。云："臣聞爲國者，正一氣之元，宣萬邦之命，爰資曆象以立章程。[1]長慶《宣明》，雖氣朔不渝，即星躔罕驗。景福《崇玄》，縱五曆甚正，[2]而年差一日。今以《宣明》氣朔，《崇玄》星緯，二曆相參，方得符合。自古諸曆，皆以天正十一月爲歲首，[3]循太古甲子爲上元，積歲彌多，差闊至甚。臣改法定元，創爲新曆一部二十一卷，[4]七章上下經二卷，算草八卷，立成十二卷。取唐天寶十四載乙未，立爲上元，[5]以雨水正月朔爲歲首。謹詣閤門上進。"晉高祖命司天少監趙仁錡、張文皓，秋官正徐皓，天文參謀趙延义、杜昇、杜崇龜等，以新曆與《宣明》《崇玄》考覈得失，俾有司奉而行之，因賜號《調元曆》。仍命翰林學士承旨和凝撰序。[6]

[1]爰資曆象以立章程："爰資曆象"，中華書局本有校勘記："'象'字原闕，據《五代會要》卷一〇補。按本書卷九六《馬重績傳》、《新五代史》卷五七《馬重績傳》載其上奏云：'曆象，王者所以正一氣之元，宣萬邦之命。'"

[2]縱五曆甚正：《輯本舊史》之影庫本粘籤："五曆甚正疑當作'五緯'。考《五代會要》與《薛史》同，今姑仍其舊。"見《會要》卷一〇曆條。

[3]皆以天正十一月爲歲首："歲首"，《輯本舊史》之影庫本粘籤："原本闕'首'字，今據五代會要增入。"見《會要》卷一〇。

[4]二十一卷：《舊五代史考異》曰："《玉海》引《崇文總目》作二十卷。"見《會要》卷一〇《律曆·晉調元曆》。

[5]立爲上元：中華書局本有校勘記："'上元'原作'近元'，

據殿本，劉本，本書卷九六《馬重績傳》，《五代會要》卷一○，《新五代史》卷五七《馬重績傳》、卷五八《司天考》改。影庫本批校：‘立爲近元，應作‘上元’。’今據改。

[6]“泊梁氏之應運也”至“仍命翰林學士承旨和凝撰序”：關於五代後梁代唐到後周世宗即位之間的曆法沿革，《輯本舊史》對初期用《宣明》《崇玄》二曆參校，以及《宣明》《崇玄》在氣朔和五星算法方面各自優勢，對馬重績編制《調元曆》以及馬重績進獻曆法的表文等有相對詳細的介紹。這些情節在《新五代史》中則一筆帶過，但《新五代史》對王處訥私撰《明玄曆》，以及其他政權使用的《永昌》《正象》《齊政》諸曆之介紹，《輯本舊史》闕略。二者互補。

其後數載，法度寖差。至周顯德二年，世宗以端明殿學士、左散騎常侍王朴明於曆算，乃命朴考而正之。朴奉詔歲餘，撰成《欽天曆》十五卷上之。表云：

臣聞聖人之作也，在乎識天人之變者也。人情之動，則可以言知之；天道之動，則當以數知之。數之爲用也，聖人以之觀天道焉。歲月日時，由斯而成；陰陽寒暑，由斯而節；四方之政，由斯而行。夫爲國家者，履端立極，必體其元；布政考績，必因其歲；禮動樂舉，必正其朔；三農百工，必授其時；五刑九伐，必順其氣；庶務有爲，必從其日月。[1]六籍宗之爲大典，百王執之爲要道。[2]是以聖人受命，必治曆數。故得五紀有常度，庶徵有常應，正朔行之於天下也。[3]

自唐而下，[4]凡歷數朝，亂日失天，垂將百載。天之曆數，汩陳而已矣。今陛下順考古道，寅畏上天，咨詢庶官，[5]振舉墜典。以臣薄游曲藝，嘗涉舊史，遂降述作之命，俾究推測之要。[6]雖非能者，敢不奉詔。乃包萬象以立法，齊七政以立元，測圭箭以候氣，審朓朒以定朔，明九道以步月，校遲疾以推星，考黃道之斜正，辨天勢之昇降，而交蝕詳焉。[7]

夫立天之道，曰陰與陽。陰陽各有數，合則化成矣。陽之策三十六，陰之策二十四。奇偶相命，兩陽三陰，同得七十二。同則陰陽之數合。七十二者，化成之數也。化成則謂之五行之數。五之，得期之數。[8]過者，謂之氣盈；不及，謂之朔虛。至於應變分用，無所不通，所謂包萬象矣，[9]故以七十二爲經法。經者常也，常用之法也。[10]百者，數之節也，[11]隨法進退，不失舊位，故謂之通法。以通法進經法，得七千二百，謂之統法。自元入經，先用此法，統曆之諸法也。以通法進統法，得七十二萬，氣朔之下，收分必盡，謂之全率。[12]以通法進全率，得七千二百萬，謂之大率，而元紀生焉。元者，歲月日時皆甲子，日月五星合在子正之宿，當盈縮、先後之中，所謂七政齊矣。[13]

古之植圭於陽城者，以其近洛故也，蓋尚慊其中，乃在洛之東偏。開元十二年，遣使天下候影，南距林邑國，北距橫野軍，中得浚儀之岳臺，應南北弦，居地之中。皇家建國，定都於梁。[14]今樹圭置箭，測岳臺晷漏，以爲中數。晷漏正，則日之所至，氣之所應，得之矣。

[1]必從其日月："日月"，《輯本舊史》之影庫本粘籤："原本脱'月'字，今從《五代會要》增入。"見《會要》卷一〇曆條。

[2]六籍宗之爲大典，百王執之爲要道：《新五代史》無此句，或爲有意删節。

[3]"臣聞聖人之作也"至"正朔行之於天下也"：此段文字爲王朴上表的第一段，同樣是開篇即論述曆法與君王治理國家的關係。曆法是天道，皇權天授也是天道。這大概是中國古代曆家的學術取向，或者説是正史記載古代天學家之曆論應有的官樣文章。

[4]自唐而下：《新五代史》作"自唐之際"。考慮到下文"亂日失天，垂將百載"之語，《新五代史》的改動可取。

[5]咨詢庶官："庶官"，原作"度官"，依中華書局本據殿本、劉本及《五代會要》卷一〇、《新五代史》卷五八《司天考》改。

[6]"以臣薄游曲藝"至"俾究推測之要"：《新五代史》删去了這些文字。又，"俾究推測之要"的"推測"二字，中華書局本有校勘記："劉本同。殿本、《五代會要》卷一〇作'迎推'。影庫本批校：'案《會要》，"推測"應作"迎推"。'"

[7]"自唐而下"至"而交蝕詳焉"：此段總論《欽天曆》的緣起和編制一部曆法應該達到的目標。唐代末年，社會動蕩，到王朴受命編制新曆的五代後周世宗時，曆法荒而不治已有百年。世宗柴榮既已大治天下，必振舉墜典，所以有《欽天曆》之作。而王朴認爲編制曆法必須以法"包萬象"，求得日、月、五星共同起始的上元；測影候氣，推算日、月、五星的不均匀運動；考證天球坐標系統，以及黄道、白道等的升降斜直變化，精確推算日月交食。以下則分論要達到這些目標的具體做法，以及王朴認爲自己超越前代的若干創造。

[8]五之，得期之數：底本不誤，《會要》和沈校本等同底本

作"五之，得期之數"。但殿本、《新五代史》作"五行得期之數"。中華書局本指出，當從《五代會要》等作"五之，得期之數"。"期之數"是古曆的常用術語，這裏即指"三百六十"。

[9]所謂包萬象矣：《新五代史》無此句。或爲潤色文字而刪節。

[10]經者常也，常用之法也：《新五代史》省略"常也"二字，考慮到此處緊接着"常用之法也"，《新五代史》或爲潤色文字而刪。

[11]百者，數之節也：中華書局本有校勘記云，查沈校本《會要》卷一〇作"法"，抄本、殿本《會要》作"百"，《歐陽史》卷五八《司天考第一》亦作"百"。作"百"是。今從中華書局本。

[12]得七十二萬："七十二萬"，中華書局本沿《輯本舊史》作"七千二百萬"，且引《輯本舊史》之原輯者案語："下文以通法進全率，得大率七千二百萬，則此云七千二百萬者，乃大率之數，以言全率，蓋傳寫之訛。據統法七千二百，通法一百，以通法進統法，當云得七十二萬。"今據原輯者案語改正。

[13]歲月日時皆甲子：底本無"日"字，殿本作"歲日月時"。中華書局本據《會要》和《新五代史》補正爲"歲月日時"，今從中華書局本。

[14]皇家建國，定都於梁：《新五代史》作"大周建國，定都於汴"。《新五代史》的修改爲佳。從上述諸例可見，《新五代史》作者對王朴上表原文都進行了油色修改。下面我們將看到，對於算法的表述，《新五代史》的語言更加精煉準確，且篇幅大爲減少，這主要因爲新史作者劉羲叟身爲曆算名家的學養功力所致。

日月皆有盈縮。日盈月縮，則後中而朔；月盈日縮，則先中而朔。自古朓朒之法，率皆平行之數，入曆既有前次，而又衰稍不倫。《皇極》舊述，[1]則迂迴而難用，降及諸曆，則疏遠而多失。

今以月離朓朒，隨曆較定，日躔朓朒，臨用加減，所得者入離定日也。一日之中，分爲九限，逐限損益，衰稍有倫。朓朒之法，可謂審矣。[2]

赤道者，天之紘帶也，[3]其勢圓而平，紀宿度之常數焉。黃道者，日軌也。其半在赤道內，半在赤道外，去赤道極遠二十四度。當與赤道交，[4]則其勢斜；當去赤道遠，則其勢直。[5]當斜，則日行宜遲；當直，則日行宜速。故二分前後加其度，二至前後減其度。九道者，月軌也。其半在黃道內，半在黃道外，去黃道極遠六度。出黃道，謂之正交；入黃道，謂之中交。[6]若正交在秋分之宿，中交在春分之宿，則比黃道益斜。若正交在春分之宿，中交在秋分之宿，則比黃道反直。若正交、中交在二至之宿，則其勢差斜。故較去二至、二分遠近，以考斜正，乃得加減之數。[7]自古雖有九道之說，蓋亦知而未詳，空有祖述之文，全無推步之用。今以黃道一周，分爲八節，一節之中，分用九道，盡七十二道而復，使日月二軌，無所隱其斜正之勢焉。九道之法，所謂明矣。[8]

星之行也，近日而疾，遠日而遲，去日極遠，勢盡而留。自古諸曆，分段失實，隆降無準，今日行分尚多，次日便留。自留而退，唯用平行，仍以入段行度爲入曆之數，皆非本理，遂至乖戾。今校定逐日行分，積逐日行分以爲變段。於是自疾而漸遲，勢盡而留。自留而行，亦積微而後多。別立諸段變曆，以推變差，俾諸段變差，際會相合。星之遲疾，可得而知之矣。[9]

自古相傳，皆謂去交十五度以下，則日月有蝕。殊不知日月之相掩，與闇虛之所射，其理有異焉。今以日月徑度之大小，校去交之遠近，以黃道之斜正，天勢之升降，度仰視、旁視之分數，則交虧得其實矣。[10]

[1]《皇極》舊述：殿本、劉本皆同，但《五代會要》和《新五代史》作"皇極舊術"，或爲潤色修改。

[2]"日月皆有盈縮"至"可謂審矣"：此段專論日月運行不均勻改正算法問題，指出《皇極曆》最早引入了日月盈縮算法，但其舊法迂迴難用，致使後續曆法疏遠多失。王朴《欽天曆》新法取月亮的遲疾曆（相當於近點月）的長度爲 27.5546 日，將 1 日分爲 9 限，則 1 近點月共計分 248 限，即其月離表間距爲 0.1111 日。這比前代各曆的月離表以日爲間距精細很多。故曰"朓朒之法，可謂審矣"，是爲王朴自詡的第一項創新。中華書局本有校勘記："'可謂'原作'所謂'，據《五代會要》卷一〇、《新五代史》卷五八《司天考》改。"今從改。

[3]天之紘帶也："紘"字，《輯本舊史》作"弦"，中華書局本依《五代會要》和《新五代史》改爲"紘"。今從改。

[4]當與赤道交：殿本、劉本皆同，《五代會要》和《新五代史》此處作"當與赤道近"。或爲潤色修改，《新五代史》等修改爲佳。

[5]"赤道者"至"則其勢直"：論述中國古代天學中的赤道和黃道坐標系統。古代曆家認爲，赤道是"天之紘帶"，有相應的南北兩極，構成定位天體位置的坐標系。黃道則是太陽的運行軌道。但現代學者研究發現，中國古代曆法沒有黃極概念，相應的黃

緯數值是沿赤經圈度量的，所以，古曆的黃道系統不構成嚴格意義上獨立的坐標系。

[6]"出黃道"至"謂之中交"：出黃道，當指由黃道內運行到黃道外。王樸在此明確説明"謂之正交"，也就是説"正交"相當於現代天文學的降交點。同理，入黃道，當指由黃道外運行到黃道內，此言"謂之中交"，則"中交"當爲升交點。關於黃白道相交而産生的位置關係，《授時曆議》的説明更爲清晰："月道出入日道，不踰六度。其距赤道也，遠不過三十度，近不下十八度（參見下注7）。出黃道外爲陽，入黃道內爲陰，陰陽一周，分爲四象。月當黃道爲正交，出黃道外六度爲半交，復當黃道爲中交，入黃道內六度爲半交，是爲四象。"據之，白道出入黃道及其相對的位置關係見圖1，注意，中國古代坐標圖的南（或外或陽歷）在上方，而北（或內或陰歷）在下言，與今天圖示的上北下南正相反，故和今天的升、降對應須千萬小心。圖中（1）（2）（3）（4）表示白道與黃道相交而成的4個象限，《欽天曆》每象限的值爲91.3141度。中華書局本有校勘記："'黃道'二字，《五代會要》卷一〇、《新五代史》卷五八《司天考》無。"

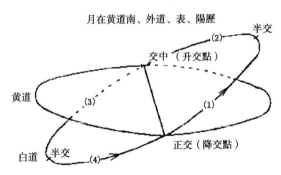

圖1 黃道內、外與升、降交點

[7]"若正交在秋分之宿"至"乃得加減之數"：討論由於黃白交點的變化導致黃道與白道相對位置變化情況。黃赤交角約23°

30′，黃白交角約 5°多。但因黃道和白道的交點變化較快，大約 19 年就可以變化一周。如果黃白升交點和春分點重合，此時白赤夾角就是兩者的疊加（即益斜）；黃白升交點和秋分點重合，此時白赤夾角就是兩者相互抵消（即反直）。所以白道與赤道的夾角約在 18°17′到 28°35′這個範圍内周期性變化（見圖 2）。

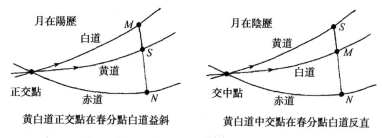

圖 2　黃白交點和黃赤交點重合示意圖

[8]"今以黃道一周"至"所謂明矣"：在本段前面對赤道、黃道和白道的分析基礎上，王朴指出自己的曆法又在"九道之法"即月亮運動計算問題上，通過分白道爲"七十二"段的新方法，超越了前人。這是《欽天曆》在算法上又一重大貢獻。

[9]"星之行也"至"可得而知之矣"：王朴在本段分析了關於五星不均勻運動的計算問題，指出自己所謂"别立諸段變曆"的第三項創新。王朴對行星運動不均勻變化的認識是有進步的，他主張行星視運動由疾到遲到留應該是漸進的，行星的逐日行分應該連續變化。這和當年一行在《大衍曆》中糾正劉焯《皇極曆》日躔改正在二分處有突變的做法異曲同工。因此，王朴對行星改正算法的發展是有重要貢獻的。至於其用"諸段變曆推算相應變差"的具體創新所在，請見今注本《新五代史》的相關注釋。

[10]"自古相傳"至"則交虧得其實矣"：王朴在此段又進一步指出自己的第四項創造，即關於視差對交食影響的新算法。王朴使用了所謂二次分段函數方法，"度仰視、旁視之分數"，成功地將

視差理論應用於日食起訖算法，從而解決了由日食的視食甚時刻推算視初虧和復圓這一難題。王朴還首創了分別設立日食與月食的食限做法，使得日月食食限的精度從此發生了一次飛越，也是一項十分重要的創新。

乃以一篇《步日》，一篇《步月》，一篇《步星》，[一篇《步發斂》，]^[1]以《卦候没滅》爲之下篇，都四篇。爲《曆經》一卷，《曆》十一卷，《草》三卷，《顯德三年七政細行曆》一卷。

臣檢討先代圖籍，今古曆書，皆無蝕神首尾之文，蓋天竺胡僧之妖説也。近自司天卜祝小術，不能舉其大體，遂爲等接之法。蓋從假用，以求徑捷，於是乎交有逆行之數。後學者不能詳知，便言曆有九曜，以爲注曆之恒式。今並削而去之。^[2]

昔在唐堯，欽若昊天。陛下親降聖謨，考曆象日月星辰，唐堯之道也。其曆謹以“顯德欽天”爲名。天道玄遠，非微臣之所盡知。但竭兩端，以奉明詔。疏略乖謬，甘俟罪戾。

世宗覽之，親爲製序，仍付司天監行用，以來年正旦爲始，^[3]自前諸曆並廢。^[4]其《曆經》一卷，今聊紀於後，以備太史氏之周覽焉。《永樂大典》卷二萬八百一十七。^[5]

[1]一篇《步星》：“星”字下有原案：“以下脱‘一篇步發斂’五字。下云‘以卦候没滅，爲之下篇’者，言爲《步發斂》之下篇。《歐陽史》約其文，稱‘謹以《步日》《步月》《步星》《步發

斂》爲四篇’，是也。”今依原案在“一篇步星”之後補“一篇步發斂”五字，但《輯本舊史》的《步發斂篇》本全部缺失了，故所補該五字放在方括號内。

　　[2]“臣檢討先代圖籍”至“今並削而去之”：王朴在此段文字中申明他摒棄了“蝕神首尾之文”，并指出他從所謂的“卜祝小術”之中發現了“等接之法”，可以用此法來“求徑捷”。他還指出“九曜注曆”乃“後學者不能詳知”而“以爲注曆之恒式”，也被他一併删除。唐代以來，於七政之外又有四隱曜，號紫氣、月孛、羅睺、計都，謂之四餘。相傳出於西域天竺。曹士蔿曾作羅、計二隱曜立成曆，或即王朴所謂“卜祝小術”所指。蝕神首尾即羅睺、計都。一説日、月道兩環相交，正交曰天首，中交曰天尾，星家號爲蝕神。四餘之行皆均平而無遲疾，但氣、孛以順行入，羅、計以逆行入，故又曰“於是乎交有逆行之數”。總之，王朴在此表明了自己對“卜祝小術”的態度，乃去其糟粕吸取精華。

　　[3]以來年正旦爲始：《新五代史》作“以明年正月朔旦爲始”。此處將“正月朔旦（正月初一）”簡言爲“正旦”，這種簡化不可取，易致歧義。

　　[4]自前諸曆並廢：《舊五代史考異》在此處指出：“《玉海》：《欽天》于朔分之下，立小分謂之秒。説者謂前代謂曆朔餘未有秒者。若可用秒，何待求日法以齊朔分也。”《欽天曆》有以“百”爲“法”，王朴在上表中曾曰：“百者，數之節也，隨法進退，不失舊位。”《玉海》此批評是没有認識到以萬或百爲“法度”的便利。

　　[5]《大典》卷二八一〇七“曆”字韻“五代曆”事目。

《顯德欽天曆經》[1]

　　演紀上元甲子距今顯德三年丙辰，[2]積七千二百六十九萬八千四百五十二。[3]

　　欽天統法：[4]七千二百

欽天經法：七十二

欽天通法：一百

[1]《顯德欽天曆經》：《欽天曆》是五代時期最重要的曆法，但《輯本舊史》在前文申明"其曆經一卷，今聊紀於後"，即《輯本舊史》僅記載了《欽天曆》的相關用數（又叫曆法常數）。其實，《輯本舊史》不著録《欽天曆》的算法術文，是十分不恰當的，倘若沒有《新五代史》的補作，一部有若干重要創新成就的曆法將不傳後世。當然，這或許是《薛史》本來的闕憾，而非輯本之過。

[2]距今顯德三年丙辰：即言《欽天曆》於五代後周世宗顯德三年（596）撰成，次年頒行。

[3]"演紀上元甲子"至"積七千二百六十九萬八千四百五十二"：《新五代史》卷五八《司天考一》作"積七千二百六十九萬八千四百五十二算外"。

[4]統法：與下文經法、通法，是《欽天曆》各種用數（常數）的分母，古曆傳統把分母叫做"法"或"法度"。《欽天曆》取通法爲100，對它的奇零小數計算帶來了諸多便利，使得奇零部分的計算往往可以"隨法進退，不失舊位"。

欽天步日躔術[1]

歲率：二百六十二萬九千七百六十四十

軌率：二百六十二萬九千八百四十四八十

朔率：二十一萬二千六百二十二十八

歲策：三百六十五，一千七百六十四十

軌策：三百六十五，一千八百四十四八十

歲中：一百八十二，[2]四千四百八十二十

軌中：一百八十二，四千五百二十二四十

朔策：二十九，三千八百二十二十八

氣策：一十五，一千五百七十三三十五

象策：七，二千七百五十五七

周紀：六十

歲差：八十四四十

辰則：六百，八刻二十四分[3]

[1]欽天步日躔術：此標題以下給出了《欽天曆》計算太陽運動所用的各項基本數據。其中，歲策＝歲率/統法，即回歸年長度，歲中＝歲策/2，氣策＝歲策/24，象策＝氣策/2。軌策＝軌率/統法，即周天度數，軌中＝軌策/2。朔策＝朔率/統法，即朔望月長度。歲差＝軌率−歲率；辰則＝統法/12，即一個時辰的日分值（1日含12個時辰，1日的日分值即統法7200）。又，1日＝100刻，從而1時辰＝100/12＝$8\frac{24}{72}$＝$8\frac{1}{3}$刻，即"八刻二十四分"。

[2]一百八十二：原本訛作"一百八十三"，中華書局本有校勘記："《新五代史》卷五八《司天考》作'一百八十二'。"今從改。

[3]八刻二十四分：《輯本舊史》之原輯者案語："以上題稱《步日躔術》及後《步月離術》《步五星術》，合爲《曆經》四篇者之三，又皆僅列用數而不及推步。據《歐陽史》云：'舊史亡其《步發斂》一篇，而在者三篇，簡略不完。'然則《薛史》原文固已闕矣。"言下之意是，《舊五代史》表文中雖然説了"都四篇"，但實際上《薛史》可能本來就祇著録了《欽天曆》這三篇，非輯本之闕。

欽天步月離術[1]

離率：一十九萬八千三百九十三九

交率：一十九萬五千九百三十七九十七　五十六

離策：二十七，[2]三千九百九十三九

交策：二十七，一千五百二十七九十七　五十六

望策：一十四，五千五百一十一十四

交中：一十三，四千三百六十三九十八[3]　七十八

離朔：一，七千二十七一十九

交朔：二，二千二百九十二三十[4]　四十四

中準：一千七百三十六

中限：四千七百八十

平離：九百六十三

程節：八百

[1]欽天步月離術：此標題以下給出了《欽天曆》計算月亮運動所需的各項基本數據。其中，離策＝離率/統法，相當於今天天文學中的近點月長度，《欽天曆》近點月 ＝ $27\frac{3993\frac{9}{100}}{7200}$ 日。交策＝交率/統法，即交點月長度，交點月 ＝ $27\frac{1527.9756}{7200}$ 日。交中＝交策/2，望策＝朔策/2，朔離＝朔策－離策，交朔＝朔策－交策。平離乃月亮每日平行分，月平行＝平離/經法＝13.375度/日。前注曾經指出，《欽天曆》的月離表構造有創新，1日分爲9限，即以0.1111日爲每限的間隔時長，其間隔時長的日分值即所謂的"程節"，$\frac{7200}{9}$＝800。至於"中準"和"中限"則是交食算法中的食限和食分用

數，請參見今注本《新五代史》相關注釋。

[2]二十七：《輯本舊史》之影庫本作"一十七"。此句後有原案："《歐陽史》作離策二十七，此云一十七，當是傳寫之訛。以統法除離率，得二十七日及餘分。"今據此改正。其中"離策"一詞，中華書局本有校勘記："原作'策離'，據新五代史卷五八《司天考》乙正。"

[3]四千三百：《輯本舊史》之影庫本作"四千四百"。此句後有原案曰："四千四百，《歐陽史》作四千三百，據交策半之爲交中，當從《歐陽史》。"今據此改正。

[4]三十：《輯本舊史》之影庫本、殿本、劉本皆作"三十"，但《新五代史》作"三十二"。依算理推之當作"三十"，《輯本舊史》不誤，《新五代史》訛。

欽天步五星術[1]

歲星[2]

周率：二百八十七萬一千九百七十六六

變率：二十四萬二千二百一十五六十六

曆率：二百六十二萬九千七百六十一[3]七十八

周策：三百九十八，六千三百七十六六

曆中：一百八十二，四千四百八十八十九[4]

變段[5]	變日	變度	變曆[6]
晨見	一十七	三三十七	二二十四
順遲	二十五	二九	一二十九
退遲	一十四	一一十二	空二十八

退疾	二十七	四三十八	一三十七
後留	二十六三十二		
順疾	九十	一十六六十三	一十一一十三
順疾	九十	一十六六十三	一十一一十三
前留	二十六三十二		
退疾	二十七	四三十八	一三十七
退遲	一十四	一一十二	空二十八
順遲	二十五	二九	一二十九
夕伏	一十七	三三十七	二二十四

[1]欽天步五星術：此標題以下給出了《欽天曆》計算行星運動所需的各項基本數據。行星算法的基本數據，包括行星的基本常數和行星與太陽會合的動態週期表（即行星視運動的動態表），下文即分五星分別給出了這些常數和數表。其中，歲爲木，熒惑爲火，鎮爲土，太白爲金，辰爲水。

[2]歲星：其下所列數據的關係爲：周策＝周率/統法＝$398\frac{6376.06}{7200}=398.8843$日，歲星的周策即爲歲星的會合週期。曆中＝$\frac{曆率}{2×統法}$，即曆中是曆率換算成日數后的一半。變率的意義請參見今注本《新五代史》的相關注釋。

[3]七百六十一七十八：“七百六十一”，《輯本舊史》之原輯者案語曰：“《歐陽史》訛作九百六十六，非也。據曆率半之爲曆中。彼此互訂，此條足正《歐陽史》之訛。”

[4]八十九：《輯本舊史》之原輯者案語曰：“《歐陽史》小分作八十九，此云九十六，非也。據曆中倍之爲曆率，倍九十六，適

得大分一，小分七十八。"其實，曆率/2 = 182 $\dfrac{4880.89}{7200}$。故原本此處的"九十六"當依《歐陽史》改正爲"八十九"。但原案語最後一句應爲"倍八十九，適得大分一，小分七十八"。

[5]變段：中華書局本有校勘記指出："《欽天》步五星術所載歲星表的變段及其變日、變度和變曆數據的順序，各本同。據《歐陽史》卷五八《司天考第一》載此表變段順序爲：晨見、順疾、順遲、前留、退遲、退疾、退疾、退遲、後留、順遲、順疾、夕伏。變段下有關數據順序亦與之相對應。據術，《歐陽史》記載比較準確。"中華書局本所言極是，王朴在給世宗的表文中曾專門論述了對行星視運動規律的新認識："星之行也，近日而疾，遠日而遲，去日極遠，勢盡而留。自古諸曆，分段失實，隆降無準，今日行分尚多，次日便留。"《輯本舊史》這種"退疾"或"順疾"之後緊接着就爲"留"的順序，正是王朴批評的情況，應爲傳抄失誤。

[6]變段、變日、變度、變曆：它們是行星視運動動態表的欄目名稱。"變段"就是爲了描述行星視運動的需要而將行星的一個會合週期分成若干段，"變日"則爲對應段的時間長度，"變度"即行星在相關時間段中的行度，"變曆"則是王朴的一項創新，即其表文所言"別立諸段變曆，以推變差，俾諸段變差，際會相合"。"變差"是《欽天曆》專門爲推算行星不均勻運動改正而設計的曆法項目。至於歲星動態表的"變段"爲什麼要分成晨見、順疾、順遲、前留、退遲、退疾、退疾、退遲、後留、順遲、順疾、夕伏 12 個時段，大概是因爲歲星視運動的特點所需。視運動是人站在地球上的觀測結果，當然，人們不可能在太陽上進行觀測，若真能從太陽上觀測的話，其結果則如圖 3 所示。而在地球上觀測行星運動，勢必會出現：伏、順行、留、逆行、留、順行、伏（見圖 4）。在順行和逆行時段中，古人還發現了行星運行有快有慢。

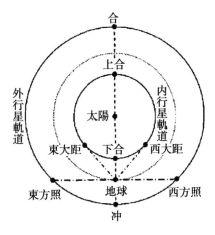

圖3　行星會合運動示意圖

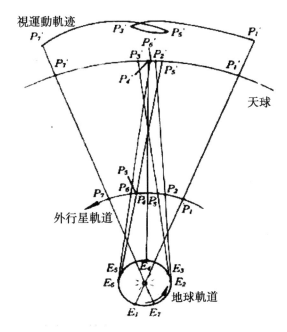

圖4　外行星視運動軌跡示意圖

熒惑

周率：五百六十一萬五千四百二十二一十一

變率：二百九十八萬五千六百六十一七十一

曆率：二百六十二萬九千七百六十

周策：七百七十九，六千六百二十二一十一

曆中：百八十二，四千四百八十

變叚	變日	變度	變曆
晨見	七十三	五十三六十八	五十五十八
順疾	七十三	五十一一	四十八三
次疾	七十一	四十六六十九	四十四一十七[1]
次遲	七十一	四十五三十三	四十二五十八
順遲	六十二	一十九二十九	一十八二十
前留	八六十九		
退遲	一十	一五十八	空四十四
退疾	二十一	七四十六	二四十
退疾	二十一	七四十六	二四十
退遲	一十	一五十八	空四十四[2]
後留	八六十九		
順遲	六十二	一十九二十九	一十八二十
次遲	七十一	四十五三十三	四十二五十八
次疾	七十一	四十六六十九	四十四一十七
順疾	七十三	五十一一	四十八三

夕伏　七十三　　　五十三六十八^[3]　　五十五十八

[1]四十四一十七："一十七"《輯本舊史》之影庫本誤作"一十六"，殿本不誤。《新五代史》作"一十七"，據算理推算當爲一十七，今改正。

[2]空四十四："四十四"《輯本舊史》之影庫本誤作"四十"，殿本不誤。據《新五代史》及算理應作"四十四"，當改正。

[3]五十三六十八："六十八"《輯本舊史》之影庫本誤作"六十六"，殿本不誤。據算理當改正。

鎮星

周率：二百七十二萬二千一百七十六九十

變率：九萬二千四百一十六五十

曆率：二百六十二萬九千七百五十九八十

周策：三百七十八，五百七十六九十

曆中：一百八十二，四千四百七十九九十

變段	變日	變度	變曆
晨見	一十九	二七	一一十四
順疾	六十五	六三十八	三五十一
順遲	一十九	空六十三	空三十五
前留	三十七三		
退遲	一十六	空四十三	空一十四
退疾	三十三	二三十五	空六十

退疾	三十三	二三十五	空六十
退遲	一十六	空四十三	空一十四
後留	三十七三		
順遲	一十九	空六十三	空三十五
順疾	六十五	六三十八	三五十一
夕伏	一十九	二七	一一十四

太白[1]

周率：四百二十萬四千一百四十三九十六

變率：四百二十萬四千一百四十三九十六

曆率：二百六十二萬九千七百五十五十六

周策：五百八十三，六千五百四十三九十六[2]

曆中：一百八十二，四千四百七十五二十八[3]

變段	變日	變度	變曆
夕見	四十二	五十三四十	五十一一十七
順疾	九十六	一百二十一五十七	一百一十六三十九
次疾	七十三	八十三十七	七十七一[4]
次遲	三十三	三十四一	三十二四十
順遲	二十四	一十一六十一	一十一二十四

前留	六六十九		
退遲	四	一二十二	空三十一
退疾	六	三六十五	一二十二
夕伏	七	四四十	一三十七
晨見	七	四四十	一三十七
退疾	六	三六十五	一二十二
退遲	四	一二十二	空三十一
後留	六六十九		
順遲	二十四	一十一六十一	一十一二十四
次遲	三十三	三十四一	三十二四十
次疾	七十三	八十三三十七	七十七一[5]
順疾	九十六	一百二十一五十七	一百一十六三十九
晨伏	四十二	五十三四十	五十一一十七

[1]太白：太白即金星，是地內行星。地內行星的視運動有以下特點：當行星和太陽的黃經相等時，稱爲"合"（上合）。合以後，地內行星逐漸偏離太陽向東，太陽落山后，它出現在西方大空，故稱爲昏星。接下來它繼續向東偏離太陽，角距離一天天增加，當達到一定的角度不再增加時，稱爲東大距。東大距以後，它又一天天靠近太陽，祇要仍在太陽以東，還是昏星。當它的黃經再次和太陽黃經相等時，和太陽再次合（下合）。此時，它幾乎和太陽一起從東方升起，白天它淹沒在太陽的光輝之中，傍晚又和太陽

一起下山，所以我們看不見它。之後，它便偏離太陽往西，先於太陽落山，傍晚看不見。但它會先於太陽升起，在黎明前的東方可以看到，故稱爲晨星。再接下來，它向西偏離太陽的角距離一天天增加，直到西大距爲止。爲了分清兩次合，把成爲昏星以前的那次合稱爲"上合"，另一次合稱爲"下合"。連續兩次上合或兩次下合的間隔時間叫作會合週期（見圖3）。在一個會合週期中，地内行星視運動可以簡單歸結爲：上合→東大距→下合→西大距→上合（看不見→昏星→看不見→晨星→看不見）。

［2］五百八十三，六千五百四十三九十六："九十六"下，《輯本舊史》之原輯者案語曰："原本作周策五百八十三萬，考周率滿統法得周策五百八十三日及餘分，'萬'字係衍文，《歐陽史》亦無'萬'字，今删去。"

［3］一百八十二，四千四百七十五二十八："二十八"下，《輯本舊史》之原輯者案語曰："原本作曆中一百八十二萬，考曆率半之滿統法得曆中一百八十二日及餘分，'萬'字係衍文，《歐陽史》亦無'萬'字，今删去。"

［4］七十七一：《輯本舊史》之影庫本、殿本、劉本同。《永樂大典》卷七八五六作"七十七三"，《新五代史》作"七十七二"。

［5］七十七一：《輯本舊史》之影庫本、殿本、劉本同。《永樂大典》卷七八五六作"七十七三"，《新五代史》作"七十七二"。

辰星
周率：八十三萬四千三百三十五五十二
變率：八十三萬四千三百三十五五十二
曆率：二百六十二萬九千七百六十四十四
周策：一百一十五，六千三百三十五五十二
曆中：一百八十二，四千四百八十二十二

變段	變日	變度	變曆
夕見	一十七	三十四一	二十九五十四
順疾	一十一	一十八二十四	一十六四
順遲	一十六[1]	一十一四十三	一十一十
前留	二六十八		
夕伏	一十一	六	二
晨見	一十一	六	二
後留	二六十八		
順遲	一十六[2]	一十一四十三	一十一十
順疾	一十一	一十八二十四	一十六四
晨伏	一十七	三十四一	二十九五十四

《永樂大典》卷二萬八百一十七。[3]

[1]一十六：《新五代史》此處作“一十六四十三”。

[2]一十六：《新五代史》此處作“一十六四十三”。

[3]《大典》卷二〇八一七“曆”字韻“五代曆”事目，中華書局本原將出處注於卷中“以備太史氏之周覽焉”後、“顯德欽天曆經”前，然現存《大典》卷七八五六“星”字韻“太白星”事目引“五代史太白”內容，屬《顯德欽天曆經》，中華書局本誤，出處應注於卷末，今據改。

舊五代史　卷一四四

天文志[1]

[1]《輯本舊史》之原輯者案：“《薛史·天文志》序，《永樂大典》原闕，然其日食、星變諸門，事迹具存，較《歐陽史·司天考》爲詳備。今考《五代會要》所載星變、物異諸門，與《司天考》互有詳略。蓋五代典章散佚，各記所聞，未能畫一也。參考諸書，當以《薛史》爲得其實焉。”此段案語，爲邵晋涵等人所加。《輯本舊史》此志末僅注《大典》卷三二〇七爲“雲”字韻。按，應爲“雲氣”事目，其涵蓋之内容僅爲“雲氣”一子目。其餘各子目，“日食”應出自《大典》卷二〇〇九五至卷二〇〇九九“日”字韻“日蝕”事目，“月食”應出自《大典》卷二一四六九至卷二一四七〇“月”字韻“月蝕”事目，“月暈”應出自《大典》卷二一四七三“月”字韻“月暈”事目，“彗孛”應出自《大典》卷七八六三至卷七八六五“星”字韻“彗星”事目或卷七八六五“星”字韻“孛星”事目，“五星凌犯”或出自《大典》卷七八五二“星”字韻“五星”事目，“星晝見”或見於《大典》卷七八六七至卷七八七一“星”字韻“星變”事目，“流星”應見於《大典》卷七八六六“星”字韻“流星”事目。《輯本舊史·天文志》開頭没有綜述或序言，有人推爲佚失。

日食[1]

[1]日食：《舊五代史·天文志》，共分日食、月食、月暈、彗

孛、五星淩犯、星晝見、流星、雲氣共八個門類。每個門類下，又按年代先後，記錄天象發生的過程，較少涉及占驗、禨祥。此處日食記錄，自五代後梁乾化元年（911）至後周顯德五年（958），共24條。

梁太祖乾化元年，[1]正月丙戌朔，日有蝕之。時言事諸臣，多引漢高祖末年日蝕於歲首，太祖甚惡之，[2]於是素服避正殿，百官各守本司。是日，有司奏：“雲初陰晦，事同不蝕。”百僚奉表稱賀。

[1]梁太祖乾化元年：中華書局本有校勘記：“‘元年’，原作‘五年’，考乾化無五年，《通鑑》《歐陽史》俱作‘元年’，今改正。”後梁太祖朱全忠於開元五年五月改元乾化，後世記事常通稱開平五年爲乾化元年。故今從中華書局本改。

[2]太祖甚惡之：該次日食，朝臣都引漢高祖劉邦末年時發生的日食爲據，加以闡發，導致梁太祖不安，遂做出素服避正殿之舉。

末帝龍德元年六月乙卯朔，日有蝕之。[1]

[1]末帝龍德元年六月乙卯朔，日有蝕之：《輯本舊史·天文志》原無，據《通鑑目錄》卷二七補。且據現代天文推算，這是一次洛陽和開封可見的大食分日食（見張培瑜《三千五百年曆日天象》，大象出版社1997年版，第1024頁）。

三年，十月辛未朔，日有蝕之。[1]

[1] "三年"至"日有蝕之"：亦見《輯本舊史》卷一〇《梁末帝紀下》龍德三年（923）十月辛未條、《通鑑目録》卷二七。《新五代史》卷五九《司天考二》作"唐莊宗同光元年，十月辛未朔，日有蝕之"。亦見《輯本舊史》卷三〇《唐莊宗紀四》同光元年（923）十月辛未朔條。

三年，四月癸亥朔，時有司奏："日蝕在卯，主歲大旱。"[1]

[1] "三年"至"主歲大旱"：《輯本舊史》卷三二《唐莊宗紀六》同光三年（925）四月癸亥朔條亦載是日"日有蝕之"。亦見《通鑑》卷二七三同光三年四月癸亥朔條及《通鑑目録》卷二七。但此次日食現代推算是不存在的。

明宗天成元年，八月乙酉朔，日有蝕之。[1]

[1] "明宗天成元年"至"日有蝕之"：亦見《輯本舊史》卷三七《唐明宗紀三》天成元年八月乙酉朔條、《新五代史》卷五九《司天考二》。《通鑑目録》卷二七作"八（月）乙酉朔，食二分，甚在辰初"。其實，此次日食亦不存在。

二年，八月己卯朔，日有蝕之。[1]

[1] "二年"至"日有蝕之"：亦見《輯本舊史》卷三八《唐明宗紀四》天成二年（927）八月己卯朔條、《新五代史》卷五九《司天考二》、《通鑑目録》卷二七引本志。

三年，二月丁丑朔，日食。其日陰雲不見，百官
稱賀。[1]

[1]“三年”至“百官稱賀”：本條亦見《新五代史》卷五九
《司天考二》、《通鑑目録》卷二七引本志。《輯本舊史》卷三九
《唐明宗紀五》載：“二月丁丑朔，有司上言，太陽合虧，既而有雲
不見，群官表賀。”

長興元年，六月癸巳朔，日食。其日陰冥不見，至
夕大雨。[1]

[1]“長興元年”至“至夕大雨”：本條《新五代史》卷五九
《司天考二》及《通鑑目録》卷二八引本志均祇記該日日食，未言
“其日陰冥不見，至夕大雨”。

二年，十一月甲申朔，先是，司天奏：“朔日合蝕
二分，伏緣所蝕微少，太陽光影相鑠，伏恐不辨虧闕，
請其日不入閣，百官不守司。”[1]從之。

[1]請其日不入閣，百官不守司：百官不上朝，各自守候在自
己的衙門内。“百官不守司”，《輯本舊史》原作“百官守司”，據
《會要》卷一〇日蝕條改。《新五代史》卷五四《李琪傳》言“不
能臨前殿，則御便殿見群臣，曰入閣”；《唐兩京城坊考》釋紫宸
殿云“天子便殿也，不御宣政而御便殿曰‘入閣’”。可見，皇帝
對日食的應對，“入閣”約略等於“避正殿”，而“避正殿”與
“百官守司”是相連行爲。本條言“不入閣”，即“不避正殿”，百
官也不當守司。亦可參下文天福四年（939）七月庚子條。《輯本舊

史》卷四二《唐明宗紀八》長興二年（931）十一月甲申朔條云"日有蝕之"。

晋高祖天福二年，正月乙卯，先是，司天奏："正月二日，太陽虧蝕，宜避正殿，開諸營門，蓋藏兵器，半月不宜用軍。"[1]是日太陽虧，十分内食三分，在尾宿十七度。日出東方以帶蝕三分，漸生，至卯時復滿。[2]

[1]半月不宜用軍：由於發生了日食，爲不吉祥之兆，故在半個月内不用兵。

[2]"日出東方"至"至卯時復滿"：日出時帶食三分，卯時後圓。正月日出卯時，即日出後不久就復圓了。關於此次日蝕，諸家記載有三説。一説同本志，即本月甲寅朔，日蝕發生於乙卯（初二）。持此説者有《輯本舊史》卷七六《晋高祖紀二》天福二年（937）正月乙卯條、《通鑑》卷二八一天福二年正月乙卯條及該條《考異》所引之《實録》。第二説以該月乙卯爲朔日。持此説者有《會要》卷一〇日蝕條、《輯本舊史》卷七六原輯者案語提及之《五代春秋》、《通鑑》卷二八一《考異》所引現已失傳之《十國紀年》、《通鑑目録》卷二八所引之本志。第三説則有《新五代史》卷五九《司天考二》，衹言乙卯日蝕，不言其爲朔日或初二。

三年，正月戊申朔，司天先奏，其日日蝕，至是日不蝕，内外稱賀。[1]

[1]至是日不蝕，内外稱賀：司天監預報晋高祖天福三年（938）正月戊申朔日食，至時不食，朝臣却認爲陽盛陰退所致，故内外稱賀。但當年正月二日（己酉），實際有約7分（開封可見）

的大食分日食。《輯本舊史》卷七七《晋高祖紀三》天福三年正月己酉條：“百官守司，以太史先奏日蝕故也，至是不虧，内外稱賀。”《通鑑目録》卷二八所引之本志作“正月戊申朔，食”。

　　四年，七月庚子朔，[1]時中書門下奏：“謹按舊禮：日有變，天子素服避正殿，太史以所司救日於社，陳五兵、五鼓、五麾，東戟西矛，南弩北楯，[2]中央置鼓，服從其位，百職廢務，素服守司，[3]重列于庭，每等異位，向日而立，明復而止。今所司法物，咸不能具，去歲正旦日蝕，唯謹藏兵仗，皇帝避正殿素服，百官守司。今且欲依近禮施行。”從之。[4]

　　[1]四年，七月庚子朔：《輯本舊史》卷七八《晋高祖紀四》之天福四年（939）七月庚子朔條僅載“日有蝕之”。按：時用歷法推算，當爲“閏七月”，依現代天文回推，公元939年7月19日（天福四年閏七月庚午朔），開封可見6.8分大食分日食。

　　[2]南弩：《輯本舊史》之影庫本粘籤：“‘南弩’，原本作‘西弩’，今據《五代會要》改正。”見《會要》卷一〇日蝕條，上文已有“東戟西矛”，此處何能再有“西弩”。

　　[3]素服：《輯本舊史》原本作“素食”，中華書局本亦沿引之，但《會要》卷一〇日蝕條作“素服”，本條前文亦作“天子素服避正殿”，據改。

　　[4]從之：《新五代史》卷五九《司天考二》僅云“七月庚子朔，日有食之”。《通鑑目録》卷二八引本志云：“七月庚子朔，食闕於北，極於東，復於東南，木盈而没。”對於預報的晋天福四年七月庚子朔日食，中書門下奏報，先言古代救日的具體措施和做法，復言今法物不具，建議不救日，祇需依去年正月日食的做法，

百官守候在司裏即可。此奏議得到了批準。

七年，四月甲寅朔，[1]避正殿不視朝，日蝕故也。是日百官守司，太陽不蝕，上表稱賀。

[1]四月甲寅朔：《輯本舊史》之影庫本粘籤：“‘甲寅朔’下原本疑有脫文，今無別本可考，姑仍其舊。”但《輯本舊史》卷八〇《晉高祖紀六》天福七年（942）四月“甲寅朔”下載：“避正殿不視朝，日蝕故也。是日，太陽不虧，百官上表稱賀。”正可補其文義不全之處，據補。但此次日食記事實際并不存在。

八年，四月戊申朔，[1]日有蝕之。

[1]八年，四月戊申朔：中華書局本有校勘記：“‘八年四月’，原作‘八月’，據本書卷八一《晉少帝紀一》、《五代會要》卷一〇、《新五代史》卷五九《司天考》、《通鑑》卷二八三改。按天福七年八月壬子朔，八年四月戊申朔。”是日，開封實際可見約7分的大食分日食。《會要》卷一〇日蝕條、《輯本舊史》卷八一《晉少帝紀一》天福八年（943）四月戊申條、《新五代史》卷五九《司天考二》、《通鑑》卷二八三天福八年四月戊申條及《通鑑目錄》卷二九天福八年引本志均同。

少帝開運元年，九月庚午朔，日有蝕之。[1]

[1]“少帝開運元年”至“日有蝕之”：《會要》卷一〇日蝕條、《輯本舊史》卷八三《晉少帝紀三》開運元年（944）九月庚午朔條、《通鑑》卷二八四開運元年九月庚午朔條、《通鑑目錄》

卷二九開運元年引本志均同。是日，開封可見約 3 分的小分日食。

二年，八月甲子朔，日有蝕之。[1]

[1]"二年"至"日有蝕之"：《會要》卷一〇日蝕條、《輯本舊史》卷八四《晋少帝紀四》開運二年（945）八月甲子朔條、《通鑑》卷二八五開運二年八月甲子朔條、《通鑑目録》卷二九開運二年引本志均同。是日，開封可見約 5 分日食。

三年，二月壬戌朔，[1]日有蝕之。

[1]二月壬戌朔：中華書局本有校勘記："'二月'，原作'三月'，據本書卷八四《晋少帝紀四》、《五代會要》卷一〇、《新五代史》卷五九《司天考》、《通鑑》卷二八五改。按二月壬戌朔，三月壬辰朔。"實際上，公元 946 年 3 月 6 日（開運三年二月壬戌朔），開封可見 4 分小食日食。見《會要》卷一〇日蝕條、《輯本舊史》卷八四《晋少帝紀四》開運三年（946）二月壬戌朔條、《新五代史》卷五九《司天考二》開運三年二月壬戌朔條、《通鑑》卷二八五開運三年二月壬戌朔條、《通鑑目録》卷二九開運三年引本志。開運三年三月壬辰朔，該月亦無壬戌。

漢隱帝乾祐元年六月戊寅朔，日有蝕之。[1]

[1]漢隱帝乾祐元年六月戊寅朔，日有蝕之：《輯本舊史》原無，據《會要》卷一〇日蝕條、《新五代史》卷五九《司天考二》、《通鑑目録》卷二九乾祐元年（948）引本志補。亦見《輯本舊史》卷一〇一《漢隱帝紀上》乾祐元年六月戊寅朔條。

二年六月癸酉朔，日有蝕之。[1]

[1]二年六月癸酉朔，日有蝕之：《輯本舊史》原無，據《會要》卷一〇日蝕條、《新五代史》卷五九《司天考二》、《通鑑目録》卷二九乾祐二年（949）六月引本志補。亦見《輯本舊史》卷一〇二《漢隱帝紀中》乾祐二年六月癸酉朔條。

三年，十一月甲子朔，日有蝕之。[1]

[1]“三年”至“日有蝕之”：亦見《輯本舊史》卷一〇三《漢隱帝紀下》乾祐三年（950）十一月甲子朔條、《新五代史》卷五九《司天考二》、《通鑑目録》乾祐三年引本志。

周太祖廣順二年，四月丙戌朔，日有蝕之。[1]

[1]“周太祖廣順二年”至“日有蝕之”：亦見《會要》卷一〇日蝕條、《新五代史》卷五九《司天考二》、《通鑑目録》卷三〇引本志。《輯本舊史》卷一一二《周太祖紀三》廣順二年（952）夏四月丙戌朔條載：“日有食之，帝避正殿，百官守司。”

五年，五月辛巳朔，日有蝕之。[1]

[1]“五年”至“日有蝕之”：《輯本舊史》原無，據《通鑑目録》卷三〇引本志補。但此次日食開封不可見，僅大同約1分的小分食，肉眼當無分辨。

月食[1]

[1]月食：日爲眾陽之精，月爲眾陰之象，日爲君主，月爲女主，亦爲大臣之象。古人以爲，凡月食、月凌犯、月暈、月變色等，均爲女主、大臣有咎的示警。不過，月食發生的規率和產生的原因比日食容易認識，故早在《詩經》中，就有"彼月而食，則惟其常，此日而食，於何不藏"的説法。人們漸漸地不再過分關注月食對政治的影響，例如新、舊《唐書》就沒有月食記録，這表明了當時人對月食認識的傾向。然而，人們對自然規律的認識是有反復的，新、舊《五代史》仍然有關於月食的記録，並且在短短近六十年的五代十國歷史中，就有十條月食記録。除此之外，與月亮有關的天象僅有月暈一條，月凌犯、月變色等則沒有記録，由此可以看出當時的統治者和司天監官員對月象觀察的偏重視角。

梁太祖開平四年，十二月十四日夜，[1]先是，司天奏："是日月食，不宜用兵。"時王景仁方總大軍北伐，追之不及。至五年正月二日，果爲後唐莊宗大敗於柏鄉。

[1]梁太祖開平四年，十二月十四日夜：《會要》卷一〇月蝕條誤十二月爲十一月。《新五代史》卷五九《司天考二》載"十二月庚午，月有食之"，未言庚午爲十四日。《通鑑目録》卷二六開平四年（910）引本志作"十二月庚午望，食"，誤庚午（十四日）爲望日。司天監奏月食不宜用兵，不聽，終於導致梁太祖大敗。《洛書》曰："日月食，當用兵擊之。若安居，日月食不可出軍。日食之歲，不可以出軍。月食之月，不可以出軍。"後梁出軍違反了這一忌諱，最終導致失敗。

唐莊宗同光三年，三月戊申，[1]月食。九月甲辰，月食。

[1]三月戊申：《會要》卷一〇月蝕條作“五月戊申”，按是年三月、五月皆有戊申，三月戊申爲十六日，五月戊申爲十七日。《新五代史》卷五九《司天考二》作“三月戊申”，《通鑑目録》卷二七引本志作“三月戊申望，食”。九月甲辰條亦見《會要》《新五代史》及《通鑑目録》。

明宗天成三年，十二月乙卯，月食。[1]

[1]“明宗天成三年”至“月食”：亦見《新五代史》卷五九《司天考二》。《通鑑目録》卷二七引本志云：“十二月乙卯望，五鼓食。”天成三年（928）十二月壬寅朔，乙卯爲十四日。

四年，六月癸丑望，月食。十二月庚戌，月食。[1]

[1]“四年”至“十二月庚戌，月食”：亦見《新五代史》卷五九《司天考二》。《通鑑目録》卷二七引本志云：“六月癸丑望，食既在戌一度。十二月庚戌望，食既。”天成四年（929）六月戊戌朔，癸丑爲十六日；十二月丙申朔，庚戌爲十五日。

晋高祖天福二年，七月丙寅，月食。[1]

[1]“晋高祖天福二年”至“月食”：亦見《新五代史》卷五九《司天考二》。《通鑑目録》卷二八引本志云：“七月丙寅望，食在室二度。”天福二年（937）七月辛亥朔，丙寅爲十六日。

五年，十一月丁丑，月食鶉首之分。[1]

[1]月食鶉首之分：鶉首爲井宿和鬼宿，對應於關中秦分。《輯本舊史·天文志》月食部分記載了月食現象，除本條外，皆不云月食發生之天象位置，按例當刪。中華書局本不刪，今從。亦見《新五代史》卷五九《司天考二》、《通鑑目録》卷二八引本志。天福五年（940）十一月壬戌朔，丁丑爲十六日。

少帝開運元年，[1]三月戊子，月食。九月丙戌，月食。

[1]少帝開運元年：中華書局本有校勘記：“‘元年’，原作‘二年’，據《五代會要》卷一〇、《新五代史》卷五九《司天考二》改。按開運二年三月丁酉朔，無戊子；九月甲午朔，無丙戌。開運元年三月癸酉朔，戊子爲十六日；九月庚午朔，丙戌爲十七日。”《通鑑目録》卷二九開運元年（944）引本志：“三月戊子望，食；九月丙戌望，食。”

漢高祖天福十二年，十二月乙未，月食。[1]

[1]“漢高祖天福十二年”至“月食”：亦見《會要》卷一〇月蝕條、《新五代史》卷五九《司天考二》。《通鑑目録》引本志云：“十二月乙未望，食七分，强起，四更四點在星四度。”天福十二年（947）十二月辛巳朔，乙未爲十五日。

周世宗顯德三年，正月戊申，月食。[1]

[1] "周世宗顯德三年" 至 "月食"：亦見《會要》卷一〇月蝕條。顯德三年（956）正月乙未朔，戊申爲十四日。《新五代史》卷五九《司天考二》載："十二月癸酉，月有食之。"十二月己未朔，癸酉爲十五日。

五年，六月乙丑，月食。[1] 十一月辛酉，[2] 月食。

[1] 六月乙丑，月食：《輯本舊史》原無。據《通鑑目録》卷三〇引本志補。《通鑑目録》引本志："六月乙丑望，食在斗牛。"顯德五年（958）六月辛亥朔，乙丑爲十五日。

[2] 十一月辛酉：《輯本舊史》原作 "十一月辛未"。《會要》卷一〇月蝕條同。顯德五年十一月丁未朔，辛未爲二十五日，顯誤。該月辛酉爲十五日，故改。

月暈[1]

[1] 月暈：因地球大氣不穩而導致的月亮周圍的光圈。

唐明宗天成元年，十一月丁丑，[1] 月暈匝火、木。[2]

[1] 十一月丁丑：《輯本舊史》原作 "十一月"，中華書局本有校勘記："《新五代史》卷五九《司天考》、《文獻通考》卷二八九作 '十一月丁丑'。"今據補。

[2] 月暈匝火、木：出現月暈時，其光環將火星、木星也包圍在内。換句話説，是月犯火星、木星的天象記録。星占家認爲發生月暈，也是出現嚴重政治危機的預兆。《石氏占》曰："月傍有氣，圓而周匝，黄白，名爲暈。"巫咸曰："月之暈者，臣專權之象。"

彗孛[1]

[1]彗孛：五代六十年間，共見載六顆彗星，而且未見特大彗星，可見五代時的彗星並不算太特殊。彗星是有德者昌、無德者亡的奇異天象。是祛舊迎新的天象標志。故歷代天文志都很重視。

梁太祖乾化二年，四月甲戌夜，彗見於靈臺之西。[1]

[1]“梁太祖乾化二年”至“彗見於靈臺之西”：本條亦見《會要》卷一〇彗孛條。

唐明宗天成三年，十月庚午夜，西南有孛，長丈餘，東南指，在牛宿五度。[1]

[1]“唐明宗天成三年”至“在牛宿五度”：本條亦見《會要》卷一〇彗孛條。“在牛宿五度”，中華書局本有校勘記：“‘牛宿’，原作‘宿’，據《五代會要》卷一〇、《文獻通考》卷二八六改。殿本、劉本作‘牛’。影庫本粘籤：‘在宿五度，“宿”字上當有闕字，今無別本可考，姑仍其舊，附識于此。’”《會要》卷一〇彗孛條在“五度”後有“三夕不見”語。《輯本舊史》卷三九《唐明宗紀五》天成三年（928）十月庚午條：“夜，西南有彗星長丈餘，在牛星五度。”這條彗星記録較爲詳實，有年、月、日、時、方位和尾長，但未載對應的災變。實際上，帝位的更替、國家的改朝換代本就是災變之應。雖未載觀測時間，但由尾東指即可指其在傍晚。尾長丈餘，是五代時出現的三次大規模彗星記録之一。

末帝清泰三年，九月己丑，[1]彗出虚、危，長尺餘，形細微，經天壘、哭星。

[1]九月己丑：中華書局本有校勘記：“‘己丑’，原作‘乙丑’，據《五代會要》卷一〇、《文獻通考》卷二八六改。按是月丁亥朔，無乙丑，己丑爲初三。”《會要》卷一〇彗字條在此條下尚有小注：“其年閏十一月，廢帝遇難於洛陽，晋高祖登基。”

晋高祖天福六年，九月壬午，[1]有彗星長丈餘。[2]

[1]九月壬午：《輯本舊史》原無“壬午”二字，中華書局本有校勘記：“《五代會要》卷一〇作‘九月壬午’。”今據補。

[2]彗星長丈餘：這是五代時出現的三大彗星之一。出現於天福六年（941）九月。雖未載災應，但其實是石敬瑭去位的應變之象。　《會要》在此條下尚有小注：“其年十二月，安重榮連謀舉兵向闕，敗於宗城縣。”《新五代史》卷五九《司天考二》載：“壬子，彗出於西，掃天市垣。”是年九月戊午朔，無壬子，壬午爲二十五日。

八年，十月庚戌夜，有彗見於東方，西指，[1]尾長一丈，在角九度。[2]

[1]有彗見於東方，西指：這是五代時出現的三大彗星之一，尾西指，見在黎明。爲晋出帝失位之象。

[2]“八年”至“在角九度”：本條亦見《會要》卷一〇彗字條，此條下尚有小注：“其年十二月，青州楊光遠叛命。”《新五代史》卷五九《司天考二》較簡。

周世宗顯德三年，[1]正月壬戌夜，有星孛於參角，[2]其芒指於東南。

[1]周世宗顯德三年：周世宗，《輯本舊史》原作“周太祖”，中華書局本有校勘記：“‘太祖’，《五代會要》卷一〇無，《文獻通考》卷二八六作‘世宗’。按周太祖卒於顯德元年。”今據改。

[2]有星孛於參角：有彗星出現於參星上角。通常稱參星左右肩股。此處的參角，當指參星的肩角之上。“參角”，《文獻通考》作“參宿”。

五星淩犯[1]

[1]五星淩犯：五星即木、火、土、金、水五顆行星。淩犯指五星互相接近或與恒星接近。五星各有自己的本性，如土星爲福星、木星爲吉星、火星爲災星、金星爲兵星、水星爲刑罰之星等。正因爲其各有本性，當其出現在星座間時（守），對應社會就會顯現出各種結果。如土木守某星宿時，其對應分野有福得地，熒惑守心時帝王有咎。依據古代五星傳統的災變，共有五星守、五星犯、五星聚、五星變色等多種説法。本志僅載五星淩犯，不及其他，説明時人對五星聚、五星守、五星變色等災變天象較少關心。

梁太祖開平元年六月丁酉，熒惑犯積尸。[1]

[1]梁太祖開平元年六月丁酉，熒惑犯積尸：《輯本舊史》原無，據《通鑑目録》卷二六引本志補。

二年，正月乙亥，歲星犯月。四月辛丑，熒惑犯上將。[1]甲子，犯左執法。[2]

[1]四月辛丑，熒惑犯上將：《輯本舊史》原無，據《通鑑目
錄》卷二六引本志補。《新五代史》卷五九《司天考二》亦載：
"開平二年夏四月辛丑，熒惑犯上將。"

[2]甲子，犯左執法：《輯本舊史》原無，據《通鑑目錄》卷
二六引本志補。

乾化元年，十月，熒惑犯左執法。[1]

[1]"乾化元年"至"熒惑犯左執法"：《輯本舊史》原無，據
《通鑑目錄》卷二六引本志補。

二年，正月丙申，熒惑犯房第二星。[1]閏五月壬戌，
熒惑犯心大星，[2]去心四度，順行。占曰：[3]"心爲帝王
之星。"其年六月五日，帝崩。[4]

[1]"二年"至"熒惑犯房第二星"：《輯本舊史》原無，據
《新五代史》卷五九《司天考二》、《通鑑目錄》卷二六引本志補。

[2]閏五月壬戌，熒惑犯心大星："閏五月壬戌"，《輯本舊史》
原作"五月壬戌"，《會要》卷一一五星淩犯條同。劉次沅《諸史
天象記録考證》（中華書局 2015 年版）："閏五月壬戌，熒惑守心大
星。按五月己卯朔，無壬戌。閏五月戊申朔，壬戌爲十五。"今據
補。"犯心大星"抑或"守心大星"，且待更多證據，"犯"似更合
情理。這裏涉及兩個概念和狀態：一是熒惑犯心宿大星（心宿二），
犯者，二星相距一度之内；二是熒惑距離心宿距星四度，星宿距星
爲星宿一。

［3］占曰：《會要》卷一一作"司天奏"。

［4］其年六月五日，帝崩：《通鑑》卷二六八載梁太祖遇弒於六月戊寅（初二）。

末帝貞明四年，十二月癸亥，鎮犯文昌、上將。[1]

［1］"末帝貞明四年"至"鎮犯文昌、上將"：《輯本舊史》原無，據《通鑑目録》卷二六引本志補。亦見《文獻通考》卷二八九《象緯考十二》月五星凌犯條。

唐莊宗同光二年，八月戊子，熒惑犯星。[1]十一月庚戌，犯上相。甲子，犯左執法。[2]

［1］熒惑犯星：熒惑犯七星宿。

［2］"十一月庚戌"至"犯左執法"：《輯本舊史》原無，據《通鑑目録》卷二七引本志補。

三年，三月丙申，熒惑犯上相。四月甲子，熒惑犯左執法。[1]六月丙寅，歲犯右執法。九月己亥，熒惑在江東，[2]犯第一星。丙辰，太白、歲相犯。[3]

［1］四月甲子，熒惑犯左執法：中華書局本有校勘記："'甲子'，原作'甲申'，據《新五代史》卷五九《司天考》、《文獻通考》卷二八九改。據劉次沅《考證》，熒惑犯左執法在是月甲子。"見《文獻通考》卷二八九《象緯考十二》月五星凌犯條，除九月己亥條外，亦見《通鑑目録》卷二七引本志。

［2］熒惑在江東：無江東星，此處之江東，疑指尾宿中的天江

星之東側。中華書局本有校勘記："據劉次沅《考證》，是日熒惑在天江東。"

[3]丙辰，太白、歲相犯：《輯本舊史》案語："案《歐陽史》：九月丙辰，太白、歲相犯。《薛史》不載，疑有闕文。"據《新五代史》卷五九《司天考二》、《通鑑目録》卷二七引本志補。

明宗天成元年，四月庚戌，太白犯積尸。[1]八月癸卯，太白犯心大星。辛亥，熒惑犯上將。九月庚午，熒惑犯右執法。己卯，熒惑犯左執法。十月戊子，熒惑犯上相。十二月戊戌，[2]熒惑犯氐。

[1]四月庚戌，太白犯積尸：《輯本舊史》原無，據《新五代史》卷五九《司天考二》、《通鑑目録》卷二七引本志、《大典》卷七八五六"星"字韻"孛星"事目補。

[2]十二月戊戌：《輯本舊史》原無"戊戌"二字，中華書局本有校勘記："《新五代史》卷五九《司天考》作'十二月戊戌'。"今據補。

二年，正月甲戌，熒惑、歲相犯。[1]二月辛卯，熒惑犯鍵閉。三月己巳，熒惑犯上相。[2]六月辛丑，熒惑犯房。九月壬子，歲犯房。[3]

[1]二年，正月甲戌，熒惑、歲相犯：五代後唐莊宗、明宗年間，星占家經常預報或報告觀測到的五星犯左右執法、上相、相、上將等，其中尤以熒惑犯這些星座爲多。星占家著力關注這些天象的凌犯，是有政治原因的。五代時，君主與大臣的關係比較緊張，不時有篡奪帝位之事發生，這些篡權者，不是上相就是主將、左右

執法，即左右相。反映在星空間，也都集中在太微垣這個權力中心。必須指出，這些天象記録中的被犯星座有些是明確的，例如左執法、右執法、五諸侯等，有些則不够明確，如上將、上相、相等。在星座之名中，有東上相、東上將、西上相、西上將，在紫微垣中亦有相星之位，這些記録究竟實指哪一顆呢？由於五星與黄道的交角通常都在五度的範圍之内，故其凌犯的星座也當限於黄緯五、六度之内。由此可見，以上犯上相、上將的記録，當是指犯東上相、西上將，而不涉及東上將、西上相。同時，這裏的"熒惑、歲相犯"，也是指犯東上相，而不是指紫微垣中的相星。熒惑凌犯記録特別多的原因，也是由於它與政治鬥爭的關係更爲密切，從而得到更多的關注。

[2]三月己巳，熒惑犯上相：《輯本舊史》原無"己巳"二字，中華書局本有校勘記："'三月'，《新五代史》卷五九《司天考》、《文獻通考》卷二八九作'三月己巳'。'上相'，據劉次沅《考證》，時熒惑在房上相東二度。上相，通常指太微東上相。房北第一、第二星也稱房上相、房次相。"今據補。

[3]"二年"至"歲犯房"：全條亦見《通鑑目録》卷二七引本志。

三年，正月壬申，太白、熒惑合於奎。閏八月癸卯，[1]熒惑犯上將。庚戌，太白犯右執法。[2]乙卯，熒惑犯右執法。庚午，太白犯右執法。九月庚辰，鎮、歲合於箕。辛巳，太白、熒惑合於軫。十一月乙未，太白犯鎮。[3]十二月壬寅，熒惑犯房，太白、歲相犯於斗。[4]

[1]閏八月癸卯：中華書局本有校勘記："'閏'字原闕，據《新五代史》卷五九《司天考》、《文獻通考》卷二八九補。按八月癸酉朔，無癸卯，閏八月癸卯朔。"

[2]庚戌，太白犯右執法：據《新五代史》卷五九《司天考二》、《通鑑目録》卷二七引本志補。"右執法"，《輯本舊史》原作"左執法"，中華書局本有校勘記："'左執法'，《新五代史》卷五九《司天考》作'右執法'。據劉次沅《考證》，是日太白犯右執法。"今據改。

[3]十一月乙未，太白犯鎮：《輯本舊史》原無，據《新五代史》卷五九《司天考二》、《通鑑目録》卷二七引本志補。

[4]太白、歲相犯於斗：太白、歲星犯斗宿。全段除閏八月庚卯條外，亦見《通鑑目録》卷二七引本志。

四年，二月辛酉，熒惑、鎮合於斗。[1]三月壬辰，歲犯牛。九月丙子，熒惑入哭星。[2]

[1]二月辛酉，熒惑、鎮合於斗：《輯本舊史》原無。《新五代史》作："月及火、土合於斗。"

[2]熒惑入哭星：必有死亡之事，纔會引起哭泣之聲。哭星在虚宿之内。全段見《新五代史》卷五九《司天考二》、《通鑑目録》卷二七引本志。

長興元年，六月乙卯，太白犯天罇。[1]十一月壬戌，熒惑犯氐。十二月丙辰，熒惑犯天江。[2]

[1]太白犯天罇：太白星凌犯了天罇星。天罇星與太尊星容易混淆。其實，這兩者的區别是明確的。天罇三顆星，是酒器之名，從其字形的偏旁也可看出其含義，位於井宿東北方。而太尊一顆星，"職比聖人"，分布在張宿靠近拱極圈附近。由此可知，此處太白犯天罇，就不能理解爲太尊。

[2]"長興元年"至"熒惑犯天江"：亦見《通鑑目録》卷二

八引本志。

二年，正月乙亥，太白犯羽林。四月甲寅，熒惑犯羽林。八月丁巳，[1]辰犯端門。十一月丙戌，太白犯鍵閉。[2]

[1]八月丁巳：《輯本舊史》原無"丁巳"二字，中華書局本有校勘記："《新五代史》卷五九《司天考》、《文獻通考》卷二八九作'八月丁巳'。"《通鑑目録》卷二八引本志同《新五代史》《文獻通考》，今據補。

[2]太白犯鍵閉：《輯本舊史》原無"閉"字，中華書局本有校勘記："'鍵'，《文獻通考》卷二八九作'鍵閉'。"《通鑑目録》卷二八引本志亦作"鍵閉"，今據補。

三年，四月庚辰，熒惑犯積尸。九月庚寅，太白犯哭星。[1]十一月己亥，太白犯壁壘。[2]

[1]九月庚寅，太白犯哭星：中華書局本有校勘記："據劉次沅《考證》，是時無此天象，太白犯哭星在當年十一月庚寅。"

[2]"三年"至"太白犯壁壘"：亦見《通鑑目録》卷二八引本志。

四年，八月己未，五鼓三籌，熒惑近天高星，歲星近司怪，太白近軒轅大星。九月辛巳，太白犯右執法。[1]

[1]九月辛巳，太白犯右執法：《輯本舊史》原無，但有案語：

"《歐陽史》：九月辛巳，太白犯右執法，《薛史》不載。"今據《新五代史》卷五九《司天考二》、《通鑑目録》卷二八引本志補。

末帝清泰元年，六月甲戌，太白犯右執法。[1]

[1]"末帝清泰元年"至"太白犯右執法"：亦見《通鑑目録》卷二八引本志。

晉高祖天福元年，[1]三月壬子，熒惑犯積尸。[2]

[1]晉高祖：《輯本舊史》原無"高祖"二字，中華書局本有校勘記："'晉'，殿本、孔本作'晉高祖'。"今據補。

[2]"晉高祖天福元年"至"熒惑犯積尸"：本條亦見《通鑑目録》卷二八引本志。

四年，四月辛巳，太白犯東井北河。[1]甲午，[2]太白犯五諸侯。[3]五月丁未，太白犯輿鬼中星。[4]

[1]太白犯東井北轅：諸本均作"東井、北轅"，東井即井宿範圍内的一個大星座，而北轅星則遠離黄道之北三十度，太白是不可能凌犯北轅星的。此"北轅"當爲"北河"之誤，則此句是説，太白於辛巳這一天犯了井宿中的北河星。

[2]甲午：中華書局本有校勘記："原作'甲申'，據《新五代史》卷五九《司天考》、《文獻通考》卷二八九改。據劉次沅《考證》，太白犯五諸侯在是月甲午。"

[3]太白犯五諸侯：五諸侯在北河北，同在東井宿内。由此也可證明北轅爲北河之誤。

[4]五月丁未，太白犯輿鬼中星：五月丁未，即四月甲申後二十三日，太白纔向東進入下一個星宿鬼宿。輿鬼中星，爲鬼宿中間的一顆星，古稱質量，又名積尸氣。古人認爲是一團呈白色粉絮狀的氣體，由於它在鬼宿之内，故稱積尸氣。經近代觀測，它實際是由衆多恒星組成的鬼宿疏散星團。依據中國星占思想，太白主兵，鬼宿與鬼魄有關，太白犯鬼宿或積尸氣，當必然與戰争導致大量兵員死喪有關。　“四年”至“太白犯輿鬼中星”：亦見《新五代史》卷五九《司天考二》、《通鑑目録》卷二八引本志、《大典》卷七八五六“星”字韻“太白星（一）”事目。

六年，八月辛卯，太白犯軒轅。[1]九月己卯，熒惑犯上將。[2]

[1]八月辛卯，太白犯軒轅：中華書局本有校勘記：“據劉次沅《考證》，太白犯軒轅在是月辛丑。按是月戊子朔，辛卯爲初四，辛丑爲十四日。”

[2]“六年”至“熒惑犯上將”：本條亦見《新五代史》卷五九《司天考二》、《通鑑目録》卷二八引本志。

八年，八月丙子，熒惑犯右掖。十月丙辰，熒惑犯進賢。[1]

[1]“八年”至“熒惑犯進賢”：本條亦見《新五代史》卷五九《司天考二》、《通鑑目録》卷二九引本志。

開運元年，二月壬戌，太白犯昴。己巳，熒惑犯天鑰。[1]四月丁巳，太白犯五諸侯。七月甲申，太白犯東井。八月甲辰，熒惑入南斗。[2]十月壬戌，熒惑犯哭星。[3]十二月癸丑，太白犯辰。[4]

　　[1]"二月壬戌"至"熒惑犯天鑰"：亦見《新五代史》卷五九《司天考二》、《通鑑目録》卷二九引本志。

　　[2]"四月丁巳"至"熒惑入南斗"：亦見《新五代史》卷五九《司天考二》、《通鑑目録》卷二九引本志。中華書局本有校勘記："據劉次沅《考證》，太白犯五諸侯在是月丁卯。按是月癸卯朔，丁巳爲十五日，丁卯爲二十五日。"

　　[3]十月壬戌，熒惑犯哭星：中華書局本有校勘記："據劉次沅《考證》，熒惑犯哭星在是月壬子。按是月庚子朔，壬戌爲二十三日，壬子爲十三日。"《輯本舊史》之案語："此條《歐陽史》不載。"《通鑑目録》亦不載。

　　[4]十二月癸丑，太白犯辰：太白犯辰，即太白犯水星。"十二月癸丑"，《輯本舊史》原無"癸丑"二字，中華書局本有校勘記："《新五代史》卷五九《司天考》、《文獻通考》卷二九三下作'十二月癸丑'。"《通鑑目録》卷二九引本志、《大典》卷七八五六同，今據補。

　　二年，七月庚戌，歲犯井鉞。[1]八月甲戌，歲犯東井。九月甲寅，太白犯南斗魁。十一月甲午朔，太白犯哭星。[2]

　　[1]七月庚戌，歲犯井鉞：《輯本舊史》原無，據《新五代史》卷五九《司天考二》、《通鑑目録》卷二九引本志補。

　　[2]"八月甲戌"至"太白犯哭星"：亦見《新五代史》及《通鑑目録》。

漢天福十二年，十月己丑，太白犯亢距星。[1]

[1]“漢天福十二年”至“太白犯亢距星”：亦見《新五代史》卷五九《司天考二》、《通鑑目録》卷二九引本志。

乾祐元年，八月己丑，[1]鎮星入太微西垣。戊戌，歲犯右執法。十月丁丑，歲犯左執法。[2]

[1]八月己丑：《新五代史》卷五九、《通鑑目録》卷二九皆作“八月乙酉”。但《新五代史》乾祐二年（949）又言，“鎮自元年八月己丑入太微垣，至是歲十一月辛亥而出”。本卷下條亦同。乾祐元年八月丁丑朔，乙酉初八、己丑十二。

[2]“乾祐元年”至“歲犯左執法”：本條亦見《新五代史》卷五九《司天考二》、《通鑑目録》卷二九引本志。

二年，九月壬寅，太白犯右執法。庚戌，太白犯鎮。辛酉，鎮犯右執法。[1]丁卯，太白犯歲。十一月辛亥，[2]鎮星始出太微之左掖門。自元年八月己丑，鎮星入太微垣，犯上將、左右執法、內屏、謁者，勾己往來，[3]凡四百四十三日方出左掖門。[4]

[1]辛酉，鎮犯右執法：《輯本舊史》原無，據《新五代史》卷五九《司天考二》、《通鑑目録》卷二九補。

[2]十一月辛亥：《輯本舊史》原無“辛亥”二字，中華書局本有校勘記：“《五代會要》卷一一、《新五代史》卷五九《司天考》、《文獻通考》卷二九三下作‘十一月辛亥’。按本書卷一〇三《漢隱帝紀下》繫其事於十一月十二日。是月庚子朔，十二日爲辛

亥。"此次鎮星入太微、犯太微持續時間俱明，何時出太微易於知曉，故今據《會要》等文獻及《通鑑目録》卷二九補。

[3]勾己往來："勾己"，《輯本舊史》之案語："原本作'旬己'，今從《歐陽史》改正。"見《新五代史》卷五九《司天考二》。另中華書局本有校勘記："句下《新五代史》卷五九《司天考》有'至是歲十一月辛亥而出'十字。"

[4]左掖門：《輯本舊史》原無"門"字，中華書局本同，據本條上文及《通鑑目録》卷二九補。　"自元年八月己丑"至"凡四百四十三日方出左掖門"：這是一條完整的土星觀測記録，自乾祐元年（948）八月己丑土星進入太微西垣起，到二年十一月土星出太微東垣之左掖門，計四百四十三日。其運行的路綫是，進入太微西垣之後，先犯西上將，再犯右執法和左執法，然後再犯内屏星和謁者星，然後發生留和作勾己往來運行，至第二年十一月，土星纔從太微東垣之左掖門出去。土星在恒星間的運動，在五星中是最緩慢的，大致一年纔運行一個星宿，故曰鎮星。自左掖門到右掖門，差不多一個星宿，可見文獻記載得十分準確。《黄帝占》曰："太微，天子之宫。"南蕃兩星，東西列，其四星，爲右執法，西東星，爲左執法，廷尉尚書之象。兩執法之間太微天廷端門也，右執法西間，爲右掖門，左執法之東，爲左掖門。　"二年"至"凡四百四十三日方出左掖門"：本條亦見《新五代史》卷五九《司天考二》、《通鑑目録》卷二九引本志。

　　三年，六月乙卯，鎮犯左掖。七月甲申，熒惑犯司怪。八月癸卯，太白犯房。庚戌，太白犯心大星。十月辛酉，太白犯歲。[1]

[1]"三年"至"太白犯歲"：本條亦見《新五代史》卷五九《司天考二》、《通鑑目録》卷二九引本志。

周廣順元年，二月丁巳，歲犯咸池。[1]己未，熒惑犯五諸侯。三月甲子，歲守心。己卯，熒惑犯鬼。壬午，熒惑犯天尸。[2]四月甲午，歲犯鉤鈐。[3]

[1]咸池：咸池三星，在五車内。
[2]天尸：《石氏》曰"輿鬼""一名天尸"。
[3]"周廣順元年"至"歲犯鉤鈐"：本條亦見《新五代史》卷五九《司天考二》；自"三月甲子"以下，亦見《通鑑目録》卷三〇引本志。"二月丁巳，歲犯咸池"，中華書局本有校勘記："據劉次沅《考證》，是日歲犯東咸。""四月甲午，歲犯鉤鈐"，中華書局本有校勘記："據劉次沅《考證》，歲犯鉤鈐在是月甲辰。按是月壬辰朔，甲午爲初三，甲辰爲十三日。"

二年，七月乙丑，[1]熒惑犯井鉞。八月乙未，熒惑犯天罇。九月辛酉，熒惑犯鬼。庚辰，太白掩右執法。[2]十月壬辰，太白犯進賢。[3]

[1]七月乙丑：《輯本舊史》原無"乙丑"二字，中華書局本有校勘記："'七月'，《新五代史》卷五九《司天考》作'七月乙丑'。"今據補。
[2]庚辰，太白掩右執法："庚辰"，《輯本舊史》原作"庚戌"；"太白"，《輯本舊史》原作"熒惑"。中華書局本有校勘記："《新五代史》卷五九《司天考》作'庚辰，太白掩右執法'。按是月甲寅朔，無庚戌，庚辰爲二十七日。"今據改。
[3]"二年"至"太白犯進賢"：本條亦見《新五代史》卷五九《司天考二》、《通鑑目録》卷三〇引本志。

三年，四月乙丑，熒惑犯靈臺。[1]五月辛巳，[2]熒惑犯上將。丙申，熒惑犯右執法。[3]

[1]四月乙丑，熒惑犯靈臺：中華書局本有校勘記：“據劉次沅《考證》，熒惑犯靈臺在是月乙亥。按是月庚戌朔，乙丑爲十六日，乙亥爲二十六日。”

[2]五月辛巳：中華書局本有校勘記：“原作‘五年’，據殿本、《新五代史》卷五九《司天考》改。《文獻通考》卷二八九作‘五月’。按廣順無五年。”

[3]丙申，熒惑犯右執法：《輯本舊史》原無，據《新五代史》卷五九《司天考二》、《通鑑目録》卷三〇引本志補。　“三年”至“熒惑犯右執法”：本條亦見《新五代史》卷五九《司天考二》、《通鑑目録》卷三〇引本志。

顯德六年，六月壬辰，熒惑犯心大星。[1]庚子，熒惑與心大星合度，[2]光芒相射。先是，熒惑勾己于房、心間，凡數月，至是與心大星合度，是夜順行。

[1]六月壬辰，熒惑犯心大星：《輯本舊史》原無，據《通鑑目録》卷三〇引本志補。

[2]庚子，熒惑與心大星合度：中華書局本有校勘記：“據劉次沅《考證》，熒惑與心大星合度在是月庚寅。按是月乙亥朔，庚子爲二十六日，庚寅爲十六日。”《會要》卷一一五星凌犯條作“六月十八日，熒惑與心大星合度，光芒相射”。後有小注：“其月十九日，世宗崩。先，熒惑句己於房、心間，凡數月，至上（指世宗）臨崩之前一夕，與心大星合度，是夜順行。”六月壬辰爲十八日，癸巳爲十九日。

星晝見[1]

[1]星晝見：日出後，白天能看到星。古人認爲，這是與日争明的凶兆，於君主不利。星晝見是本志特設的欄目，僅載金星和木星，在其他天文志中很少作爲單獨的一欄列出，由此可見本志作者對星晝見天象的重視。

唐同光三年，六月甲子，太白晝見。[1]己巳，太白晝見。

[1]太白晝見：金星是除日月外，全天最亮的天體，其光度可達到負4.3等。正是由於這個原因，曆代《天文志》中經常可以見到太白晝見、太白經天的記載。甘氏曰："太白晝見，天子有喪，天下更王，大亂，是謂經天，有亡國，百姓皆流亡。"又《荆州占》曰："太白晝見，名曰昭明，强國弱，弱國霸，兵大起，期不出年。"故太白晝見是一種非常嚴重的凶象，它是君主亡、天下更王、亡國、百姓流亡的徵兆。這對於五代時天下混亂局面尤其有現實意義，故引起君主們的特別重視。"六月甲子，太白晝見"，《輯本舊史》原無，據《新五代史》卷五九《司天考二》、《大典》卷七八五六"星"字韻"太白星"事目補。《大典》作"同光二年六月甲子太白晝見。己巳亦晝見"。據《新五代史》及本段下文"己巳"條，應爲同光三年（925），非二年，《大典》誤。

天成元年，七月庚申，太白晝見。[1]

[1]"天成元年"至"太白晝見"：本條亦見《新五代史》卷五九《司天考二》。

長興二年，五月癸亥，[1] 歲星晝見。[2] 閏五月乙巳，[3] 歲星晝見。九月戊子，[4] 太白晝見。

[1]五月癸亥：《輯本舊史》原作“五月己亥”，中華書局本有校勘記：“按是月戊午朔，無己亥。”《新五代史》卷五九《司天考二》作“癸亥”，癸亥爲初六日，今據改。

[2]歲星晝見：木星是全天少數幾個最亮的星體之一。其亮度除日月和金星外，爲全天最亮天體，可達負2.4等，比最亮的恒星天狼星還要亮。故它也可能呈現出星晝見的天象。“歲星晝見”，《新五代史》作“太白晝見”。

[3]閏五月乙巳：“乙巳”，《輯本舊史》原作“己巳”，中華書局本有校勘記：“‘己巳’，《文獻通考》卷二九三上同，《新五代史》卷五九《司天考》作‘乙巳’。按是月戊子朔，無己巳，乙巳爲十八日。”今據改。

[4]九月戊子：《輯本舊史》原作“八月戊子”，中華書局本有校勘記：“‘八月’，《文獻通考》卷二九三上同，《新五代史》卷五九《司天考》作‘九月’。按八月丙辰朔，無戊子，九月乙酉朔，戊子爲初四。”今據改。

三年，十月壬申，太白晝見。[1]

[1]“三年”至“太白晝見”：本條亦見《新五代史》卷五九《司天考二》。

四年，五月癸卯，太白晝見。[1]

[1]太白晝見：中華書局本有校勘記：“‘晝見’，《文獻通考》

卷二九三上同，《永樂大典》卷七八五六引《五代史》作‘經天’。”《大典》卷七八五六“星”字韻“太白星”事目。本條亦見《新五代史》卷五九《司天考二》。

清泰元年，五月己未，太白晝見。[1]

[1]“清泰元年”至“太白晝見”：本條亦見《新五代史》卷五九《司天考二》。

漢天福十二年，四月丙子，太白晝見。[1]

[1]“漢天福十二年”至“太白晝見”：本條亦見《新五代史》卷五九《司天考二》。中華書局本有校勘記：“‘漢’，《永樂大典》卷七八五六引《五代史》、《文獻通考》卷二九三上作‘漢高祖’。‘晝見’，《永樂大典》卷七八五六引《五代史》作‘經天’。”

乾祐二年，四月壬午，太白晝見。[1]

[1]“乾祐二年”至“太白晝見”：本條亦見《新五代史》卷五九《司天考二》。“太白晝見”，中華書局本有校勘記：“‘晝見’，《永樂大典》卷七八五六引《五代史》作‘經天’。”

周廣順二年，二月庚寅，太白經天。[1]

[1]太白經天：經天，是經過天頂的意思。由於金星是内行星，可在與太陽的最大視角不大於48°的星空見到它。但在日出以後，或日落之前，若也能見到它，情況就不同了，它可以超出這個範

圍，出現在更高的天空。甚至可以到達天頂，這便是所謂的太白經天，即看到太白出現在南方子午綫附近的特殊狀況。正是由於它奇異反常，古人纔將其與政治相聯繫，認爲是天下大亂、要改朝換代的象徵。太白經天，與太白晝見是有聯繫的。太白晝見，是太白經天的必要條件，但並不是太白晝見都能出現太白經天的現象。所謂晝見，是指日出後不久，或日落前不久同時看到太陽和金星出現在天空，這時的陽光還比較弱，看到金星的可能性也較大。當太陽距地平較高時，日光就更強烈了，看到金星的幾率也小了。因此，如果金星距日的夾角小於 40°時，即使晝見，金星也達不到經天的範圍。故太白經天是比晝見更少見的天象。本條亦見《新五代史》卷五九《司天考二》。

流星[1]

[1]流星：流星的出没，或伴有隕石的降落，是中國傳統異常天象觀測和記錄的項目。流星有一般的散流星、火流星、流星群（雨）、隕石等不同的分類形態。孟康曰，流星"名曰使星"，"主兵事，使星主行事，以所出入宿占之"。又石氏曰，流星"是爲使星，所之國受福"。

梁乾化元年，十一月甲辰，東方有流星如數升器，出畢宿口，曳光三丈餘，有聲如雷。[1]

[1]"梁乾化元年"至"有聲如雷"：本條亦見《會要》卷一一流星條。

二年，九月丙戌夜二鼓初，[1]東北方有小流星入北斗魁滅。[2]至五鼓初，西北方次北有流星，狀如半升器，初小後大，速流入奎滅，[3]尾迹凝天，屈曲似雲而散，光明燭地。又東北有流星如大桃，出下台星，西北速流，至斗柄第三星旁滅。五鼓後至明，中天及四方有小流星百餘，流注交橫。[4]

[1]二鼓初：中國古代以鐘鼓記時，自初昏至黎明，將其間時間均分爲五鼓或五更，又將每鼓或每更細分爲五點。每逢更鼓擊鼓，遇點敲鐘報時。故有幾更幾點記時之説。夜間的起迄時間，通常爲日落後二刻半爲昏，日出前二刻半爲晨，昏晨之間爲夜。

[2]有小流星入北斗魁滅：《會要》卷一一流星條作“有小星流入北斗魁滅”。

[3]速流入奎滅：入，《輯本舊史》原作“如”，據《會要》卷一一改。

[4]“二年”至“流注交橫”：本條亦略見於《新五代史》卷五九《司天考二》，云“九月丙戌，衆星交流。丁亥，衆星交流而殞”。這是一條詳細的流星雨觀測記録，在同一夜中，既觀測到大的流星，“光明燭地”，又觀測到“小流星百餘，流注交橫”，從發生的日期和流注的方位來看，它可能是一次金牛座流星雨的記録。

應順元年春，[1]二月辛未夜，有大星如五升器，流於東北，有聲如雷。

[1]應順：《舊五代史考異》：“案：原本訛‘廣順’，今據《歐陽史》改正。”《新五代史》卷五九《司天考二》作“應順元年二月丁酉，衆星流于西北”。應順爲五代後唐閔帝年號，廣順爲五代後周太祖年號，本條在長興後、清泰前，當爲應順，今據改。

清泰元年，九月辛丑夜，[1]五鼓初，有大星如五斗器，西南流，[2]尾迹長數丈，色赤，[3]移時盤屈如龍形，蹙縮如二鏵，相鬭而散。又一星稍小，東流，有尾迹，凝成白氣，食頃方散。

[1]清泰元年，九月辛丑夜：五代後唐閔帝應順元年（934）四月，末帝從珂篡位，改元清泰。清泰元年（934）與應順元年爲同一年，本條記事與上條記事在同一年。

[2]西南流：中華書局本有校勘記："原作'而南流'，據本書卷四六《唐末帝紀上》、《五代會要》卷一一、《文獻通考》卷二九一改。"

[3]色赤：中華書局本有校勘記："原作'亦赤色'，據《五代會要》卷一一、《文獻通考》卷二九一改。殿本作'赤色'。"《新五代史》卷五九《司天考二》作"九月辛丑，衆星交流"。從日期分析，本條記事可能與前所記同屬金牛座流星雨的另一次觀測記録。

晋天福三年，三月壬申夜，四鼓後，東方有大流星，狀如三升器，其色白，尾迹長尺餘，[1]屈曲流出河鼓星東三尺，流丈餘滅。[2]

[1]尾迹長尺餘：中華書局本有校勘記："'長尺餘'，《五代會要》卷一一、《文獻通考》卷二九一作'長二丈餘'。"《會要》卷一一流星條實作"尾迹長二尺餘"。

[2]流丈餘滅：中華書局本有校勘記："《五代會要》卷一一、《文獻通考》卷二九一作'東流丈餘滅'。"

周顯德元年，正月庚寅子夜後，[1] 東北有大星墜，有聲如雷，牛馬震駭，六街鼓人方寐而驚，以爲曉鼓，乃齊伐鼓以應之，至曙方知之。三月，高平之役，戰之前夕，有大流星如日，流行數丈，墜於賊營之所。[2]

[1] 子夜後：子夜，子時，夜晚 23 點至凌晨 1 點。子夜後，即 1 點以後。

[2] 墜於賊營之所：據星占的觀念，凡有流星或隕石墜於軍營的地方，便是這支軍隊即將破敗的象徵。最爲典型的星占記事就是《宋書志》所載蜀後主建興十二年（234）諸葛亮率軍伐魏，有長星投亮營，三投再還，亮卒於軍，群帥交惡，多相誅戮。 “周顯德元年”至“墜於賊營之所”：《新五代史》卷五九《司天考二》云：“顯德元年正月庚寅，有大星墜，有聲如雷，牛馬皆逸，京城以爲曉鼓，皆伐鼓以應之。”

三年正月癸亥五鼓後，有大星出南斗，傃東北流丈餘滅。[1]

[1] “三年正月癸亥五鼓後”至“傃東北流丈餘滅”：《輯本舊史》原無，據《會要》卷一一流星條補。

雲氣[1]

[1] 雲氣：雲氣是地球大氣現象，圍繞太陽的雲氣稱日暈，圍繞月亮的雲氣是月暈。另外還有單獨存在的怪雲等。這些屬於大氣現象的雲氣，本與政治無關，古人卻將其與君主、女主和大臣相比附，形成了雲氣占。

梁開平二年，三月丁丑夜，月有蒼白暈，又有白氣如人形十餘，皆東向，出於暈內。[1]九月乙酉平旦，西方有氣如人形甚衆，皆若俯伏之狀，經刻乃散。[2]

[1]“梁開平二年”至“出於暈內”：此爲出現於月旁似人形的月暈。

[2]“九月乙酉”至“經刻乃散”：此爲出現於平旦西方的人形雲氣，與日月無關。

唐同光二年，日有背氣，凡十二。[1]

[1]日有背氣，凡十二：在日旁呈現十二條背氣。背氣，氣形之弧狀與日面相背，似反對狀，星占家附會爲有反叛之象。

三年，九月丁未夜，[1]遍天陰雲，北方有聲如雷，四面雞雉皆雊，俗謂之“天狗落”。[2]是月，司天監奏：“自七月三日陰雲大雨，至九月十八日後方晴，三辰行度災祥，數日不見。”[3]閏十二月庚午，[4]日有黑氣，似日，交相錯磨，測在室十度。[5]是歲，日有背氣，凡十三。[6]

[1]九月丁未夜：中華書局本有校勘記：“‘夜’字原闕，據殿本、《五代會要》卷一一補。按本書卷三三《唐莊宗紀七》作‘丁未夕’。”

[2]“北方有聲如雷”至“俗謂之‘天狗落’”：天狗即通常所述的隕落至地形狀似狗的隕石，當屬隕星類天象，混雜於此。《會要》卷一一雜災變條，“天狗落”作“天狗墜”。

[3]三辰行度災祥，數日不見：此爲司天監的奏議，數日不見三辰，也作爲奏議的内容，可見天象奏議之頻繁。三辰行度，日、月、星謂之三辰。太陽、月亮和五星均有行度，故有此議。"三辰行度"，《輯本舊史》之影庫本粘籤："行度，原本作'在度'，今從《五代會要》改正。"檢《會要》，並無此條。

[4]閏十二月庚午：中華書局本有校勘記："按是月己丑朔，無庚午。"疑爲庚寅（初二）、庚子（十二）或庚戌（二十二）之誤。

[5]"日有黑氣"至"測在室十度"：日旁有黑氣，如日狀，有與日爭明爭往之狀，故引爲異常天象。

[6]是歲，日有背氣，凡十三：《輯本舊史》原置於"九月丁未夜"條後、"是月"條前，《輯本舊史》卷三三《唐莊宗紀七》載此事於同光三年歲末，云"是歲，日傍有背氣，凡十三"，據移。

天成二年，十二月壬辰，西南有赤氣如火燄，約二千里。[1]占者云："不出二年，其下當有大兵。"

[1]西南有赤氣如火燄，約二千里：形容此赤色雲氣之廣，按照星占的觀念，此爲兵雲之氣，爲有大兵出現之象。"有赤氣如火燄"，《輯本舊史》原作"有赤氣如火燄燄"，衍一"燄"字，中華書局本未删，今據《會要》卷一一雜災變條删。

長興三年，六月，司天監奏："自月初至月終，每夜陰雲蔽天，不辨星月。"

應順元年，四月九日，白虹貫日，是時閔帝遇害。[1]

[1]白虹貫日，是時閔帝遇害：星占家常將白虹貫日與帝王有

災異相聯繫。《荆州占》曰：“白虹貫日，臣殺主。”星占家引用的就是這條占辭。

晋天福初，高祖將建義於太原，日傍多有五色雲，[1]如蓮芰之狀。

[1]高祖將建義於太原，日傍多有五色雲：其義爲正當石敬瑭篡權之時，見日旁有五色雲吉兆，便在太原建都稱帝。五色雲，吉祥之狀，星占家多有附會。

二年，正月丙辰，[1]一鼓初，北方有赤氣，西至戌亥地，東北至丑地已來，南北闊三丈餘，[2]狀如火光。赤氣内見紫微宫共北斗諸星，其氣乍明乍暗。至三點後，内有白氣數條，[3]相次西行，直至三鼓後散。

[1]正月丙辰：《會要》卷一一雜災變條記爲“正月二日”，《輯本舊史》卷七六《晋高祖紀二》繫此事於乙卯。乙卯初二，丙辰初三。

[2]“西至戌亥地”至“南北闊三丈餘”：《輯本舊史》原作“向西至戌亥地，東北至丑地，已來向北，闊三丈餘”。《會要》卷一一作“西至戌亥地，東北至丑地，南北闊三丈餘”。據改。中華書局本未改。又《輯本舊史》卷七六記此事爲：“是夜，有赤白氣相間，如耕墾竹林之狀，自亥至丑，生北濁，過中天，明滅不定，徧二十八宿，徹曙方散。”

[3]内有白氣數條：内有，《輯本舊史》原作“後有”，據《會要》卷一一改。

漢乾祐二年，十二月，日暈三重，上有背氣。[1]

[1]日暈三重，上有背氣：這是漢帝陷於困境和大臣背叛的天象。

周顯德三年，十二月庚午，白虹貫日，氣暈勾環。[1]《永樂大典》卷三千二百七。[2]

[1]白虹貫日，氣暈勾環：《新五代史》卷五九《司天考二》無“氣暈勾環”四字。

[2]《大典》卷三二〇七“雲”字韻“雲氣”事目。對應《輯本舊史·天文志》的內容，僅是最後之“雲氣”部分。